U0921859

中国传统文化读本

马　新　杨朝明　刘德增　杨守森　著

山东大学出版社

图书在版编目(CIP)数据

中国传统文化读本/马新等著.—2版.—济南：山东大学出版社，2017.8（2021.1重印）
ISBN 978-7-5607-5090-3

Ⅰ. ①中… Ⅱ. ①马… Ⅲ. ①传统文化—基本知识—中国 Ⅳ. ① G12

中国版本图书馆 CIP 数据核字（2014）第176031号

责任策划：马银川 等
责任编辑：马银川
装帧设计：张 荔

出版发行 山东大学出版社
社　　址 山东省济南市山大南路 20 号
邮政编码 250100
发行热线 (0531) 88363008
经　　销 新华书店
印　　刷 济南巨丰印刷有限公司
规　　格 720 毫米 × 1000 毫米 1/16
　　　　 16 印张 252 千字
版　　次 2017年 8 月第 2 版
印　　次 2021年 1 月第 14 次印刷
定　　价 32.00元

前言

中国传统文化是人类文明进程与文化成就的重要组成部分，它“积淀着中华民族最深层的精神追求，代表着中华民族独特的精神标识，为中华民族生生不息、发展壮大提供了丰厚滋养”[①]。在中国特色社会主义道路和中华民族伟大复兴的新征途中，中华优秀传统文化既是“涵养社会主义核心价值观的重要源泉”，又是“我们在世界文化激荡中站稳脚跟的根基”[②]；既是中华民族以爱国主义为核心的民族精神的文化传承，又是每一个中国人尤其是每一个青年学子树立正确的人生观、理想观、价值观的重要精神食粮。

为贯彻落实习近平总书记关于弘扬中华优秀传统文化的重要讲话精神，按照教育部《完善中华优秀传统文化教育指导纲要》的要求，我们合作编写了这部《中国传统文化读本》，旨在为在校大学生提供一部兼具知识性与思想性的传统文化读本，既可用作教材，也可供大学生自学。

在编写过程中，我们立足于中国传统文化的基本内容与基本框架，在充分吸收前人成果的基础上，突出了以下三个特色：

① 《习近平在中共中央政治局第十三次集体学习时的讲话》，人民网，2014年2月25日。
② 《习近平在中共中央政治局第十三次集体学习时的讲话》，人民网，2014年2月25日。

第一，全书在总体设计上，充分体现时代要求，重点“讲清楚每个国家和民族的历史传统、文化积淀、基本国情不同，其发展道路必然有着自己的特色；讲清楚中华文化积淀着中华民族最深沉的精神追求，是中华民族生生不息、发展壮大的丰厚滋养；讲清楚中华优秀传统文化是中华民族的突出优势，是我们最深厚的文化软实力；讲清楚中国特色社会主义植根于中华文化沃土、反映中国人民意愿、适应中国和时代发展进步要求，有着深厚历史渊源和广泛现实基础”①。比如，“绪论”中就集中体现了“讲清楚每个国家和民族的历史传统、文化积淀、基本国情不同，其发展道路必然有着自己的特色”。第一章“中国文化的起源”和“结语”两部分，则体现了“讲清楚中国特色社会主义植根于中华文化沃土、反映中国人民意愿、适应中国和时代发展进步要求，有着深厚历史渊源和广泛现实基础”的精神。其他各章对于“讲清楚中华文化积淀着中华民族最深沉的精神追求，是中华民族生生不息、发展壮大的丰厚滋养”，“讲清楚中华优秀传统文化是中华民族的突出优势，是我们最深厚的文化软实力”，也都分别加以体现。

第二，在叙述和分析中，重在深入挖掘和阐发中华优秀传统文化。比如，爱国主义和民族精神，讲仁爱、重民本、守诚信、崇正义、尚和合、求大同的时代价值。对中华传统美德也进行了较为系统的阐述，以期实现中华传统美德的创造性转化与创新性发展。与此同时，坚持马克思主义的立场、观点、方法，采取历史唯物主义态度，对存在合理内核、但又具有旧时代要素的内容，取其精华，去其糟粕；对明显不符合当今时代要求的内容，则加以舍弃。第三章至第七章均在最后一节集中分析有关内容对中国传统文化的影响，体现“去粗取精、去伪存真”“取其精华、去其糟粕”②的要求。

---

① 《习近平在全国宣传思想工作会议上发表重要讲话》，载2013年8月21日《人民日报》。

② 《习近平在山东考察》，人民网，2013年11月28日；《治国理政的重要方针——学习习近平总书记关于弘扬中华优秀传统文化的论述》，载2013年12月30日《大众日报》。

全书共由绪论、结语及八章正文组成，可分为四个主题："绪论"与"结语"为一个主题，旨在探讨人类文明的进程以及中国传统文化的历史使命；第一章为一个主题，讨论中国传统文化的源头所在；第二章为一个主题，讨论春秋战国时代所形成的中国传统文化的基本框架；第三章至第八章为一个主题，从不同的文化分类分别讨论中国传统文化的要义。

第三，在编写原则上，立足于提高学生对中华优秀传统文化的自主学习和探究能力，增强其传承弘扬中华优秀传统文化的责任感和使命感。因而在编写中，我们引进争鸣、讨论与分析，在每章之后都开列"思考与讨论""参考文献导读"栏目。这样，为学生们进一步开拓知识和探究学习搭建了一个良好的平台。另外，全书还配备了一些与各章内容相对应的图片及古今中外文化名人语录，借以增强学生对中国传统文化的感性认识。

在编写中，我们力图吸收有关中国传统文化研究的最新成果，避免面面俱到的知识性叙述，集中叙述了中国传统文化的起源、基本架构以及若干重大方面的内容，在叙述中注意知识叙述与文化评论并重，使学生在有重点地了解与掌握中国传统文化的同时，对于中国传统文化的要义以及其中所蕴含的基本精神也能有一个基本的评判。

编 者

2014 年 6 月

目 录

绪论
世界文化的多元进程

文化，既是民族的文化，又是世界的文化。无论哪一个民族的文化、哪一个地区的文化都不可能孤立发展，都是在交流与撞击中此起彼伏、盛衰转捩，共同造就了枝繁叶茂的人类文明之树。因此，要真正了解与把握中国传统文化，必须高居历史之巅，俯瞰整个人类的文明之旅，从人类文化的多元进程中，去认识中国传统文化的来龙去脉，把握中国传统文化的基本特性，明晰中国传统文化与其他古老民族的传统文化间的种种关系，给出中国传统文化的真实坐标。

一、从星星点点到世界四大古老文明的萌生

当原始人群尚处在蒙昧之中时，文化与文化创造便已萌生。实际上，人猿相区别的根本标志也在于此。在从猿到人的转变中，虽然有了直立行走，有了劳动，有了语言与思维，已经能够将人从动物圈中分离出来，但是，真正让人类能自立于生命之巅、成为万物之灵的是文化，是能够物化的精神创造。

这一时代开始于第四纪冰期的最后一次冰期，也就是大理冰期。① 自距今 10 万年前开始，我们远古的先祖们，一边与严寒和冰冻的大自然抗争，一边在创造着可以传承与重复的文化产品。欧洲大陆有著名的洞窟艺术：从西班牙阿尔塔米洞中各种生动的野牛彩绘壁画，到法国三兄弟洞窟中半人半兽造型的巫师图（见图 1-a）；从法国蒙特加特发现的鹿角棒上所描绘的明媚的春光图（见图 1-b），到地中海岩洞中存留的野牛与人物的精彩形象，无不闪烁着早期人类智慧的火花。非洲大陆也是如此。南非有 2 万多年前的岩画，画面中奔跑的野牛与追猎的人物，栩栩如生，向后世展现了先人们为生存而斗争的激动人心的场景；撒哈拉沙漠当时是一片绿洲，在存留至今的岩画中，从人物、走兽到飞禽鱼虫，无不给人留下耐人寻味的遐思。中国大陆的文化与文化创造也萌生于此时。山顶洞人的饰品艺术与灵魂观念、峙峪人的雕刻艺术以及旧石器时代的诸多岩画，都昭示着中国文化的萌生。

a. 法国三兄弟洞窟里的巫师图

b. 法国蒙特加特发现的鹿角棒上的春光图
（英国伦敦大英博物馆）

图 1 欧洲早期艺术

这一时代，尽管萌生中的文化星星点点，尚未形成文化的体系与明确的特色，但不同地区间人们的文化交流已经产生，其主要是通过远古人类的迁徙与流动实现的。这一时代，地中海平原、波斯湾平原与东方的三海平原②，是远古人类的三大活动中心，在欧、亚、非大陆，美洲、澳洲地区间，人们都可以直接流动。大理冰期时代，海平面的大幅度降低，不仅造就了地中海平原、波斯湾平原、三海平原，而且还将各大陆有机地连接到了一起。在北方地区，自大西洋东岸到日本列岛，有一片

① 第四纪，又被称作“大冰期”或“第四纪冰期”，是地球历史上十一个纪中最晚的一纪，其界限为 160 万年前至现在。地质学家的研究已经表明，第四纪冰期以来的 160 万年中，地球气候的变化依然十分明显，其间又由若干阶段性冰期与间冰期组成。到目前为止发生的最末一次阶段性冰期又被称作“大理冰期”或“末次冰期”，时间为约 10 万～ 1 万年前，其扩张期为 3 万～ 1 万年前。这是地质学界研究最为充分、也是唯一能够给出基本面貌的一次阶段性冰期。同时，这一时期又是我们现代人类与人类文明萌生的至关重要的时期，可以说，大理冰期的冰雪与冻土之下覆盖着现代人类与人类文明由来的全部奥秘。

② 三海平原，指渤海、黄海、东海三海海域在大理冰期由于海平面下降而形成的大陆平原。（详见齐涛《我们从何而来》，青岛出版社 2002 年版）

宽阔的完全连为一体的高纬草原带，追逐猎物的人们可以自由地东西往返。自此东去，经白令新陆可以直接到达美洲大陆。玛雅人是开拓美洲大陆的先行者，《山海经》中的许多记载反映了这个大陆与中国大陆的种种联系与交往。在南方地区，海平面的降低、大陆架的裸露，使人们可以自地中海平原顺利地到达波斯湾平原，到达印度半岛、中南半岛以至中国东南地区。旧石器时代晚期存在于这一地带的日石文化是人们文化交流的最好说明。由此往东南方向，人们又可以沿菲律宾、印尼群岛以及南太平洋上升高的岛屿形成的陆桥到达澳洲大陆，最早的人类足迹可追溯到3万多年前。

大约在12000年前，随着大理冰期的结束，全球性气温上升，冰川融化，暴雨成灾，江河泛滥。至距今8000年前左右，海平面已回升到今天的高度以上。这一过程，实际上又是洪水滔天的时期。地中海平原、波斯湾平原以及三海平原都成为葬身海底的“阿特兰提斯”①，洪水神话由此萌生。这场洪水所造就的不仅仅是毁灭与湮没，它还重新分割了世界，使不同的大陆、不同的区域重新又回到隔水相望的孤立状态。

自8000～3000多年前，是不同大陆、不同区域间的人们各自独立地形成自己的文化体系与文明体的阶段，古埃及文明、两河文明、印度文明、克里特文明以及中国早期文明，都是这一时代的文化硕果。

古埃及文明发祥于尼罗河下游地区，早在5500多年前就出现了象形文字；此后，又有了祭司体文字；至2700年前，又演化为世俗体文字，字形简化，类似于字母的表音符号逐渐占据了优势。古埃及的文学十分发达，除神话寓言外，还有教谕文学、祭祀文学以及箴言文学，著名的《聂菲尔列胡箴言》与《伊浦味箴言》都产生于距今4000多年前。当然，最能体现古埃及文明成就的还是尼罗河畔大大小小的金字塔（见图2）。

图2 古埃及金字塔及狮身人面像

① 阿特兰提斯（Atlantis），又译作“亚特兰蒂斯”，一些文籍又称之为“大西洲”或“大西国”。最早对它的描述出现于古希腊哲学家柏拉图的著作《对话录》中。它是传说中拥有高度发达的史前文明的一块陆地，是大西洲文明的中心。据称，大约在1.2万年前，它在洪水暴雨中淹没。

金字塔集中体现了古埃及人的建筑艺术、天文历法知识、宗教信仰以及雕饰艺术水平，是保存至今的世界七大奇迹之一。

两河文明发祥于底格里斯河和幼发拉底河下游地区，包括苏美尔文化以及继起的古巴比伦文化。早在5000多年前，苏美尔人便在这儿建立了城邦国家，此后，先后经历了阿卡德王朝、乌尔王朝；公元前2000年初，又兴起了巴比伦王国，直至公元前689年被亚述所灭。两河文明中最初出现的也是象形文字，距今5200年前左右，发展为刻于泥版上的楔形文字（见图3），开始趋于表音。两河文明中最突出的文化成就是距今4000年前的《吉尔伽美什史诗》与巴比伦时代被誉为世界七大奇观之一的“空中花园”。《吉尔伽美什史诗》叙述了一个完整曲折的神话故事，其中还有最为古老的洪水神话。古巴比伦人还把一年划分为360天和12个月，并开始设置闰月；他们还掌握了四则运算的基本方法，知道运用勾股定理（$勾^2+股^2=弦^2$）解平面几何中的问题。

图3 苏美尔人的泥版楔形文字（英国伦敦大英博物馆）

古印度文明也是最古老的人类文明形态之一。早在4500～3750年前，印度河流域的原始达罗毗荼人就创造了繁盛的城市文明——哈拉巴城市文明。所谓哈拉巴城市文明，是指以哈拉巴城为代表的、分布于印度河中下游的若干城市国家。这一文明带东西长1500千米，南北长1000千米，超过了苏美尔和古代埃及文明面积的总和。

这一文明区域内的城市十分发达，其中，以哈拉巴城的摩亨佐·达罗城规模最大。两座城市都由卫城和下城两部分组成，卫城是政治、宗教与文化中心，下城为居民区。由于这一文明早在公元前18世纪便已湮灭，又没有留下可靠的文字资料，因此我们已很难了解其文明形态与文化面貌，只知道这里的居民已有了相当高的经济水平，出现了冶金、纺织、制陶、象牙雕刻等手工业部门，青铜工具已占据主导地位。人们已懂得运用十进位制进行计算，有了通行的文字符号。

克里特文明与迈锡尼文明都是古爱琴文明的组成部分。克里特岛位于地中海北部、爱琴海区的南侧，距今4000～3450年前，这里存在着繁盛

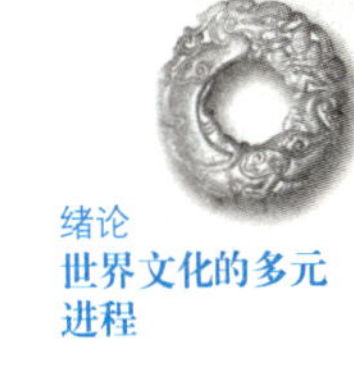

的青铜文化。这一文明最大的特点是其卓越的文化水准与生存质量。克里特的城市已有了良好的规划，无论是城区道路、排水设施还是游乐场所、居住条件，都达到了相当高的水平。岛上的“米诺斯王宫”依山而建，层次分明，布局奇特，有大小宫室1500多间，整个王宫装饰华丽，壁画、廊画、各种艺术品使之又成为一座艺术殿堂。早在5000年前，克里特人就发明了象形文字，4000年前又演化为线形文字，且已是一种音节文字，被称作“线形文字A”。不过，此时的线形文字仍有相当一部分袭用了象形文字原形，还有一部分是象形文字的简化形式。

迈锡尼位于希腊南部的伯罗奔尼撒半岛，《荷马史诗》中的许多故事就发生在这里。大约从距今4000年前开始，北方的阿卡亚人陆续进入这一地区，创造了灿烂的青铜文明。他们也使用一种线形文字，被称作“线形文字B”。这也是一种音节文字，是最早的希腊语文字。在公元前12世纪，迈锡尼人被南下的多利亚人征服，迈锡尼文明结束。

图4 大汶口文化彩陶豆

这一时期的中国早期文明经历了先夏文明与夏商文明两个阶段。早在距今5000～6000年前的仰韶文化与大汶口文化时代，原始信仰与崇拜、语言文字、艺术与神话均已萌生。（见图4）至4000多年前的龙山文化时代，已形成富有特色的若干文明单元。这一时期，中国大地上方国林立，亦即所谓“执玉帛者万国”。由于中国早期方国是冰后期群体对抗与竞争的结果，而不是经济、文化发展到一定时期的产物，所以，政治成为文化的先导，方国时代的文化也就成为政治文化。比如，文字的出现是因为卜筮的需求，文字首先是沟通天人之际的工具，而苏美尔人以及其他地区的早期文字则是应经济生活的需求而生。最初的楔形文书都是经济类文书，而最早的中国象形文字则是卜筮记录。又如，随着原始信仰与崇拜的出现，巫觋集团也告产生。但中国的巫觋集团自形成之日起就是政治的附庸，政治首领同时也是巫觋首领，没有独立的可以左右政治的巫觋集团存在。

图5 商代青铜鼎

夏商文明是先夏文明的继续，只不过在政治体制上以全国性的方国联盟取代了方国林立的局面，尤其是商王朝，在经济与文化的统一性方面取得了重大进展。青铜艺术（见图5）、甲骨文以及充满萨满信仰色彩的巫卜是这一时代文明的集中体现，这三者同样也都是政治的附属品，是商王及各级统治者通天与御下的工具。

二、文化的碰撞与古典文明的繁盛

世界各地的古老文化都受到过来自游牧民族的不同程度的冲击，这是世界文明史上游牧文化对农耕文化的第一次冲击。有史以来，这种冲击与碰撞主要发生在北半球。北半球的游牧民族分布在横贯欧亚大陆的高纬草原带，自黑海、里海北岸到中亚、阿尔泰山一带是其发源与生活的中心地区。这一地区游牧民族的大规模南下，对世界文明的进程产生了重要影响。

游牧文化对农耕文化的第一次冲击开始于公元前 2000 年，这一时期南下的游牧民族主要来自里海和黑海一带。来自里海一带的有胡里特人、加喜特人、米底人、波斯人等等，他们由里海西岸进入伊朗高原，然后又由此向周边拓展。

胡里特人与加喜特人由伊朗高原先后进入两河流域的北部和南部，建立了米坦尼、加喜特两个王国。至公元前 10 世纪末，以米坦尼为基础形成的亚述力量渐强，不断扩张。至公元前 7 世纪中期，形成了地跨亚、非的大帝国，其中心地带仍是西亚地区。但为时不久，它便被新巴比伦王国所灭。至公元前 538 年，崛起于伊朗高原的波斯帝国拥有了这一地区，而且范围更为广大，扩展到埃及以及欧洲的色雷斯地区。公元前 331 年，波斯帝国被马其顿国王亚历山大所率领的希腊联军所灭。

这一时期先后出现的亚述、新巴比伦、波斯三大帝国在欧、亚、非结合处尤其在西亚地区的更迭，使这一地区成为民族冲突、交融与动荡的温床。

在由里海南下的游牧民族中，一些群体经伊朗高原进入印度地区，被称作“印度雅利安人”。他们取代了哈拉巴文明，创造了吠陀文明，但尚处于国家产生之初。到公元前6世纪初，印度北部形成了十多个较大的国家，有摩揭陀、迦尸等，出现了列国并争的局面，也就是所谓的“列国时代”。列国时代持续到公元前 4 世纪末孔雀王朝的兴起。

由黑海南下的游牧民族多是先进入巴尔干半岛的东北部，再南入希腊地区。这是一个若干群体渐进式的南下。最早进入希腊地区的是伊奥利亚人的爱奥尼亚人，然后是阿卡亚人。阿卡亚人在米诺斯文明的基础上创造

了繁荣的迈锡尼文明。至公元前13世纪末，多利亚人的南下，宣告了“迈锡尼时代”的结束，希腊历史进入“荷马时代”。多利亚人南下时尚处于国家形成前夕，因此，他们对阿卡亚人的取代，从文明形态上讲是一种倒退；但从文化交融的角度讲，则是远距离的非近亲式的交融。至公元前8世纪，希腊地区普遍形成了大小不等的城邦国家，“荷马时代”结束。

希腊的城邦时代持续了400年左右。至公元前337年，希腊北部的马其顿国王亚历山大将希腊统一在希腊联盟之中，随即开展了大规模的扩张，征服了埃及、波斯帝国与小亚细亚，建立起了一个横跨欧、亚、非三大洲的亚历山大帝国。亚历山大帝国的迅速扩张，使希腊文明与埃及、巴比伦及印度的文明得以沟通。尽管亚历山大死后，这一帝国分裂为埃及托勒密王朝、西亚塞琉古王朝以及马其顿王国等若干部分，但希腊文化仍在持续发展与传播中。

这一时期的东方相对安定，经历了商、周两大王朝的嬗代以及西周王朝与春秋战国两大时代，最后形成了统一的秦王朝。当然，中国的农业文化区也处在游牧民族迁徙的压力之下：一方面是西部游牧民族西戎的东进，西周王朝的覆亡及周室东迁与之不无关系；另一方面是北方游牧民族北狄与匈奴的南下，春秋战国时代北狄与匈奴对列国格局产生了重要影响。当然，上述压力都未像西部世界那样形成取代关系，这也是中国上古社会进程的一个重要特点。

令人振奋的是，在从西到东这场波澜壮阔的民族大迁徙、大冲突与大交融中，人类文明史迎来了古典文化的繁荣时代，这也是整个人类文化的奠基时代。自西向东依次出现了希腊文化、希伯来文化、印度文化、中国文化四大中心繁荣区。

希腊文化的繁荣出现在城邦时代。城邦的主要特征是以城市为中心的小型国家，各城邦独立自治，实行公民集体专政，这是一种早期民主政治。古希腊崇尚自然，热爱生活，商业与经济发展水平较高。这一时期的文化体现了希腊人非凡的创造力和可贵的自然主义与人文主义精神。（见图6）

图6 古希腊神庙

古希腊时代大师辈出，这些学者大都学识渊博，兼有多学科的启蒙者的角色，难以进行准确的分类，我们只能大致地以类划分如下：

就哲学家而言，古希腊有泰勒斯、毕达哥拉斯、赫拉克利特、德谟克利特、苏格拉底、柏拉图和亚里士多德等巨匠。泰勒斯、毕达哥拉斯对宇宙本原的探讨，赫拉克利特的“逻各斯”规律以及辩证法的开创，德谟克利特的原子论，亚里士多德的实体论……都对哲学的基本问题进行了开创性的探讨。与之同时，这些学者们还在许多自然科学与社会科学学科上富有开创之功。泰勒斯精通天文学，被视为西方天文学的鼻祖；毕达哥拉斯则精于数学与天文，他所创设的几何学上的“毕达哥拉斯定理”一直沿用至今；德谟克利特在天文、地理、物理、数学等方面都颇有成就，曾提出圆锥体、角锥体和球体体积的计算方法。亚里士多德更是一位百科全书式的学者，他精通政治学、心理学、逻辑学、修辞学、物理学、生物学等，对各学科的分科研究有开创之功。他的最大贡献是在政治学方面，他的《政治学》开创了政治学学科，在对希腊百余个城邦国家的政治进行比较研究后，形成了完整系统的政治思想。在此之前，柏拉图也对社会政治进行了深入系统的探讨，完成了《理想国》一书。

就文学艺术而言，古希腊的文学艺术堪称西方文学艺术之源。《荷马史诗》在公元前 6 世纪成为定本，《伊索寓言》也告完成。古希腊的戏剧更是各城邦国家的重大文化社会活动，雅典的狄奥尼索斯剧场可以容纳 3 万名观众，城邦政府甚至为观众们发放“观剧津贴”。雅典出现了一批悲剧与喜剧作家，其中，埃斯库罗斯被誉为“悲剧之父”，阿里斯托芬则被誉为“喜剧之父”。

古希腊的史学也是西方史学的重要源头，著有《历史》一书的希罗多德被称作“西方史学之父”，他与著有《伯罗奔尼撒战争史》的修昔底德和著有《希腊史》的色诺芬并称为“希腊三大史学家”。

无论是文学艺术还是史学、政治学研究，人本主义与人文精神都得到突出的体现，这也是古希腊文化的魅力所在。

亚历山大帝国及其以后的希腊化时代，由于地域的扩张、文化交流的加强，希腊文化仍在发展中，并与东方文明进行了多层面、多角度的交流与融合，成为一种多元、多民族的文化。

在这一时代的古希腊文化艺术中，人文精神得到更强的张扬，尤其雕

图 7 古希腊人物雕像（希腊国家考古博物馆）

塑艺术方面更是经典荟萃（见图 7）。萨摩色雷斯的“胜利女神像”“杀妻后自杀的高卢人”“断臂的维纳斯”等等，都是震撼人心的永恒经典。史学领域也是成就斐然，有通史、断代史、国别史、年代记、人物传记、回忆录以及专门叙述社会生活的《希腊生活》。政治学方面，有伊壁鸠鲁提出的关于“社会契约”的政治观，有芝诺提出的世界国家与世界公民的政治主张，这些都对后世产生了重要影响。

这一时代古希腊的自然科学成就尤其突出，数学、物理、化学、生物、医学、天文学、地理学都成为相对独立的学科。欧几里得的《几何原本》是世界上最早公理化的数学著作，传世不衰；阿基米德的杠杆原理和“阿基米德定律”则是物理学领域的经典之作；在医学方面已开始了人体解剖；天文学领域已提出了“太阳中心说”，并计算出了地球的圆周；等等。所有这些成就都达到了古代世界的最高水平。

希伯来文化形成于动荡与流离中。希伯来人本也是北方的游牧民族，在游牧民族大迁徙中来到巴勒斯坦地区，逐渐建立起犹太国与以色列国。至公元前 10 世纪初，犹太王大卫曾一度统一了两国。希伯来人自定居巴勒斯坦时起，就受到周边强势民族的侵凌。至公元前 721 年，以色列国被亚述所灭。公元前 586 年，犹太国被新巴比伦所灭，犹太人的大部分被掳至巴比伦，成为“巴比伦之囚”。当波斯帝国灭巴比伦后，希伯来人又处在其统治之下。此后，希伯来人一直也没有形成属于自己的稳定国家。

希伯来文化带有比较浓厚的宗教神学色彩，是以一神教信仰为主体的

文化集合体。希伯来文学是其文化的主体内容，有先知文学、启示文学以及诗歌、小说、神话传说等等，大多被收录在《旧约全书》以及《次经》《伪经》和死海古卷中。其中，《旧约全书》是最为集中的体现。该书虽然是犹太教的圣经，但却包括了政治、法律、经济、伦理、文学以及自然科学方面的许多知识，实际上是希伯来人历史文献的整理汇编。其中心教义是确定耶和华神亦即上帝是宇宙间唯一的真神，是天地万物的创造者，也是人类的创造者。此外，还宣传契约观和神造观，强调大家都是上帝的选民，必须严格按所立契约行事。犹太教出现于公元前13世纪左右，至公元前538年“巴比伦之囚”结束后完全定型，是世界上最早形成的一神教，对基督教文化产生了根本性影响，或者可以说，基督教只是犹太教的发展与推广。

印度文化在这一时期可以分成两个发展阶段：前段是吠陀时代的婆罗门教的一统天下，后段是列国时代的“百家争鸣”。

婆罗门教形成于吠陀时代的后期（大致为公元前1000～前600年），其经典为《梨俱吠陀》《沙摩吠陀》《耶柔吠陀》《阿达婆吠陀》，实际上是整个吠陀时代传说与文献的汇集。吠陀时代实行种姓制度，全社会分为等级森严的四大种姓，即婆罗门、刹帝利、吠舍和首陀罗。婆罗门即僧侣集团，掌握着社会的宗教神权，并直接参与国家政治；刹帝利是王族和军事贵族集团，是国家政权的实际掌握者；吠舍是平民集团，由雅利安族中的一般成员组成；首陀罗是贱民集团，由被征服的当地土著居民组成。

婆罗门教的教义极力维护种姓制度。他们首先在雅利安所崇拜的诸神之上制造了一个最高神——大梵天，声称大梵天是创造和掌管宇宙的最高神灵，是万物的最高主宰；又宣传灵魂转世与“业力轮回”，以因果报应解释现实世界的差异。在此基础上，宣传种姓划分是大梵天的神意，婆罗门、刹帝利、吠舍为“再生族”，灵魂投胎可以再度为人；首陀罗是“一生族”，死后灵魂散灭，不能转世为人。

进入列国时代后，各国之间的竞争不断加剧，王权得到强化，而四大种姓都产生了较大的分化，婆罗门教一统的基础不复存在。在这种情况下，新的思想与新的思想家不断涌现，各家思想激烈论争，互相促进，形成了印度历史上的“百家争鸣”局面。当时的印度有“六大师”“六十二见”，较有影响者有顺世论哲学和耆那教与佛教。顺世论哲学明确反对婆罗门的说教，认为世界万物与生命都源于物质，不存在灵魂转世，种姓制度是人

为的划分，人生来是平等的。与顺世论相比，耆那教要和缓一些。耆那教的经典是《十二支》，也主张业报轮回、灵魂转世，宣扬苦行主义和非暴力主义，但否认种姓差别。它曾是当时印度地区最为盛行的宗教之一。佛教是与耆那教同时兴起的宗教，其创立人乔达摩·悉达多是伽毗罗卫城释迦族首领净饭王之子，属刹帝利种姓。佛教也主张灵魂转世、因果报应，并进一步提出了“四谛”“十二因缘”等；但不主张取消种姓制度，而将刹帝利置于四大种姓之首；还认为在修行、出家上四姓平等，不论种姓高低，都是沙门释迦弟子。这些主张都推动了当时印度经济与社会的进步。

在这一历史时期的印度文化中，尽管有了顺世论哲学，也有了自然科学与文学艺术的许多进步，但其主流文化还是宗教神学。婆罗门教也好，耆那教与佛教也好，其宗教神学的衣钵都是一脉相承的。

这一时期的中国文化也经历了两个阶段：一是商周文化的嬗代，一是春秋战国时代的“百家争鸣”。

商文化中，巫筮龟卜盛行，有着较为浓重的神鬼气氛，但代之而起的周文化却并未在此基础上因袭发展，而是在“敬天保民”的旗号下进行着人文精神的积淀。从西周的历史文献中，从《诗经》、金文以及其他记载中，我们看不到多少宗教神灵的内容，大多是祖先崇拜、自然崇拜以及对人际与社会的关注。至春秋战国时代，社会分化，列国相争，政治经济与思想文化都空前活跃。文化从官方、贵族的狭小圈子中挣脱了出来，走向了社会。这一时期的中国也是学术昌盛、大师辈出的时代，涌现出了孔子、老子、孟子、庄子、孙子、荀子、墨子、韩非子以及许行、扁鹊、邹衍等一大批学派创始哲人，形成了儒家、道家、墨家、法家、兵家、阴阳家、纵横家、农家等一大批学派，奠定了此后两千余年中国传统文化的基础。

与其他几个地区的同期文化比较，我们不难发现，中国春秋战国时代的“百家争鸣”所造就的是以人文精神为主体的文化系统。诸子百家学说的基点都与鬼神、上帝无缘，他们本人也多如孔子那样“敬鬼神而远之”。不过，对于天地自然，他们中的多数也没有多大兴趣，墨家、阴阳五行家虽然对此有些探讨，但没有进入当时的主流文化。当时的主流文化的旨归还是在人文之际、社会之中，不论是孔子的“修身、齐家、治国、平天下”，还是老子的“小国寡民”、庄子的“逍遥游”、韩非子的“法、术、势”，都未脱出这一点。这也是中国传统文化的特色所在。

三、文明的整合与文明形态的定型

自公元前后的数百年间到公元 14、15 世纪，人类文明发展史又进入了一个新的调整与发展期。其突出成就就是人文的整合与文明形态的定型。

这一时期的文明整合以古罗马文明的发展与繁盛最为典型。在古希腊文明方兴未艾之时，意大利人也在古罗马城一带建立了他们的共和国，不久，又实现了意大利半岛的统一。公元前 3 世纪中叶至前 2 世纪中叶，在希腊文明衰落之际，罗马人通过布匿战争、马其顿战争等一系列战争，征服了西部地中海强国迦太基（版图囊括了北非西部、西班牙东部和南部、巴利阿里群岛、撒丁岛、科西嘉岛、西西里岛大部分）、西班牙大部分及马其顿、希腊等地，设立若干行省，委派总督管理，这样罗马终于成为地中海世界的霸主。

公元前 27 年，罗马共和国的执政官屋大维（奥古斯都）在战胜政敌后，成为唯一的全权统治者，他自封为元首（见图 8）[①]，建立了中央集权的独裁统治，罗马帝国由此形成。公元 14 年，屋大维去世后，其养子提比略（14 ～ 37 年）继位，从此开始了帝位继承制。罗马帝国在公元 1 ～ 2 世纪间共经历了三个王朝：朱里亚 • 克劳狄王朝（14 ～ 68 年）、弗拉维王朝（69 ～ 96 年）、安敦尼王朝（96 ～ 192 年）。在这三个王朝统治的近 200 年期间，帝国政权发展的趋势是加强中央集权和行省奴隶主阶级的

图 8 奥古斯都加冕图

① 该图采自［荷］彼得 • 李伯庚著，赵复三译《欧洲文化史》（上）插图，上海社会科学院出版社 2004 年版。

作用。这期间，帝国的统治达到全盛并且号称实现了一代“罗马的和平”。

罗马帝国在安敦尼王朝的图拉真在位时版图最大：西起西班牙、不列颠，东达两河流域，南自非洲北部，北迄多瑙河与莱茵河一带。但到公元3世纪，罗马经济和政治转入危机时期，作为封建萌芽的隶农制也在不断发展。至君士坦丁大帝在位时（306～337年），皇帝权力一度加强，统治中心东移至拜占庭（君士坦丁堡）。395年，皇帝狄奥多西死后，帝国正式分为东、西两部分。西罗马帝国统治日益薄弱。与之同时，“蛮族”（主要是日耳曼族）源源不断地入境。476年，罗马皇帝被日耳曼人废黜，西罗马帝国灭亡（东罗马帝国或拜占庭帝国存至1453年）。

古罗马文化早期多受希腊人的影响，到公元前3世纪以后，罗马的政治、经济发展迅速，成为地中海地区的强国，其文化亦受到地中海周边各古老文明的影响，在多文化的融汇与整合中，发展起了繁荣一时的古罗马文明，各领域、各学科均获得巨大成就，对后世特别是对西方文化有很大影响。

奥古斯都时代是罗马文化的“黄金时代”。屋大维恩宠诗人，诗人则为他歌功颂德。当时涌现出了维吉尔、贺拉斯、奥维德等著名诗人。维吉尔（前70～前19年）是奥古斯都时代的第一位诗人，一生写有《牧歌》《田园诗》和史诗《伊尼阿特》三部作品。贺拉斯（前65～前8年）以写讽刺诗和抒情诗见长。其代表作是《颂歌》，主要是歌颂奥古斯都的统治以及奥古斯都统治时期罗马道德的复兴。奥维德（前43～17年）擅长写作爱情诗，他的名著《变形记》在神话题材中穿插爱情故事，成为古代神话的宝库。他在流放中写的《悲歌》和《本都来信》等作品，则充满了对故土和亲人的思念之情。

唯心主义哲学在这一时期占据主导地位。新斯多噶派相当流行，它抛弃了早期斯多噶派的唯物论因素，宣扬宿命论和禁欲主义，主张以个人道德修养求得社会的和谐，完全蜕化为宗教伦理思想。与此同时，在罗马又出现了新柏拉图主义，其代表人物是普罗提诺（204～270年）。他认为万物的本原是不可理解的神，是神创造了万物；在出神状态中，人就以灵魂的神圣部分离开肉体，接近了神。新柏拉图主义对基督教的教义产生了很大的影响，为欧洲封建时代的基督教神学奠定了哲学基础。

与此相对立的则是反映劳动群众要求的唯物论和无神论思想，其主要代表人物是琉善（120～200年）。他的主要著作有《神的对话》《尼格

里努斯》《佩雷格林之死》等。他推崇伊壁鸠鲁的唯物论思想，抨击宗教迷信，主张财产公有，人人平等。他的唯物论和无神论思想对后来西欧的文艺复兴和近代一些无神论思想家都产生过很大影响。

罗马帝国前期可谓史家辈出，史籍浩繁，著名的历史学家有李维、塔西陀、普鲁塔克和阿庇安等。李维（前 59 ～ 17 年）的毕生之作是《自罗马建城以来的历史》（简称《罗马史》），这是一部卷帙浩繁、内容丰富的历史巨著。全书共 142 卷，现仅存 35 卷及少数残篇，叙述了自罗马建城到屋大维时代末年的历史，为罗马重要的古史文献。塔西陀（约 55 ～约 120 年）是一位倾向共和、反对帝制的史学家。他的《编年史》共 18 卷，记叙了公元 14 ～ 68 年间的史事；《历史》共 12 卷，记叙了公元 69 ～ 96 年间的史事。普鲁塔克（46 ～ 120 年）曾游历希腊、埃及、意大利等地，阅历丰富，学识渊博，著述甚丰。其《希腊罗马名人传》共 50 篇，堪称欧洲传记文学的先驱，为后人研究古希腊、罗马的历史提供了重要资料。阿庇安（约 95 ～ 165 年）的代表作《罗马史》，共 24 卷（今多卷残缺），记叙了自王政时代到图拉真统治时期的罗马历史。

帝国前期是罗马法学研究和法典编纂工作的鼎盛时期。从公元 1 世纪起，法学家纷纷著书立说，法律教育和法学研究相当流行，蔚然成风。公元 2 世纪与 3 世纪之交，罗马法学进一步繁荣，先后出现了盖约、巴比尼安、包鲁斯、乌尔比安和莫迪斯蒂努斯五大著名法学家。盖约的《法学阶梯》、巴比尼安的《法学解答》、包鲁斯的《法令阐释》等都是很有名的法学著作。在 3 世纪末 4 世纪初，法学家编纂了《格里哥里安法典》和《赫尔摩格尼安法典》，前者包括 3 世纪上半叶的法律，后者包括公元 294 年以后 30 年的法律。提奥多西二世时，颁布了帝国最早的一部官方法典——《提奥多西法典》。它包括 4 世纪以后的皇帝敕令，共 16 卷。后来，在东罗马皇帝查士丁尼时，终于在前述基础上编成了集罗马法大成之作——《民法大全》（又称《查士丁尼法典》）。罗马法对后世欧美各国的法律产生了很大影响。

在自然科学中，当时的罗马以农学见长。继共和时代农学家加图和瓦罗之后，公元 1 世纪又出现了农学家科鲁麦拉。他写了一部 12 卷的《论农业》，对当时罗马农业的衰落和如何改善衰落的意大利农业经济提出了自己的见解；同时对农业生产技术、管理经验和社会经济等都有论及，是研究帝国初期奴隶制经济的不可多得的历史文献。

在地理学与天文学方面，出现了斯特拉波和托勒密两位著名科学家。斯特拉波是古希腊著名的地理学家，他所编著的《地理学》一书，对欧、亚、非三大洲都有描述，是研究古代地理学的杰作。托勒密是罗马统治下亚历山大里亚人，公元2世纪著有《天文学大全》一书，对天文学有所贡献，但他继承并完善了“地心说”天文学体系，其谬说流传颇为深远。

罗马的医学是在希腊医学的影响下发展起来的。公元1世纪中叶的一位植物学家兼军医提奥斯科里德斯所著的药书，叙述了600多种植物及其药性。公元2世纪的名医盖伦著述颇丰，在解剖学、生理学、病理学及医疗学等方面均有建树。

在综合研究方面，杰出的代表人物是老普林尼（23～79年）。他一生写了6部著作，但只有37卷的《自然史》流传下来。其内容包括天文地理、医药卫生、物理化学、雕刻绘画等许多方面的知识，是欧洲最早的一部百科全书。

建筑艺术是古罗马留给后世的一份宝贵遗产。罗马的建筑在共和国末期开始发展，到帝国时代达到空前规模。它主要表现在公共建筑和纪念碑式的建筑方面，包括神庙、圆形剧场、浴池、凯旋门、纪念柱等（见图9）。罗马最著名的建筑物是屋大维时代修建、哈德良时代重建的万神殿。这座神庙是古代神庙建筑艺术的最高成就之一。公元1世纪晚期修建的哥罗赛姆大剧场是罗马剧场建筑的典型，整个剧场可容纳观众5万人。最壮丽的凯旋门是公元1世纪末为纪念战胜犹太人而修建的提图斯凯旋门。罗马的宏伟庄严的建筑及其装饰艺术，对后世建筑艺术的发展产生了重要的影响。

图9 古罗马时期的竞技场（部分）与凯旋门

这一时期是人类传统文明形态的定型期，各大主要文明形态如基督教文明、伊斯兰文明、印度文明、东方文明、美洲文明以及非洲文明等一一形成，近代文明地理的格局也告奠定。

基督教形成于罗马帝国时代，系公元1世纪由活跃在小亚细亚和巴勒

斯坦一带的犹太教的一个教派演化而来。在其创立之初，只是流传于下层百姓之中，受到罗马帝国的压制以至镇压。但是，此时的罗马帝国已走完了其上升期。作为希腊文化传统传承者的罗马文化，由于继承多于创造，又缺少来自外界的冲击与融合，因此其生机逐渐丧失；而且，此时整个罗马社会似乎也都丧失了原有的进取与上进心，而是享乐主义盛行，世风日下。来自于希腊的古典文化失去了存在的基础，罗马帝国出现了“精神空虚”。在这种情况下，基督教在罗马帝国的重压下依然迅速流传。罗马统治者遂改镇压为利用。公元313年，罗马皇帝君士坦丁颁布了《米兰敕令》，基督教成为罗马帝国的国教，在帝国境内更是成为支配全体社会成员的主流思想信仰。

基督教在形成的过程中虽然也信奉犹太教的经典，但也进行了新的经典的整理与编写，两者合称《圣经》。原犹太教经典被称作《旧约全书》，新的经典则被称作《新约全书》。至公元4世纪与5世纪之交，奥古斯丁大主教对基督教教义与基本思想进行了系统的阐发与补充。此后，基督教教义大致稳定，其基本内容是“上帝创世说”“原罪说”“预定论”“三位一体说”。前二说都是由犹太教的基本教义发展而来的。对于“预定论”，奥古斯丁一方面坚持每个人是否会灵魂得救，成为上帝的选民，并不取决于个人意志，而是取决于上帝的意志和上帝预先的安排；但另一方面，又强调信徒个人的宗教道德修养和现世善行对来世获救的重要性。“三位一体说”则是犹太教中没有的新内容。此说认为：上帝是圣父；耶稣是上帝之子，即圣子；而罗马教会则是可以与圣父、圣子沟通的圣灵。这三者是三位一体的关系。这实际上是使教会垄断了与“圣父”“圣子”的沟通权，强化了教会的权威性和影响力。

罗马帝国的没落与蛮族的入侵，一度影响了基督教的发展。但其后不久，基督教不仅在东罗马帝国继续发展，而且在西欧新兴的各封建国家中也逐渐占据了统治地位。至公元10世纪与11世纪之交，整个欧洲实现了基督教化。虽然随即出现了罗马公教与东正教的分裂，但它们只是基督教的两大教派，根本教义与基本精神是一致的。

在这种情况下，欧洲地区的宗教、思想与文化领域都在基督教的控制与笼罩下。这一时期的哲学是教会哲学与经院哲学，艺术则是依附于教会的宗教艺术，而科学则更沦为神学的婢女，一切都带有浓厚的宗教神学色

彩，可以说都是宗教的附庸。所谓“中世纪的黑暗”，指的就是这一幕景象。不过，基督教的扩张与发展对欧洲社会的方方面面都产生了重大影响，除了前面讲到的思想、文化方面外，在政治、经济、法律以及社会生活方面，也都产生了重大影响。其中最大的影响，还是将欧洲文化连缀成了一个整体，并在此基础上形成了具有鲜明特色、自成体系的基督教文明体，对近代以及现代世界文明的发展产生了深远的影响。

阿拉伯伊斯兰文明形成于公元7世纪，它是以伊斯兰教为基础、由阿拉伯人所建立的一种富有特色与影响力的文明体系。

伊斯兰教的创立者穆罕默德出生于麦加一个没落的商人家庭。大约在公元610年，他宣布自己是安拉的使者，开始了其传教过程。当时的阿拉伯半岛正处在国家形成前夜的动荡与分化之中，人们的精神世界与政治世界出现了较大的空间，因而伊斯兰教迅速流传。至公元622年，穆罕默德已与门徒们在麦地那建立了最早的政教合一的伊斯兰国家。八年后，穆罕默德占领麦加，随后，又统一了整个阿拉伯半岛。穆罕默德死后，随着阿拉伯帝国的扩张以及阿拉伯人商业活动的活跃，伊斯兰教的影响范围也越出了阿拉伯世界，成为一种世界性的宗教。

伊斯兰教的基本经典是《古兰经》，它认为安拉是宇宙的唯一主宰，穆罕默德是安拉的唯一使者，要求信徒要皈依安拉。“伊斯兰”的阿拉伯语含义就是依顺，“穆斯林”的含义是指顺从与信仰安拉的人。每位信徒都要认真履行五功：一是必须真诚地信仰安拉；二是必须按时向麦加方向礼拜；三是每年（回历）九月都要实行斋戒；四是施舍；五是朝觐。

与同期流行的基督教相比，伊斯兰教有着自己的鲜明特色：首先，伊斯兰教强调平等，主张互助，宗教仪式简洁，具有较强的平民色彩。比如，它规定朝觐期间，不管什么人，都一律穿草鞋，披白布，围白巾。其次，它接受信徒的仪式至为简单。任何人只要信仰安拉，并当众诵读“除安拉外，别无神灵，穆罕默德是他的使者”，就可以成为穆斯林。再次，伊斯兰教具有较多的世俗色彩。它是宗教性与世俗性并重的宗教，它反对出家修行，没有专职神职人员，“阿訇”也都是兼做神职，也有与平常人一样的社会生活。最后，伊斯兰教提倡求知，较少封闭性。当时的清真寺普遍兴办学校，阿拉伯帝国时代的学术与文化活动都相当活跃。

总之，阿拉伯帝国时代，疆域辽阔，横跨欧、亚、非三大洲，极大地

便利了文化交流与传播，而伊斯兰教的这些特点在一定程度上还促进了文化的传播与发展，因此，形成了繁荣的阿拉伯伊斯兰文化。（见图 10）

在阿拉伯文化史上，有过著名的“百年翻译运动”，主要是指阿拔斯王朝前期（750 ～ 847 年）阿拉伯学者对波斯、印度与希腊等文献典籍的大规模翻译活动。其数量之大、范围之广，令人叹为观止。比如，古希腊文化中绝大部分科学典籍都被翻译，从亚里士多德的《工具论》《政治学》《伦理学》《诗学》《形而上学》到柏拉图的《理想国》，从托勒密的《天文大集》《地理学》《光学》到欧几里得的《几何原理》以及阿基米德、毕达哥拉斯的一系列著作，都有了阿拉伯文本。阿拉伯文化中的自然科学与文学艺术也都卓有建树。数学、天文学、医学、化学等学科，都有泽及后世的重大成就；散文、诗歌、小说也不乏传世之作，《一千零一夜》是举世公认的世界文学名著。其建筑艺术与装饰艺术也是世界艺术史的杰作，其音乐则直接影响了古代中世纪音乐向近代音乐的转变。更为重要的还是阿拉伯文化在沟通东西方文化以及古典文化与近代文化之间的桥梁与纽带作用。

图 10 伊斯兰风格的光瓷盘（公元 9 世纪制作）

印度文明是这一时期存在于印度半岛的文明形态，其范围包括大部分的南亚地区。公元 9 世纪左右，印度半岛兴起了印度教，并且很快取代了佛教，流行于整个印度。这一宗教实际上是婆罗门教与佛教以及耆那教融会的结果。其教义中既有对种姓的认可，又有业报轮回和灵魂转世的理论；既有非暴力与仁爱说，又有苦行与禁欲说。印度教属于多神教，有三大主神及数以万计的神灵，其经典也是以四部《吠陀本集》为主，兼收并蓄，有史诗、神话（见图 11）、传说、哲学以及伦理学著作等等。自 9 世纪以后，印度教对印度文化产生了重要影响，这一时期的梵语文学的发达便与印度教的流行有直接关系。

中世纪的印度先是佛教盛行，继而又是印度教兴起。10 世纪前后，随着阿拉伯帝国的扩张，伊斯兰教又进入印度。这些都使印度文化带上浓厚的宗教色彩。这一时期也是印度文化的繁荣期，无论是文学艺术还是哲学与自然科学，都取得了重要成就。古代印度的两大史诗《摩诃婆罗多》与《罗摩衍那》以及《百喻经》《佛本生经》《五卷书》《十公子传》等文学名著都产生于这一时代；零的概念、负数的四则运算法则以及《太阳手册》

等著名的天文学、医学著作也都形成于这一时代。需要指出的是，不论是佛教还是印度教，都具有较强的渗透性。佛教对中国、日本以及朝鲜半岛的影响，超过了其他任何一种外来文化的影响；佛教、印度教对东南亚的影响更是突出。而且，这种影响是随宗教传播与移民形成的综合性的印度文化的影响，它使得东南亚大部分地区成为印度文化圈的组成部分。与此同时，印度文化也通过阿拉伯人的中转，对欧洲文化产生了许多影响。

图 11 古代印度神话中的战车造像

美洲文明与中南部非洲文明也是这一历史时期两个相对独立的文明体系。美洲文明原本是一种移民文化。在两三万年前的大理冰期，美洲大陆与亚洲大陆连为一体时，一部分东亚地区的远古居民来到美洲大陆。两个大陆分隔后，美洲大陆遂开始了自己独立的文明创造与文明发展的历程。到公元 15 世纪前，美洲大陆出现过玛雅文明、阿兹特克文明、印加文明（见图 12）。这些文明在天文、历法、数学以及农业种植等方面具有创造性的贡献，但一直未形成系统的文明体系；一些发明与认知多是局部的技术行为；哲学与宗教思想还都比较原始。更为重要的是，国家文明进展缓慢，一直停留在初级国家阶段。其中一个重要的原因是这一文明相对封闭，几乎没有与外部文明体系的撞击与交流，完全是内部的、近亲式的文化交流，其结果自然可想而知。当面临着殖民文化的侵入时，他们便无力抗拒，也无力在交融中谋求自身的发展，因而走上了萎缩之路。

图 12 印加帝国的马丘比丘遗址

中南部非洲的文明环境与美洲大致相似，撒哈拉沙漠以北的非洲地区在文明进程中曾涌现出繁盛一时的埃及文明，此后，也一直处在环地中海的文明体系变动中。但撒哈拉沙漠以南的非洲

地区则相对封闭，在 15 世纪以前与外部世界没有什么交流，走的是文明的独立发展之路。在原始崇拜与信仰、天文历法以及神话传说等方面，都富有特色。与美洲文明不同的是，中南部非洲同时并存着若干相对独立的小的文明单元，这些文明单元间的撞击、竞争与交流，使其具有了较美洲文明为强的生命力与适应力。因此，虽然在以后的历史进程中，他们也受到了殖民侵略，并沦为殖民地，但命运与结局与美洲文明的主人并不相同。其中原因，值得我们深思。

在中世纪时代，以中国文明为中心的东方文明处在持续繁荣之中。尽管这一时期经历了汉晋变迁、南北朝的分裂与动荡、隋唐的嬗代以及五代十国的纷争与宋辽金的对峙，而且也经历了北方与西北游牧民族一次次的南下，但是，与同期其他文明的变迁相比较，我们可以看到，无论是分裂还是王朝更替，都不是一种文化对另一种文化的取代，而是同一文化体的继承与更新；各游牧民族对中原王朝的冲击，要么被局限于边缘地带，要么入主中原后，又被中原固有的文化所征服，形成文化的交流、融合，从而推动了原有文化体系的更新、进步与繁荣。

从总体上看，这一时期的中国文化是以往文化的继续与发展，但其阶段性的内容特色也十分突出，集中体现在宗教、儒学、文学艺术、科学技术四个方面。

从宗教方面看，这一历史时期世界文明史的一个突出特色就是声势浩大的宗教运动，无论是基督教、伊斯兰教还是印度教都在这一时期成长起来并影响了世界，佛教对外部世界的影响也发生在这一时期。在这场世界性的宗教运动中，中国社会也不例外，既兴起了本土的宗教体系——道教，又有许多外来宗教陆续进入，如佛教、基督教、伊斯兰教等等。不过，与西部世界的宗教运动相比，中国的宗教发展又有自身独到的内容：其一，中国的宗教发展是多元化的进程。不论是本土的道教，还是外来的佛教与伊斯兰教、基督教，都未真正取得一尊地位。其间，虽然也有各宗教之争，也曾经出现过某些宗教的一时独尊，但从整体上看，各宗教在中国文化的蕴泽下还是多元发展、共存共荣的。其二，与上一内容相联系，这一历史时期，中土的宗教基本上都是政治的附庸，没有哪一种宗教能够成为国教，更没有哪一种宗教直接进入政治领域，实现政教合一。其三，中国的宗教运动始终在本土文化的大格局内演进。道教自不待言，它深深植根于中国

本土文化的土壤，在思想体系上带有较强的世俗色彩。外来的宗教体系，要么实现自身的中土化改造，变成中国化的宗教，如佛教；要么其自身思想体系与中国本土文化有较多的相通之处，如伊斯兰教。除此之外，不可能在中国有大的发展。正因为此，在中国的宗教运动中，始终没有哪一种外来宗教能够真正地占据统治地位。

从儒学发展看，自汉武帝“罢黜百家，独尊儒术”开始，儒家学说在中国古代文化的发展中一直处于主流地位。其间经历了汉代经学、魏晋玄学、唐代道统、宋代理学几个阶段，但主导内容一直未有变化，这就是积极的入世与进取。从孔子所倡导的“修身、齐家、治国、平天下”，到范仲淹的“先天下之忧而忧，后天下之乐而乐”，所体现的都是同一种追求。在这一大的趋势下，儒学又是一个开放式的兼收并蓄的思想体系，虽然“独尊儒术”一直被历代王朝所沿用，但中国文化中的“尊”只是一种导向，并不意味着对其他学说的讨伐与镇压；相反，阴阳五行、法、墨、道等学说中的许多内容都被儒家体系所吸纳，成为不断发展的儒家学说的有机组成部分。

从文学艺术看，这一时期的繁荣是空前的，而且也是同时任何一种文明体都不能比拟的。这是由于中国社会是非宗教化的世俗社会，而且又是非贵族化的小农社会，充盈着积极向上的人文精神，既没有宗教的禁锢，也没有全民式的宗教所带来的文化的窒息与“平静”，在经济与社会的繁荣中，人们的种种价值追求、人们的喜怒哀乐可以得到相应的张扬，文学艺术的繁荣是历史的必然。从汉代乐府到唐诗宋词，从汉代大赋到宋元戏曲，从《史记》《汉书》到各种文体的繁盛，可以说是如锦如织，美不胜收，在世界文学史上有着重要地位。

从科学技术的发展看，中国的科学技术水平和成就在当时世界上首屈一指，四大发明都形成于这一时期；从数学、天文历法到农学都形成了系统理论，取得了重大进展；中国农业与手工业的发展水平也是无与伦比的，这为中国经济与城市的发展奠定了坚实的基础。与西方世界科学技术的发展相比，中国的科学技术是以技术发明、技术创造为特征的体系，重应用、轻理论，重具体、轻分析，没有形成不同学科的科学体系。

这一时期，中国文明也完成了对日本、朝鲜半岛以及中南半岛部分地区的影响过程，形成了以中国文化为核心的东亚文明区。

四、文艺复兴与人类文明的近代化

这一历史时期世界文明史上最大的变革发生在欧洲，从文艺复兴到启蒙运动，写下了世界文明史上辉煌的一页，开启了人类文明的近代化。

意大利是文艺复兴运动的发祥地。公元 14 ～ 15 世纪，文艺复兴运动首先在意大利的佛罗伦萨兴起，尔后迅速发展，不仅影响了整个意大利，也北上带动了法国、英国、德国、西班牙、荷兰等西欧国家，形成了波及整个西欧的一场思想文化运动。这一运动的实质是代表了新兴资产阶级和市民阶层要求的一批思想文化的先行者们对宗教神学体系的抨击和对希腊、罗马古典文化的回归，所以被称为“文艺复兴”。

文艺复兴运动的先行者们高举人文主义旗帜，倡导人的尊严、世俗的幸福，以人本对抗基督教笼罩下的神本，他们所冲击的不仅仅是宗教神学的樊篱，而是上千年来中世纪的黑暗对人性的压抑、对社会活力的窒息。因此，随着文艺复兴运动的展开，整个西欧的社会活力迅速迸发，人性充分张扬，不论是思想文化、科学、艺术，还是其他种种内容，都喷涌而出，为近代文明的到来廓清了基础，提供了基本前提。

文学的繁荣是这一时代的首要标志。意大利文学家但丁的《神曲》、彼得拉克的《歌集》、薄伽丘的《十日谈》，都把矛头指向教会以及宗教所带来的黑暗，表达出觉醒了的人们对新生活的向往与追求。但丁被恩格斯称作“中世纪的最后一位诗人，同时又是新时代的最初一位诗人”①，《神曲》也就成为文艺复兴运动开始的标志。此后，法国文学家拉伯雷的《巨人传》、西班牙文学家塞万提斯的《堂吉诃德》，也都是文艺复兴运动的代表作品。英国文学家莎士比亚更是文艺复兴文学的集大成者，他的诗作、剧作都堪称人类文化之瑰宝。

图 13 意· 达·芬奇《蒙娜丽莎》

这一时期艺术的最大特色是把艺术家从教堂中请了出来，宗教题材的主导地位被人与自然取代，人性在绘画与雕塑艺术中得到充分的张扬。达·芬奇的《最后的晚餐》《蒙娜丽莎》（见图 13）、米开朗基罗的

① 《马克思恩格斯选集》第 1 卷，人民出版社 1995 年版，第 269 页。

雕塑“大卫像”与“摩西像”以及他的壁画《创世纪》和《末日审判》、拉斐尔的《西斯廷圣母》《雅典学院》（见图 14）、提香的《纳税银》和《圣母升天》等等，都是文艺复兴运动中的经典之作。

图 14 意•拉斐尔《雅典学院》

哲学与思想界的进展稍晚于文学艺术。至 16 世纪与 17 世纪之交，新哲学思想的代表人物培根与笛卡儿也开始了他们的思想创造。英国哲学家培根立足于自然科学特别是实验科学的成就与方法论，反对经院哲学的神秘主观主义，他所倡导的科学精神以及“知识就是力量”，积极推动了近代自然科学的发展。法国哲学家笛卡儿也坚持世界的物质统一性，推崇理性演绎法，所著《哲学原理》《方法论》等等对宗教神学思想体系进行了沉重的打击。

近代自然科学体系此时尚未形成，但实验科学已经出现，许多文艺复兴的文化大师同时也在进行着科学探索，自然科学在一些领域也取得了突破性进展。在天文学领域，出现了划时代的三大天文学家，即哥白尼、伽利略与开普勒。波兰天文学家哥白尼提出的“太阳中心说”，彻底否定了中世纪盛行的“地球中心说”，将地球还原为一颗普通的行星；意大利科

学家伽利略则以观测实验为依据，进一步论证了“太阳中心说”；英国天文学家开普勒发现了行星运动的三个基本规律，为哥白尼学说提供了充分的数学依据。需要指出的是，天文学家们对“太阳中心说”的论证，其意义远不止于天文学本身。对“地心说”的否定直接动摇了宗教神学的基石，也可以说动摇了整个中世纪的思想与政治体系。

伴随着文艺复兴运动的进行，16 世纪的欧洲出现了声势浩大的宗教改革运动。其中，最有代表性的是马丁·路德在德国发动的宗教改革运动和加尔文在法国以及瑞士、英国等地推行的宗教改革运动。宗教改革运动的矛头都指向了教皇与原有的教会体系。他们一方面抨击罗马教皇与教会的腐朽与丑恶，批判其教义、组织与仪礼的烦琐与不平等；另一方面，在宗教领域中强调平等，强调个人意志，主张宗教信仰应由个人决定，反对教会对每个人的钳制与干预，每个人只要信仰上帝、阅诵《圣经》、造福他人、恪尽职守，就可以得到上帝的拯救，不一定非要通过神职人员与上帝沟通。这对于欧洲人来说，是真正的人性解放。因此，宗教改革运动与文艺复兴相辅相成，互相促进。

文艺复兴与宗教改革的时代，正是欧洲社会酝酿巨变的时代。也正是在文艺复兴与宗教改革取得全面进展而告一段落之时，欧洲社会的巨变时代拉开了序幕。

这一时代开始于 17 世纪中叶。1640 年的英国资产阶级革命可以说是这一巨变的开端；牛顿力学是这场巨变的重要组成部分，也是这场巨变的不可缺少的推动力；16 世纪以来的地理大发现、商品经济的迅速发展，尤其是 17 世纪资本主义经济的初步繁荣以及人们社会生活方式的转变则是这场巨变的基础，当然也是这场巨变的有机组成部分。

在这场巨变到来之时，封建专制主义成为社会进步的最大障碍，为了冲破这一障碍，实现新兴资产阶级的思想要求与政治要求，一批走在时代前沿的先行者们掀起了文艺复兴以来的第三次思想文化运动——启蒙运动。

启蒙运动萌生于 17 世纪的英国，兴盛于 18 世纪的法国。法国启蒙运动的代表人物有伏尔泰、卢梭、孟德斯鸠、狄德罗等人。他们倡导理性主义，提倡自由与正义，主张司法权、行政权与立法权的分离，其核心是批判旧秩序、旧思想的政治思想运动，矛头直指封建专制制度。更为重要的

是，启蒙运动思想家同时又都是社会活动家、思想传播家，他们的作为已不限于思想文化界本身，而是要走进社会，唤起民众。狄德罗主持的《百科全书》尽管受到法国专制政府的禁止，但他们还是想方设法出版了28卷，发行了2万套之多，社会流传的摘要本、删节本更是不计其数。启蒙运动虽然兴盛于法国，但其影响却波及整个欧洲甚至更为广阔的地区，它的批判精神与新的思想理念激发了启蒙主义文学、理性主义史学以及艺术、科学的全面发展，为法国大革命以及欧美大陆资本主义文明的形成奠定了思想文化基础，同时，也使近代资本主义的思想文化体系初步形成。

这一时期的印度文明、美洲文明以及中南非洲文明都受到欧洲殖民主义的入侵，其文化体系处在萎缩、替代或转型中；阿拉伯伊斯兰文明保有了自身的传统与特色，但其影响范围已经缩小，与今天的状况大致相同。

这一时期的中国文化仍在继续着自己的传统，蒙古民族的南下与元王朝的建立并未中断这一传统；相反，新的文化因素的传入进一步激发着传统文化的繁荣，元曲与元杂剧成为中国古典文学艺术中的一大特色。明清时代，也在传统的大格局下酿出了富有特色的文化成就，《三国演义》《水浒传》《西游记》《红楼梦》四大文学名著先后完成，从《三言二拍》到《聊斋志异》，话本小说与短篇小说也是丰富多彩，绘画、书法也是成就卓著。

不过，在欧洲的文艺复兴与启蒙运动风起云涌之际，中国传统文化发展中礼教与专制主义的束缚却处在强化之中。在思想领域，程朱理学成为主导性思潮，这一思潮与八股取士相结合，窒息了士子们的思想与灵魂。明清时代，专制主义统治不断加强，尤其是清王朝的文字狱与专制主义的文化统治，更是加剧了这种窒息。乾嘉学派的出现对于史学发展而言可能是一种富有学术意义的成就，但它又的确是专制主义文化政策的产物。《四库全书》的编修与《古今图书集成》以及一大批类书、政书、地志的修撰，虽是功泽后世的文化盛举，但是在当时的社会条件下，这些盛举的出发点与实际作用都是对思想文化的禁锢，与狄德罗《百科全书》的编撰不可同日而语。

当然，这一时期中国也涌现出了一批富有批判精神的思想家。明末三大思想家王夫之、黄宗羲、顾炎武是其典型代表。但他们的思想体系与批判的触角都没有脱出传统文化的大范畴，仍是在传统文化范畴内的思想批判，与西欧的文艺复兴、启蒙运动具有本质的不同。1840年以来的近代社

会，外来思潮与文化纷至沓来，中国的思想文化界进入了一个新的交融与活跃期，但是，直到五四新文化运动，传统文化的根基与基本体系都未受到真正的冲击。

五四新文化运动中的文化先驱们在积极倡导民主与科学的同时，也在感叹中国为什么没有文艺复兴，没有启蒙运动，这种感叹甚至影响了一代中国文化人。他们没有看到，中国文化的发展自始至终都是走着自己的道路，没有激发文艺复兴与启蒙运动的背景与动因，而且缺少了文艺复兴或启蒙运动式的思想文化运动，也未必会影响中国传统文化的繁荣与转型，当然，也不会影响在新的历史时期我们民族精神的弘扬与培育，更不会影响我们中华民族的复兴大业。

总之，在世界文化发展的历史长河中，每个国家和民族都有自己的文化内涵和历史传统，都有不同特色的文化积淀，其发展道路必然也各不相同。在未来的社会发展中，中国传统文化会融入到中国特色社会主义的大潮中，成为社会主义核心价值体系的重要构成部分，对中国经济发展、社会进步和文化繁荣起到重要的促进作用；对全民文化素质的提高、国民道德水平的提升，特别是对广大青年学生思想与品格的养成，以及社会主义核心价值观的确立，起到不可替代的推动作用。同时，在人类文明的发展中，中国传统文化更会立于世界民族文化之林，用自己特有的精神价值为人类文明的发展作出积极的贡献。

【思考与讨论】

1. 谈谈你对习近平总书记“每个国家和民族的历史传统、文化积淀、基本国情不同，其发展道路必然有着自己的特色”这一论断的认识。

2. 根据本章内容，列出世界文明与中国文明的对应简表。

【参考文献导读】

1. ［美］威尔·杜兰特著：《世界文明史》（共 11 卷），华夏出版社 2010 年版。这是一部揭示人类文化发展历程的巨著。全书约 1500 万字，有近千幅精美插图。其内容几乎涵盖每一时代、每一国家，涉及政治、经济、军事、宗教、文化、哲学、历史、教育、艺术、音乐、科技等领域。该套著作是作者倾尽全力，花费了 40 余年的时间才完成的，被誉为“20 世纪的《史记》，人类文明的《离骚》”。

2. ［美］斯塔夫里阿诺斯著，吴象婴等译：《全球通史》（上、下册），北京大学出版社 2005 年版。该书被誉为“影响世界历史的 10 本书”之一，是第一部由历史学家运用全球观点囊括全球文明而编写的世界历史。作者采用全新的史学观点和方法，将整个世界看作一个不可分割的有机的统一体，从全球的角度来考察世界各地区人类文明的产生和发展，把研究的重点放在对人类历史事件和它们之间的相互关联和相互影响上，努力反映局部与整体的对抗以及它们之间的相互作用。全书材料新、范围广，涉及政治、经济、军事、文化、教育、宗教、科学技术等各个方面，并吸收了 20 年来世界历史学研究诸领域的新成就，读来颇觉新颖，有强烈的现实感。所以，本书在 20 世纪中期一问世便立即被译成多种文字，颇受好评。美国许多大学甚至军校把《全球通史》作为大学基础课程的教材。

3. 齐涛主编：《世界史纲》，泰山出版社 2012 年版。该书上起宇宙起源、生命世界与人类的诞生，下至本世纪最近十年的历史风云变幻，从古埃及、古印度文明的初曙，古希腊、罗马文化的繁盛，到神秘的中世纪故事；从哥伦布的远航、文艺复兴，到世界一体化的历史运动；从近代资本主义的发生与资产阶级革命，到工业革命的强力驱动、资本主义的繁荣；从两次世界大战的爆发，东、西方两个阵营的对立，到世界政治、经济格局的调整，直到中东与北非的动荡、卡扎菲的倒台。人类文明的每一步进程，仅用一卷之幅，尽收其中，被学界称为“中国人写的大历史”。

5. 电视纪录片：《帝国的兴衰》（共 5 集），中央电视台制作出品，2011 年 2 月首映。该片从政治、经济的视角，吸收最新的经济学、政治学理论和近百年来的考古发现，以大量真人与三维动画结合，气势如虹地展现了秦汉帝国的风云；解读了秦汉帝国兴衰的原因；启迪人们反思，再现了传统历史与文化的真实画面。可登陆百度视频观看。

6. 电视系列片：《人类：我们的故事》（共 12 集）。由美国历史频道制作出品，2012 年首映，于 2014 年由中央电视台引进并调整编制后播出。它史诗般地讲述了人类的发展历史，具有很强的视觉效果。可登陆百度视频观看。

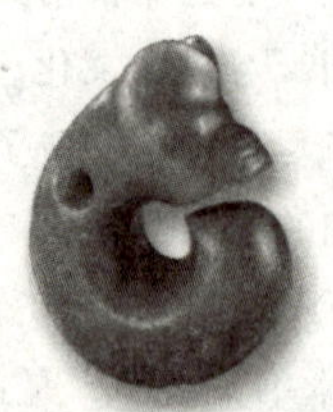

第一章
中国文化的起源

文化的含义可以分为广义与狭义两种：广义的文化是指人类所施予自然与社会的所有影响，当然也包括人类自身的精神创造；狭义的文化则是指人类的精神创造。而精神创造又可分为意识中的精神创造与可以物化或外化的精神创造。从人类文化起源的逻辑进程看，意识中的精神应当首先产生，然后才有物化的或外化的精神。但是，由于我们所面临的不可超越的时空局限性，对文化之源的探寻只能通过能够发现的文化遗存进行，也就是说，只能通过物化的或外化的精神进行。

一、中国文化特色的初生

人与动物世界分离的根本标志是精神世界的形成。自人类产生到精神世界的形成，走过了漫长的数百万年时光。至旧石器时代[①]晚期，随着“新人”的形成，远古人类开始摆脱蒙昧，开始了文化的萌动。

---

① 旧石器时代：考古学分期中石器时代的前期阶段。1813年，丹麦历史学家韦代尔·西蒙森首次提出将人类文明史划分为石器、铜器和铁器三个时代，并进一步将石器时代细分为旧石器时代和新石器时代。旧石器时代共历时二三百万年，距今5万～1万年为旧石器时代晚期。当时人类使用比较粗糙的打制石器，过着采集和狩猎的生活。中国已发现的旧石器时代人类化石，重要的有元谋猿人、蓝田猿人、北京猿人、马坝人、长阳人、丁村人、柳江人、山顶洞人等。

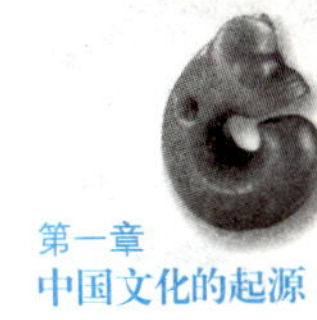

旧石器晚期正处于第四纪以来的末次冰期即大理冰期的扩张期，我们的先民处于极其恶劣的生存环境，面临着严峻的考验与压力；同时，这种环境的巨变也为人类提供了进步与创造的契机与动力，迫使人类对恶劣的环境作出应答，实现历史的巨变。也就是在这寒冷、迁徙与死亡中，人类文化与文明得到了全面的发展，甚至出现了前所未有的飞跃——逐步有了自我意识，有了审美意识与艺术，有了灵魂观念，有了种种迷惘与崇拜，有了巫术与生产、生活的仪式，等等，再不像以往的时代那样蒙昧无知，只凭求生的本能在生存的道路上蹒跚而行。他们开始将自己外化于自然，有了最初的自然崇拜；他们已意识到了生与死的区界，有了早期的形神观念与灵魂崇拜；他们已知道生命的由来，并由此引发了以生产女性为标志的母神崇拜，从而完成了他们与其他所有动物的告别仪式。更为重要的是，在这场告别仪式中，我们的先人立足于东方这片神奇的土地，已显露出自身的文化特色与文化禀赋。

（一）原始信仰与原始审美意识的发生

从发生学的时序来考察，旧石器时代晚期先民的人体装饰可以说是原始信仰与原始审美意识最早发生的形式之一，是原始文化的最早表现。

原始人类对自身的装饰，应该是在人有了自我意识后才开始的，可以说这是人与动物的根本区别之一，是人类的一种文明意识。其形式多种多样，大体上可分为两类：一类是对身体的装饰，即用颜色在人体上涂绘图案，乃至涂抹全身，或在身体上划痕，如绘身（又称“画身”）、文身（包括文面、黥首、点墨、刺青等）、穿耳、穿鼻、凿齿、穿唇等。另一类是体外装饰，即用一些诸如坠、环、带、管装饰物悬挂、附着或缠绕身体某部位（如耳、颈、手腕、足、腰等），人的衣着也属于此类。

由于历史的久远，我们不可能找到旧石器时代先祖们对身体装饰的直接证据，但我们可以从考古发掘的有关材料以及现代尚存的原始民族的绘身、文身等身体装饰习俗中得到证实。考古专家们在距今约 2.7 万年的山顶洞遗址中发现有红色颜料，经鉴定，为赤铁矿粉，而且在山顶洞地层中发现了一些赤铁矿碎块，有的经过刮削，无疑是将粉屑制成颜料使用的。这一时期，无论是山顶洞人还是虎头梁人、小孤山人，都普遍地崇尚红色，饰物的孔洞中多有红色遗痕，而且在其附近也往往有赤铁矿粉或赤铁矿石出土。如山顶洞发现的许多饰品都有赤铁矿染红的痕迹，而且在死者的周

围也撒有赤铁矿粉。距今2万～1万年的山西吉县柿子滩遗址还出土了压制、研磨赤铁矿粉料的磨石与磨盘。既如此，我们可以推断当时的人们有可能用此作颜料绘身画面。因为文身等人体装饰首先是宗教意义上的表现形式，其起源应该在更早的时期。从新石器时代[①]一些考古发掘的文物中可以发现一些文身、文面习俗的迹象。例如，在仰韶文化西安半坡遗址出土的彩陶盆内壁所画人面鱼纹纹样，有的学者认为，其中的人面很像是文面的形象，其额部和颌部的彩绘是由细密的刺纹所构成的。[②]甘肃宁定出土的马家窑文化半山类型三个人头盖纽，其面部和颈部布满了花纹。有些学者由此断定：这些是文面和文身习俗的写实艺术遗存，“是迄今为止我国新石器时代已有黥面和文身习俗的最早、最直接的证据”[③]。在内蒙古克什克腾旗白岔河发现的新石器时代的岩画上，其中刻有两个完整的人面像，其面像上除了刻有眼、鼻、嘴外，还刻有密密麻麻的纹饰，尤其右面的人面刻纹显得刚毅，可能是个男性。[④]

在我国境内，最早的人的装饰品均为旧石器时代晚期的遗物。在旧石器时代的遗址中，山顶洞人的装饰品非常丰富多样。在102号头骨附近，就有7颗精致的石珠，应当是项链或穿成链状的头饰；还发现了1颗十分精致的穿孔砾石，类似于后世的项坠；另外，还有125枚穿孔兽牙、4件骨坠、3个穿孔海蚶壳以及其他一些饰品。这些饰品都穿有细孔，而且孔洞与外部有不同程度的磨损，应当是长期佩戴所致。（见图1-1）[⑤]

除此之外，与山顶洞人年代相近的许多其他遗址，也都出土有形形色色的装饰艺术品。如山西柿子滩遗址中发掘出距今2万～1万年间的2000

---

① 新石器时代：考古学分期中石器时代的后期阶段。开始于公元前8000年上下，结束于公元前2500年左右。这一时代的基本特征为：一是农业和家畜饲养业已经产生，生活资料有了比较可靠的来源；二是居民已开始定居生活；三是广泛使用磨制石器，开始制作并使用陶器。中国各地普遍发现不同类型的新石器文化，重要的有河姆渡文化、仰韶文化、马家窑文化、大汶口文化、良渚文化、红山文化、龙山文化等。

② 参见张云《半坡遗址三十年研究综述》，载《文博》（陕西博物馆）1989年第2期。

③ 刘敦愿：《再论半坡人面形彩陶花纹》，载《考古通讯》1957年第5期；又见刘锡诚《中国原始艺术》，上海文艺出版社1998年版，第67页。

④ 参见张松柏、刘志一《内蒙古白岔河流域岩画调查报告》，载《文物》1984年第2期；刘锡诚《中国原始艺术》，上海文艺出版社1998年版，第68页。

⑤ 该组图采自陈兆复、邢琏《原始艺术史》，上海人民出版社1998年版，第356、357页。

件石制品、动物化石及制作精美的蚌质穿孔装饰品，据考古工作者的测定，许多装饰品至少有 2 万年的历史；山西峙峪遗址中有石墨装饰品；河北虎头梁遗址中发现了 8 颗用鸵鸟蛋皮制成的扁珠，最厚处 2.1 毫米，最薄处只有 0.1 毫米；辽宁小孤山遗址中也出土有穿孔齿牙、穿孔蚌壳等。引人注意的是，山顶洞中还出土了一枚直径仅 3.3 毫米的骨针，小孤山遗址中也有 3 支骨针出土。这表明此时期的先人已能熟练地缝制衣物。而当时的衣物如同后世一样，不仅是御寒的需要，还表明人们社会角色心理的出现，这与众多饰品的同时出土是十分吻合的。

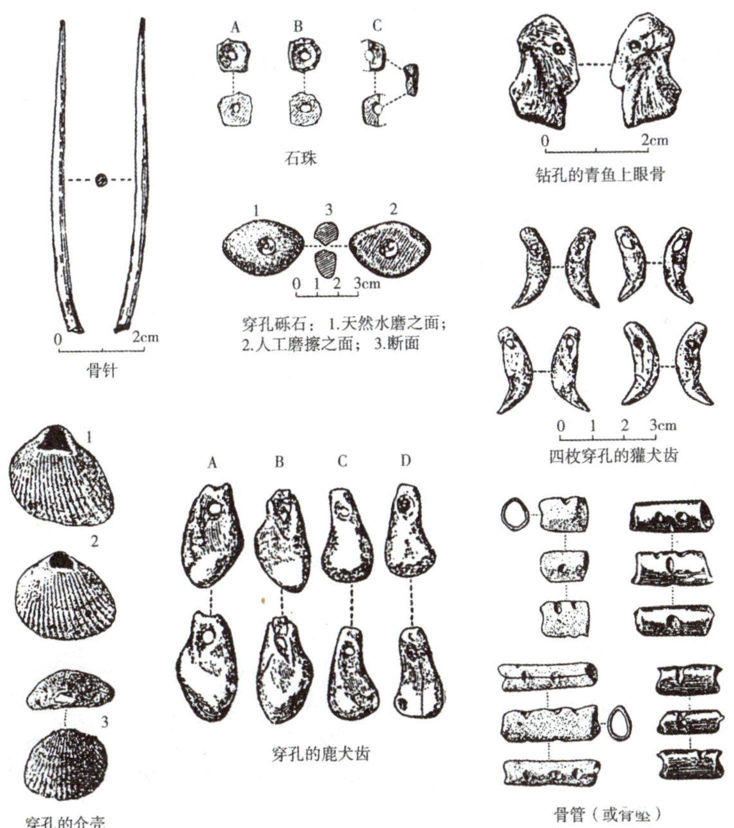

图 1-1 山顶洞人的装饰艺术品

这一时期，我们先民的思想状态正处于人类发展史上的孩童状态，他们头脑中对世界的映象是朦胧的、虚幻的、一鳞半爪的，他们感兴趣的是与他们的生存密切相关的事物。衣不裹体、食不饱腹、时时面临生存危险的原始人类，用各种方式和方法制造、利用这些装饰品，首先的功能或需

要应该是出于避邪害祛病灾的宗教心理，其次才是为了美观、遮体等需要。如远古人的绘身、文身最初的用意肯定是出于保护身体、避免伤害、驱鬼逐疫、威吓异类，并在同类的竞争中，起到辨识族类等作用，从而就地取材如泥土、树胶、动物血、赤铁矿粉等涂抹身体。人的衣着首位的功能也应该如同文身和绘身一样，是宗教的、社会上的意义，而遮羞、避寒防晒等实用意义则是后来产生的。

将这一时期的艺术与审美同欧洲同期相比，我们不难发现，在中国这方土地上，装饰艺术十分发达，尤其是人体装饰艺术，这一形式又被称作“非具象艺术”。而欧洲旧石器时代晚期则流行具象艺术，即以大自然为摹绘对象（见图 1-2）[①]。这种具象艺术与非具象艺术的差别是否就是东西方文化中自然精神与人文精神的最早分野呢？

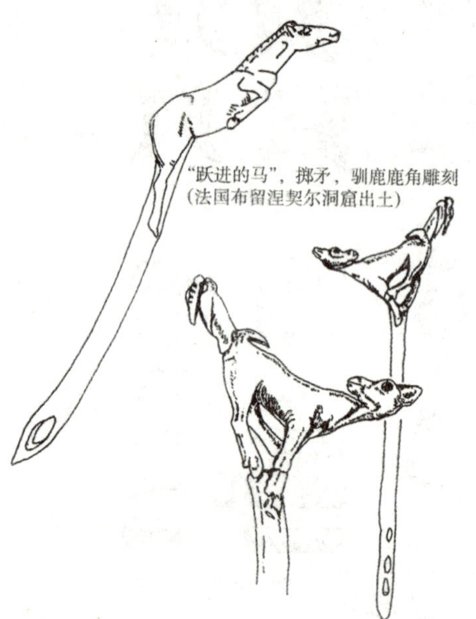

“跃进的马”，掷矛，驯鹿鹿角雕刻
（法国布留涅契尔洞窟出土）

“小羚羊”，掷矛，驯鹿鹿角雕刻，镶嵌眼睛，长约29厘米（法国玛斯达兹尔洞窟出土）

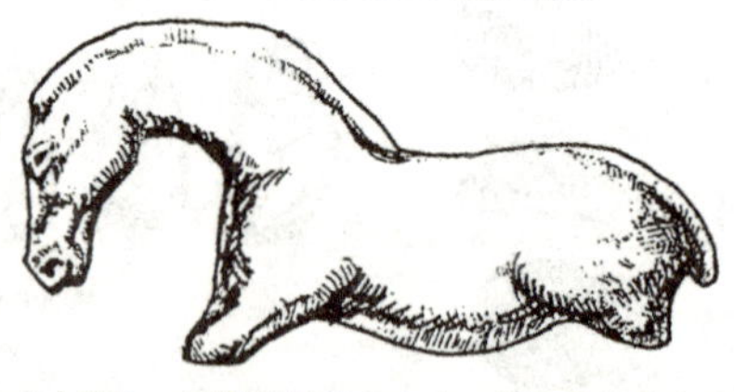

“小马”，德国优格哈尔出土，约公元前28000年用猛犸象牙雕刻，长约6厘米（私人收藏）

图 1-2 欧洲旧石器时代艺术品

① 均采自陈兆复、邢琏《原始艺术史》，第 368、365 页。

（二）自然崇拜、灵魂崇拜与母神崇拜的出现

自然崇拜是原始崇拜的重要内容，它是在生产力极其低下的条件下，伴随着早期人类最初的自觉而产生的一种原始信仰，实际上是将支配早期人类生活的自然力和自然物人格化，变成超自然的神灵，作为崇拜对象。马克思、恩格斯认为，它是“对自然界的一种纯动物式的意识”[①]。面对强大的不可抗拒的自然力量，先民们既无能为力、束手无策，显得渺小而又脆弱，又无法解释各种自然现象，因而对自然充满了敬畏之情，想象这些事物是有人格、有意志、能动的，认为变幻莫测的自然现象背后皆有神灵支配，万物皆有灵性，于是，先民们想象出各种被人格化的自然神灵，对他们膜拜，祈求他们为自己禳灾赐福。这种种膜拜的行为，流露出原始人类对自然物和自然力的崇拜观念。

先民们对大自然感兴趣的事物主要可以分为两类：一类是他们期望和感激的，如挂满果实的植物、易于捕获的动物，这些能够为他们提供宝贵的食物；另一类是他们所敬畏和规避的，如猛兽毒虫、洪水雷电等，这些自然力量时常威胁着他们的生活或生存。因此，他们可以对着一支谷穗、一株果树膜拜，祈求它们繁殖众多，收获众多；他们还可以向咆哮的江河、肆虐的暴风雨膜拜，祈求那种神秘的力量不要毁坏、威胁他们的生存与生活。最初的自然崇拜是典型的泛神崇拜，无论是山河湖海、日月星辰、雷电雨风，还是草木禽兽，都可能会成为人们的崇拜物。这样，自然崇拜便成为远古先民精神生活的重要组成部分。

与世界其他古老民族一样，中国先民们最早的自然崇拜对象是太阳，因为太阳给他们带来光明和温暖，带来春夏秋冬的更迭，人们对其畏惧、感戴兼而有之，崇拜之形成便在自然之中。2万多年前的小孤山遗址中出土有“拜日骨盘”，表明太阳崇拜之悠久；青海海西蒙古族、藏族、哈萨克族自治州都兰县巴哈毛力沟岩画（见图 1-3-3），被断定为1万年前的遗迹，岩画中即有三个光芒四射的太阳。[②]

动物崇拜也是自然崇拜的内容之一，它以动物为崇拜对象，是早期人类狩猎时期社会意识的反映。上述毛力沟岩画中即有大象、山羊、鹿、

① 《马克思恩格斯全集》第3卷，人民出版社1965年版，第35页。

② 此组图采自刘锡诚《中国原始艺术》，第264、266页。

獐等动物的造型。内蒙古阴山岩画中有大角鹿、鸵鸟等图形，这些动物只是1万多年前才活动于这一地区，因而被断定为1万多年前的作品。阴山乌拉特后旗岩画鸵鸟图中，至少画了八只引颈伫立的鸵鸟；另外，还有人面、马鹿和其他动物，是动物崇拜的表现。（见图1-3）

1.阴山岩画上的鸵鸟　2.阴山岩画上的大角鹿

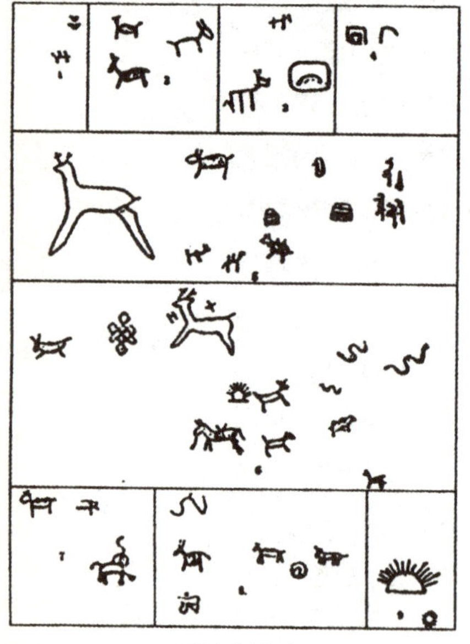
3.巴哈毛力沟岩画

图1-3 旧石器时代岩画

灵魂观念是远古时期人们由于不了解自己的身体构造及各器官的功能，并受梦中景象的影响而产生的一种观念。这种观念以为，思维和感觉不是人们身体的活动，而是一种独特的寓于身体之中而在人死亡时就离开身体的精神体在活动。人们因为留恋生命，留恋亲情，便会十分尊敬死者及其死后的鬼魂，并且希望自己或亲人死后，生命仍以另外一种方式或比照人间方式存续下去，即能够在另外一个世界相互“重逢”，于是便产生了灵魂不死观念。对于远古先民来说，肉体的死亡并不意味着灵魂的灭绝。人们会有许多办法使人走向重生。正像爱德华·泰勒所说：“野蛮人通常说，这类人是暂时死去，后来灵魂又回到了他的身上。……在昏睡中病或死亡中消失和回来的这种灵魂或生命是什么？野蛮人的思想家似乎觉得，用他的感觉的证据本身就能回答这个问题。……这就增强了他们的下列信仰：灵魂并不与肉体一起死亡，它在肉体弃世之后仍然活着。”①

旧石器时代的山顶洞人对死者的埋葬已有了一定的规矩：墓葬中有陪葬品，诸如工具、武器、衣物以及一些穿孔小砾石、穿孔兽牙、小石珠被放在了死者身旁，大概是为了让死者在另一个世界享用。尤其是山顶洞人在死者附近往往撒有赤铁矿粉或赤铁矿石，很耐人寻味。

① ［英］爱德华·泰勒著，连树声译：《人类学——人及其文化研究》，广西师范大学出版社2004年版，第317页。

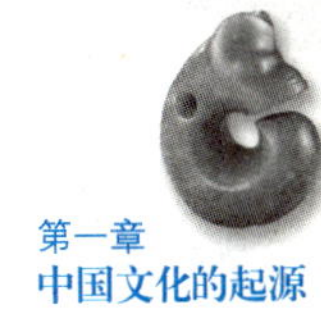

关于这一时期红色的流行，学术界有种种解释：有人认为红色象征着篝火的颜色，既可以给人温暖，又能够驱兽自卫[①]；也有人认为，红色象征着血液，人死血枯加上同色的物质，是希望死者在另一个世界中复活，所以在他们看来，红色是对生命的呼唤[②]。在我们看来，红色的本意只是猎物之血，人们以此象征着勇猛，象征着收获，也是男性的重要标志。后来人们渐渐赋予了它宗教的意义。在先民眼里，因为红色与血液、篝火同色，而这两种东西在原始人看来是他们生活乃至生存方面必不可少的，因而在饰品上染红色；在身上涂红色，是为了使自己避害祛病；在死者身上撒赤铁矿粉，是希冀死去的亲人还能和活着的时候一样，以另一种状态同他们生活在一起，或到另一个世界过同样的生活，所以他们把死者生前用过的工具及生活用品同死人一起埋藏，也希望他们免遭灾难的侵袭。这样，红色成为先民们崇拜的对象。

这种对红色的崇拜一直延续到新石器时代甚至更后的时期，后世祭祀前或大战前的以血衅钟、衅鼓，也当由此而来。对红色的普遍崇尚，在人类早期社会的发展中具有重要意义：这表明此时的人们已经有了朦胧的灵魂观念以及来世观念。首先，它是人类对自身精神世界的首次感知，人们开始思考生与死，开始关心死后的灵魂世界，这里面已经蕴含了宗教与哲学的萌芽。其次，通过丧葬仪式的出现与殉葬品的流行，我们已经能够感觉到人与人之间的亲情，甚至能感觉到死者对生者感情或者权威意志的延伸，这实际上表明人们已经有了比较密切、稳定的社会组织。

祖先崇拜是人们在对自身由来的认知中形成的崇拜体系，它既是人类对自身生命现象的神秘化理解，又是对先祖亡灵的崇拜。其产生的前提是灵魂观念的出现与发展。灵魂观念在旧石器时代先民那儿即已朦胧产生，山顶洞人的墓葬已告诉我们这方面的一些信息。祖先崇拜最初表现为远古人类对母神的崇拜。虽然母神崇拜在中国现有的旧石器时代晚期遗址中尚未发现，但从其他地区的发现看，应当是普遍存在的。如意大利有发现于地中海海滨的“格里玛狄母神雕像”“沙威格诺母神雕像”，乌克兰有“加

① 参见牟钟鉴、张践《中国宗教通史》上卷，社会科学出版社 2007 年版，第 13 页。
② 参见陈兆复、邢琏《原始艺术史》，第 17 页。

加利诺母神雕像”。另外，从西欧到东欧、西亚以至南亚，也都有母神雕像的发现。中国北邻的西伯利亚曾发现有 2 万年前的圆雕母神，东邻的日本也曾有 12000 多年前的陶制母神出土。中国本土到目前为止，发现最早的母神雕像是新石器时代红山文化中的“东山嘴母神”；辽宁牛河梁红山文化遗址也出土有女神雕像；另外，河北滦平县后台子新石器遗址下层也出土了 6 尊石雕女像（残 2 尊）。（见图 1-4）[①] 从文化发展序列上看，中国境内的旧石器时代晚期也应当出现了母神崇拜，其遗存应当更可能存在于内蒙古、东北到渤海与黄海平原。

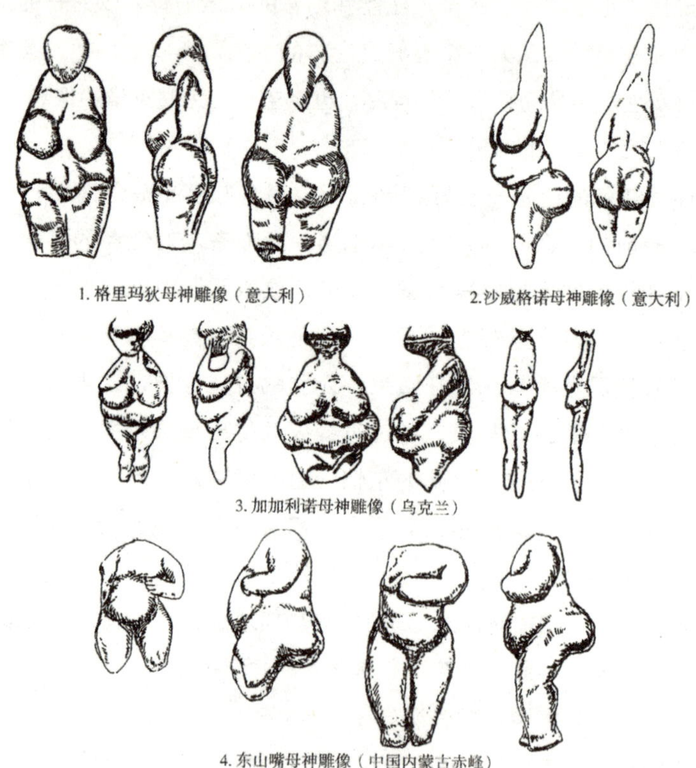

图 1-4 远古时期的女神雕像

从各地的母神造型看，有两个共同的特点：一是简朴小巧，小者只有 3 厘米高，多数也只是在 10 ～ 20 厘米，而且常常是多个雕像同时出土。二是母神造型多体态丰满，且以简练而夸张手法着力渲染、突出鼓腹、肥臀、

① 此组图采自陈兆复、邢琏《原始艺术史》，第 359、362、364 页。

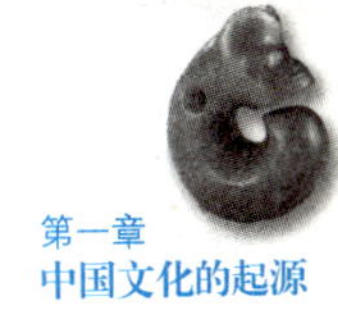

丰乳、粗腿这些特征，有人甚至直接认为是孕妇之形；她们多赤身裸体，面目不清，没有眼、口、鼻、耳等，两腿多合并为粗锥状，有的像棒状物，有的捂着肚子，给人以原始稚拙之美。由此看来，这是比较典型的母神崇拜，所崇拜的内容是女性的生育功能，是对生命由来的崇仰，从中似乎还看不出对女性权威的崇拜痕迹。正因为远古人类崇拜的是女性的自然生育功能，所以，这些小型的母神造像便会被随身携带或在居室四处摆放。

原始信仰与审美意识以及自然崇拜、灵魂崇拜、母神崇拜的出现，标志着我们的先民已经开始从精神上探知自我与自然。在以后漫长的岁月中，这种崇拜与探知互相作用，共同造就了艺术、宗教与哲学。

二、原始信仰与原始崇拜

如前所述，在大理冰期盛时的寒冷时代，中国远古居民也开始了其文化的萌生。至 1 万年前左右，随着大理冰期的结束、洪水时代的到来，我们的先民们也开始了艰辛的创世纪历程。其核心内容就是农业文明的不断成熟与扩张。

农业的发展及其扩张，使中国早期经济结构初步形成，以农业为主导，兼及畜牧业、手工业的经济结构奠定了此后整个古代社会的经济基础，也奠定了中国传统文化生成与存续的基点。在此基础上出现的社会生活的精致化，则为早期文化的生成与发展提供了充分的条件与空间。随着原始农业文明的发展，直至五六千年前，即新石器时期，远古先民的自然崇拜较之冰河时期发生了一系列的发展和演变，东方式信仰与崇拜的特色逐渐呈现。

（一）自然崇拜的变化

自然崇拜的变化主要表现在两个方面：一是崇拜对象的变化；二是对土地崇拜的重视。

1. 自然崇拜对象的变化

关于崇拜对象的变化，我们以动物崇拜为例，可以看到三点明显的变化：

其一，崇拜的对象开始向力量型与能力型转变。从原始艺术史的资料来看，旧石器时代的人们动物崇拜的对象多是他们的食用对象。野牛、马、

山羊、披毛犀、长毛象等等都是食草动物，而且也都是人类能够制服的动物，是他们的食物来源，亦即人类最基本的物质需要。正因为人类的生存要依赖于这些动物，人们才产生了对它们的崇拜心理。如费尔巴哈所说："动物是人不可缺少的、必要的东西；人之所以为人要靠动物，而人的生命和存在所依靠的东西，对于人来说就是神。"他还精辟地指出："人的崇拜对象，包括动物在内，所表现的价值，正是人加于自己、加于自己的生命的那个价值。"① 进入早期农业文明时代后，这种食物型的动物崇拜开始发生变化，逐步演化为力量型与能力型的动物崇拜，如山中猛兽虎、熊、豹以及空中的飞禽、水中的游鱼、急速爬行的蛇、千年长寿的龟等等。他们崇拜的是这些动物超人的能力与力量：一方面希望自己也能从中汲取到这种能力与力量，另一方面则是祈求得到这些动物的庇护。这是这一时期动物崇拜的两个主要动因。与早期那种崇拜食用动物的习惯相比，这是一个飞跃。所以，在这一时期的新石器文化遗址中出土了许多虎豹、龙蛇、鹰鸮类形状的飞禽猛兽图案和器物。例如，在仰韶文化中，半坡类型的彩陶纹饰中有较多的动物纹，有鱼、鸟、蛙、龟、鹿、鹰、鸟、蛇等，其中鱼纹占最重要的地位；在庙底沟类型中，动物纹样以鸟纹为主，太平庄出土的鸮形陶鼎，整体造型是一只肥硕的鸮鸟，钩嘴利喙，双目圆睁，粗腿利爪，气势凶悍。② 另外，在安徽含山凌家滩遗址中出土有双头虎玉器；在辽西红山文化中有玉鸟、玉鸮、玉龟、玉鱼、玉龙、玉虎；在辽东半岛的后洼遗址中发现的雕塑制品中，多数是动物形的，尤以鸟形的为多；在山东的大汶口文化遗址中也出土有玉鹰……这些都很有代表性。

这种崇拜对象的出现表明，随着人类的进步与历史的发展，人与自然的距离逐渐加大，人对自然的认识也日益扩展，但人类自身的能力却进步迟缓。人与自然距离的拉大、人对自然认识的扩展与人自身能力的不足所形成的巨大反差，使那一时代的人们产生了深深的恐惧感。他们越发感到自己的弱小，越发感到大自然的伟力与神秘，也越发感到力不从心。因此，他们羡慕那些水中的翔游者，羡慕那些空中高飞者，更羡慕那些来去倏忽、八面威风的毒蛇猛兽，对这些动物的崇拜自然确立。

① 《费尔巴哈哲学著作选集》下卷，三联书店 1962 年版，第 438 ～ 439、541 页。
② 参见巩启明《仰韶文化》，文物出版社 2002 年版，第 205 页。

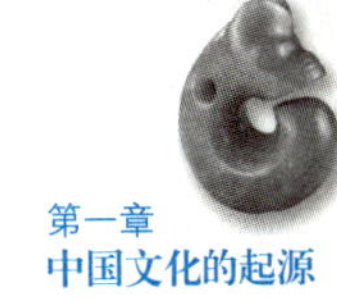

其二，这一时期已开始由泛神崇拜向多神崇拜演进。自然崇拜伴随着早期人类最初的自觉而产生，无论是山河湖海、日月星辰、雷电雨风，还是草木禽兽，都可能会成为人们的崇拜物，这是典型的泛神崇拜。随着农业文明的出现，自然崇拜也发生了一系列新的变化。不同地区的人们都形成相对集中的崇拜对象。比如北方地区的蛇崇拜、东部地区的鸟崇拜、西南地区的虎崇拜、西部地区的鱼蛙崇拜等等，均是。

其三，这一时期异兽崇拜与人兽崇拜兴起。由对某种动物本身的崇拜向异兽与人兽崇拜的发展是各民族动物崇拜的必然规律。人们在崇拜某种动物时，对于自己的崇拜物既希望它具有本身以外的种种能力与力量，又希望它能具有人的成分，以便与之沟通。比如，对于爬行类动物，人们会希望它也具有鸟类的飞行功能，具有鱼类的水下自由；对于狡猾的狐狸，人们也许希望它能具备猛虎的利爪坚齿。这样，种种奇禽异兽便应运而生，为了使它们便于同崇拜者沟通，有些野兽也开始换上人的面孔或人的身躯。（见图 1-6）

中国历史上虽然没有出现埃及的“斯芬克斯”，但仰韶文化西安半坡和临潼姜寨所出土的多件大同小异的“人面鲵鱼纹”(或称“人面鱼形纹”“人头鱼图”“人鱼合体纹”[①]，见图 1-20）之类的东西可以说与之异曲同工。这类图形与《山海经 • 海外西经》所记轩辕之国“人面蛇身，尾交首上”比较吻合。[②] 在前述后洼遗址中出土的一件 6000 年前的人鸟同体石雕像也可以与之相埒：其像正面为人头雕像，缠头或斜发，额顶和颧骨凸出，眼睛为柳叶形，张口露齿；背面则为一只回头鸟形象，鸟头凸起回首附于身体之上，钻孔为眼，尾部上翘，并刻网格纹以象征尾羽，两侧有鸟足。[③] 另外，在良渚文化中也出土有人兽骑虎图[④]。

距今四五千年前的赵宝沟文化中出现的鹿龙、鸟龙与野猪首牛角龙可以视为异兽崇拜的典型代表（见图 1-5）。据属于赵宝沟文化的小山遗址发掘报告所提供的附图看，图 1-5-1 是鹿龙图，鹿为奔鹿，身躯中段加画

---

① 具体详见中国科学院考古研究所、陕西省西安半坡博物馆《西安半坡》，文物出版社 1963 年版，第 217、218 页；西安半坡博物馆等《姜寨》，文物出版社 1988 年版。

② 参见陆思贤《神话考古》，文物出版社 1995 年版，第 196 页。

③ 参见许玉林等《辽宁东沟县后洼遗址发掘概要》，载《文物》1989 年第 12 期。

④ 参见浙江省文物考古研究所《反山》，文物出版社 2005 年版，图录 209。

勾连涡纹，以示漫卷在云空中，后体用鱼身、鱼尾表示，说明可以潜于水中。图 1-5-2 是鸟龙与鹿龙图，鸟龙与鹿龙相配，昂首，长喙弯勾，翅膀作半圆弧面形，略似蚌壳，鸟头有明显的羽冠。图 1-5-3 上面画了三个动物形和一个蚌形图案。右侧领先的是鸟龙，长喙弯勾，嘴里衔一卷尾状物，鸟头有冠饰，兽身蛇尾，有两羽；后面相随的是野猪首牛角龙，突出獠牙，蛇体作旋转状；在鸟龙与野猪首牛角龙之间，有一蚌盖状图案，犹如蚌壳张开，里面露出蚌肉；最后相随的是鹿凤，鹿头、鹿角、鹿身，双凤尾。① 三幅图都是多种动物功能的聚合，也是泛神崇拜向多神崇拜的另一体现。

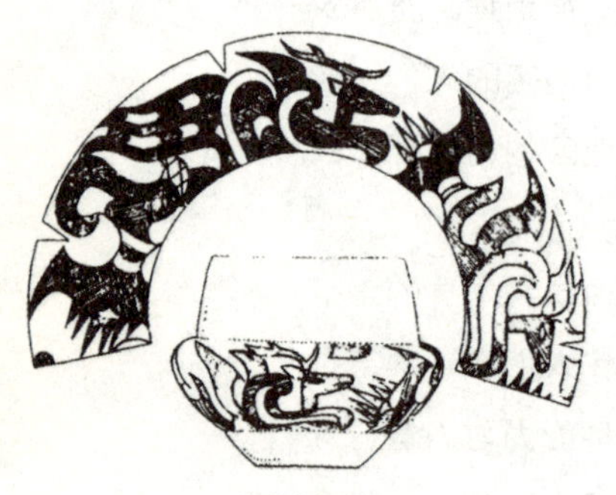

1. 陶尊上的鹿龙

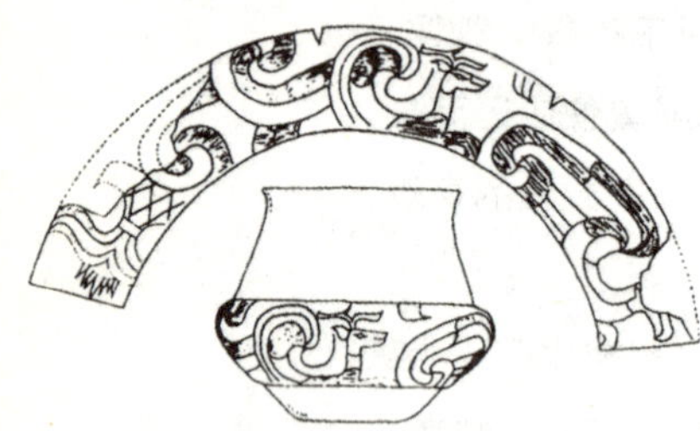

2. 鸟龙与鹿龙

3. 野猪首牛角龙、鹿凤与蚌形图案和同出的人面纹石斧

图 1-5 赵宝沟文化中的异兽崇拜

这种异兽与人兽崇拜在《山海经》中也多有记载。比如，《南山经》记载：招摇之山，有一种状如猕猴，但长有白耳，像人直立行走的怪兽“狌狌”。长右之山，有猴状、四耳、叫声如人呻吟的“长右”。《北山经》有集人、马、鸟、蛇于一身的奇兽“孰湖”，有四翼、六目、三足，其状如蛇的怪物，又有赤首白身的大蛇。《中山经》有“人面豺身，鸟翼蛇行”的怪物“化蛇”，有能飞能游、声如钟磬的“鸣蛇”。此外，还有出入有光的黄蛇，有合二为一的鱼蛇，有一首两身蛇、人身龙首蛇、人面蛇身蛇等等。（见图 1-6）②

这种异兽与人兽的崇拜时代，正是一个民族充满神话与幻想的时代。人们既没有理性的约束，也没有思想的禁锢，他们自由地面向自然，面向自身，面向过去，编织着民族的神话，激发起整体的创造欲望与创造意识。可惜的是这一进程在中国未能得到应有的发展。异兽与人兽崇拜出现不久，就被社会化、历史化的神仙崇拜所代替。它们或者被打入十八层地狱，被斥之为志怪神异，不登

① 参见邢国田《敖汉旗南台地赵宝沟文化遗址调查》，载《内蒙古文物考古》1991 年第 1 期；《内蒙古敖汉旗小山遗址》，载《考古》1987 年第 6 期。

② 该组图采自马昌仪《古本山海经图说》，山东画报出版社 2001 年版，第 177、317、365、447 页。

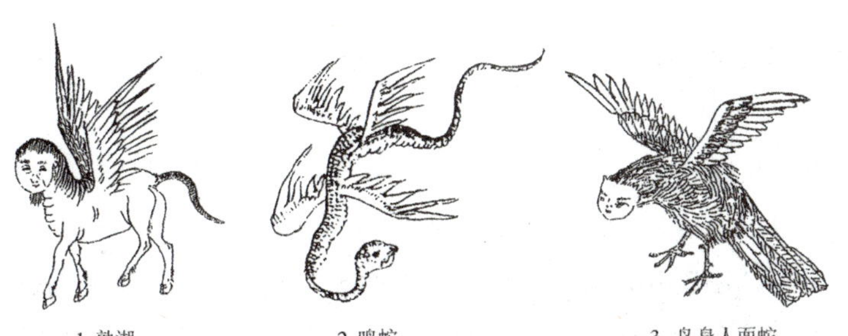

图 1-6 古本《山海经图》中的人兽、异兽像

大雅之堂；或者被硕学大儒们阉割，改造得面目全非。他们要么把对这些异兽或怪兽的崇拜看作历史传说，其通常做法是把它们降为人的祖神，把神话故事当作史实看待，构成一些虚幻的始祖以及它的发展谱系；要么对它们进行歪曲的解释，使其成为某种现实事件，从而成为构筑远古历史的基石。比如，传说中的黄帝本是四面怪兽，后被改造成为一个伟岸的人主，其四面也演绎成了黄帝派出的治理四方的四个大臣。再如夔，在《山海经·大荒东经》中被描绘成“状如牛，苍身而无角，一足，出入水则必风雨，其光如日月，其声如雷”的奇兽，但到后来却被改造成为尧（一说为舜）的乐正，其“一足”之“足”，被解释为“足够”之意，即“有一个足够”。

在这种社会化、历史化的浪潮中，我们先民的崇拜与思维过早地被局限在某一框架内，个性未能充分地张扬，想象力受到了压抑，创造意识没得到充分的发挥。这种现象值得我们深思。我们认为，导致这种现象的根本原因是社会经济结构的变化。近年考古发掘资料表明，中国先民的主体在冰后期约七八千年以前就逐渐超越狩猎和采集经济阶段，进入以锄耕、种植经济为主要方式的农业社会。农业生产中季节的简单循环，整个生产过程中的平凡、呆板，使生产者的生活既辛苦、分散，又缺乏变化。这样，中国先民的性格理念便呈现出农业民族的特征：务实、厚重、本分，但拘泥、封闭、保守。表现在思维方式上则是“重实际而黜玄想”，多理性而乏激情，尚正统而卑浪漫。那么，在这种背景下产生的作品也就可想而知，那些异兽、半人半兽的神性形象被抹杀，被历史化、社会化，也就在情理之中了。一切不符合正统的、理性化原则的东西都会被改造、删削，都会随着历史的前进而消逝。

当然，异兽与人兽崇拜也不是完全消失，龙、凤、麟等是这种崇拜的杰出硕果。不过，这些凤毛麟角的仅存物也被载上历史的与社会的重负，无法自由地、无拘无束地昂扬与奋飞，实质上也变为社会化与历史化的崇拜物。

2. 土地崇拜的日益强化

先民对土地崇拜的日益重视与农业文明的发展密切相关。

随着农业生产的出现和发展，农耕与土地在远古先民生活中占据着越来越重要的位置，人们对土地本身的依赖越来越强烈，认为五谷粮蔬都是土地的恩赐，由此产生了土地崇拜。他们力图通过各种祭祀仪式在播种和丰收之间架起一道桥梁，祈年祭的内容开始凸显。所谓祈年祭，实际上就是土地崇拜，它是自然崇拜的高级形态。如考古学家张光直先生所言："在那有史可考的最早的华北农村——仰韶期的农村——里，祈年祭是我们从考古学上可以看到的惟一的重要祭祀。"①

而对土地的崇拜仪式常与农事活动相关联，通常表现为播种前祈求丰收的仪式和获得丰收后的谢恩仪式，这就是所谓的祈年与报功，此两项被后来的春社与秋社分别行使。由于土地的广博无际，人们往往选定某一地点对土地进行祭祀，这一地点就是社。古人有以石为社，有以树木（多为松、柏、栗、桑）和土丘（如甲骨文中"社"字均作∩）为社。在距今5400多年的辽宁喀左县东山嘴红山遗址中，有一石砌祭坛，南北长60米，东西宽40米，坐北朝南，中间为一个10米见方的方形基址，内竖成组立石；南部为一直径2.5米的卵石铺砌的圆台子。有的学者认为，这一圆台子就是一个社祭遗址。②考古学家严文明也指出，湖北邓家湾石家河文化的宗教性遗存可能反映的是一种庆丰收的祭祀活动。③

最初的社，只是祭土的场所，并不具备什么神性。在社中进行的祭祀活动主要有两种：其一是瘗埋，即将祭品如马、牛、羊、豕、鸡等牲禽埋于地下。其二是浸滴，即将酒、血等液体祭品洒于地表，使其浸透至地下。半坡遗址曾出土有埋在地下的粟米罐，就是瘗埋法祭社的体现。这一方法在磁山遗址中也曾出现，这里共发掘"灰坑"476个，许多坑内发现有大量的粮食堆积、猪狗骨架和成组陶器。有些学者认为这些"灰坑"相当一部分可能是为祭土而埋在地下的。正如卜工先生所说："磁山遗址应包括

① 张光直：《中国考古学论文集》，三联书店1999年版，第118页。

② 参见田昌五《中华文化起源志》，上海人民出版社1999年版，第112页。

③ 参见严文明《邓家湾考古的收获》，载《考古学研究》（五），科学出版社2003年版。

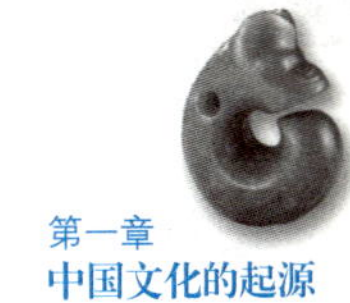

几种不同的祭祀方式，无论哪种方式，都应当是祭地祈年，表达了人们祈求丰收的心情。”[①] 这一时期已出现了人殉与人祭，酒的饮用也渐普遍，因此，可以认为浸滴法应当也已存在。

祈年祭也好，社祭也好，它们既是泛神崇拜向多神崇拜演进的结果，又是农业生产日益发展的产物。在此后的历史进程中，它们都成为中国传统祭祀与崇拜体系中的主流内容。顺便提一下，到文明前夜，稷又被尊奉为农业之神，这样，社与稷就成了仅次于天神而最受人们崇敬的神。

（二）祖先崇拜的进展

伴随着农业文明的扩展、人们生活的定居以及生活水平的提高，特别是随着早期家庭的萌生、血缘关系的明晰以及灵魂观念的形成，人们对于自身由来的追寻、对祖先亡灵的超自然能力以及可以庇佑家族成员的观念也不断强化。在七八千年前的裴李岗、兴隆洼等文化中，即出现了祖先崇拜的萌芽，但此时的祖先崇拜尚未形成独立的体系，还多混杂在天地自然与灵魂崇拜之中。至五六千年前的红山文化时代，祖先崇拜方成为主导性的崇拜，与天地崇拜、灵魂崇拜一道，初步构成了中国早期崇拜与信仰的三元结构。

从考古发掘情况看，牛河梁一带既是红山文化中重要人物的葬地，又是红山人的宗庙所在，女神庙中大大小小的塑像应当是人们所崇拜的祖先神（见图 1-24）。这些塑像大小不一，形态各异，似乎已形成有主次从属关系的神统，与同一时期附近的积石冢墓葬的大小不一现象也相吻合。从这个意义上，我们又可以推论，神庙中的塑像与葬在积石冢中的墓主可能有对应关系。当然，限于考古资料，我们已无法全面地知道女神庙中塑像的整体情况，也无法了解积石冢中墓主的全部身份，但从积石冢目前的发掘情况看，应以男性大墓为中心。因此，女神庙中也应当有相当数量的男性祖先神。这种两性祖先共同崇拜的现象，至商代仍然存在。

需要指出的是，红山人的祖先神是世俗祖先的直系化身，其偶像往往是现实中祖先的复制，既没有其他的神异内容的杂入，也没有出现人首兽体之类的异化。而其他的神灵崇拜则有种种的变体或合体，已远离了神灵的本来面貌。如赵宝沟文化出图器物上的鹿龙、鸟龙与猪龙图（见图 1-5）

---

① 卜工：《磁山祭祀遗址及相关问题》，载《文物》1987 年第 11 期。

和红山文化中的玉龙，都是抽象集合的变体。与之不同的是，在距今 5000 年左右的太湖周围的良渚人那儿，被异化的恰恰是祖先神，那些动物之类反倒葆有了其本来面貌。

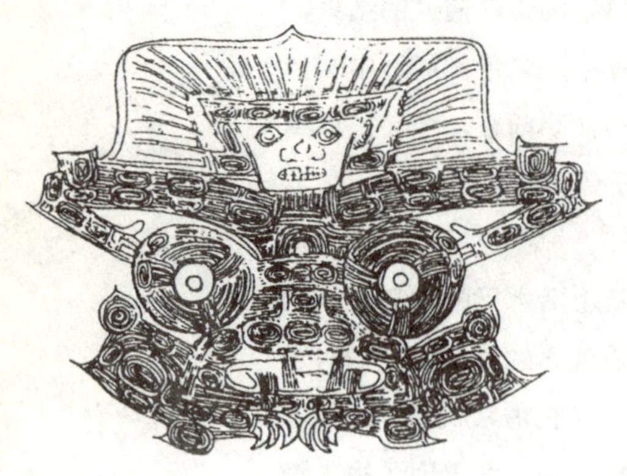
图 1-7 浙江余姚反山良渚文化玉琮线雕神人兽面纹（放大像，原高约 3 厘米）

良渚玉琮是这一文化体的典型器物，几乎所有的玉琮上都刻有风格类似的人面兽身像，从反山和瑶山玉琮上的图案看（见图 1-7），它其实是人、兽、鸟的合体。人面多作梯形，五官也多与常人有异，或许是对面具的摹写。其头部戴有羽冠，有人认为相当于四射的阳光。其姿势是两臂张开如鸟翼，双腿屈曲呈蹲踞状，与其下部兽类图案中的前后肢相合。其下部图案几乎是一个完整的兽形，从其獠牙以及口、额、眼来看，是一虎形兽类。有人认为，这是自然崇拜与祖先崇拜相结合的产物，似不妥。我们认为，这还是比较典型的祖神崇拜，只不过给它附加上了若干奇异的光环与神力而已，这与《山海经》中的许多人兽合体的传说是相一致的。

对于玉琮上的这种人兽合体图案，一些学者又释为“皇”。如杜金鹏先生即认为，图案中神人所戴羽冠与“皇”字形义相合，使“皇”字既可象征权力地位，又可引申为拥有羽冠者的称号，其来源是太阳神的羽冠。《诗经·大雅·皇矣》所云“皇矣上帝，临下有赫”，就不是指地界的下帝，而是指“皇矣”的昊天上帝，即太阳神。[①]良渚人的“上帝”究竟为何物，我们已不得而知，但从商人的“上帝”中，我们能得到不少启发。商代甲骨、金文中有“上下帝”之称，“上帝”与“下帝”是对应的两个概念。上帝是单数，是指高祖兼为自然神主宰的天帝；下帝则是复数，是代代相继的上帝之子嗣，是“措之庙而立之祖的父考”。

既然如此，良渚人的这种“神人”也就应当是可定于一尊的“上帝”，是良渚人的祖神，他在玉琮中不断地以同一面目出现，也就是“皇矣上帝，临下有赫”，对其子民后嗣关注与庇护。需要指出的是，这种人兽合一的上帝，不仅存在于玉琮之上，在其他器物中，尤其是在玉礼器上也常有出现，

① 参见杜金鹏《说皇》，载《文物》1994 年第 7 期。

而且其出现地点遍及良渚人活动的区域，这无疑表明他是全体良渚人共同的“上帝”。

除良渚与红山文化外，这一时期其他地区的祖神偶像还有凌家滩类型。凌家滩遗址位于安徽含山县，距今4600年左右，属薛家岗文化。该遗址出土了三件玉人，其中两件残碎，一件较为完整。这件较为完整的玉人通高9.6厘米，最宽处2.2厘米，最厚处0.8厘米。该玉人头部似戴一梯形面具，上有冠饰，眉眼细长，两耳下部有穿孔，除手足外，通体着衣。两臂弯曲，十指张开置于胸前，腕部饰弦纹，可能表示戴有环，腰部饰一周宽3毫米的斜线纹，似表示腰带。（见图1-8）①

图 1-8 薛家岗文化玉人

可以认为，这种玉人应当是这一地区人们的祖先偶像，它既可以悬挂，也可以随身携带。这种带有面具的祖神正介于红山文化的自然型祖神、良渚文化的人兽合体型祖神之间，而且与龙山文化及商代的一些偶像神颇有相通之处（见图1-9）。上海博物馆收藏的一件商代玉人（见图1-10），高10.3厘米，体态扁平，呈站立状，形制与凌家滩玉人几乎一致，有专家认为它可能是薛家岗文化的遗物。另外，商代妇好墓中出土的玉人、三星堆遗址出土的青铜面具人物与凌家滩玉人也能找到种种的神似。那么，红山女神、良渚人兽合体神与凌家滩玉人应当反映了原地区远古祖先崇拜与祖先神的三种类型。

图 1-10 商代玉人

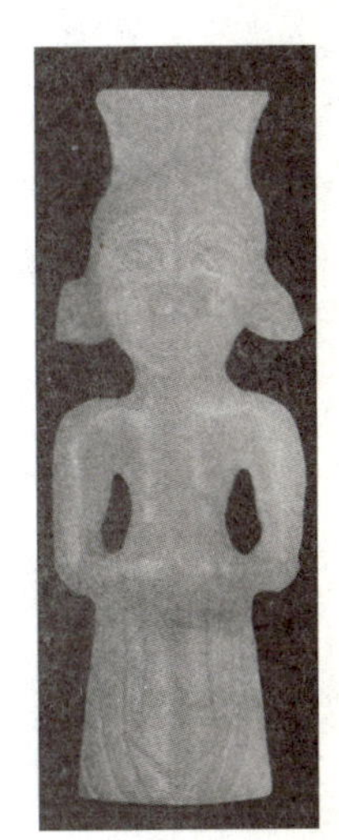
图 1-9 龙山文化玉人

（三）灵魂崇拜的强化

随着远古人类的进步，人们已不仅仅要认知自然，而且还试图实现与天地自然的沟通，试图预知未来或左右可能发生的现实；人们也不仅仅在探寻我们从何而来，而且也试图探寻我们要去何处，由此产生的灵魂崇拜具有越来越明显的宗教与哲学意义。

如前所述，山顶洞人已经意识到死亡的意义，并且有了相应的葬仪，有了灵魂概念。至7000年前以来，人们不仅有了明确的灵魂崇拜，而且还有了阴间世界的基本轮廓，早期的生死观也在形成之中。这从日益复杂

① 参见安徽省文物考古研究所《安徽含山凌家滩新石器墓地发掘简报》，载《文物》1989年第4期。

丰富和规范的葬俗上可以得到说明。如在青莲岗文化的一些墓地中，出现了以红陶钵覆头的现象，表明人们已意识到头部是灵魂所在。这一时期二次葬的众多遗存，则表明灵魂不死概念的建立。阜新胡头沟遗址中，石棺墓周边有一以石块砌筑的石围圈，东外侧还压埋一排彩陶筒形器。有的学者认为，正如原始人群在彼此争斗中需要构建保护其住地的围墙一样，死后的灵魂也需要同类性质的东西来防护其安全，这也许就是大石围圈的意义所在。至于成排的彩陶筒形器则具有更复杂、更丰富、也更难确定的宗教内容。将这些珍贵的器物埋入土中，且压在大石围圈之下，这在原始人的心中必有巫术性的意义。也许是为了加强石围圈对灵魂死后生活的安全的保障作用，个别彩陶筒形器腹下有小穿孔，则可能是供死者灵魂出入的通道，也可能是类似于防卫工事中的“暗道”之类，供攻击“敌人”之用。另外，在我国新石器时期的瓮棺葬中，如仰韶文化的半坡遗址与北首岭遗址，河南龙山文化、湖北屈家岭文化、云南元谋大墩子等遗址，总能看到瓮棺上有一个窟窿，其用途大概与之相同，也是为了死者的灵魂出入而设①，这也是远古人类灵魂不死信仰的有力物证。

为了使亡灵在另一世界继续延续人间的生活，先民们按照自己的生活方式制造了各式各样的随葬品。最初的随葬品是现实生活中的实物，主要有生产工具类的物品，如石斧、石锛、石刀、石镰、石矛、石镞、石磨盘、石铲等；有日常用品及食物，如盆、罐、壶、粮食、肉、鱼、犬等；也有装饰品，如石珠、石坠、骨珠、牙饰、蚌壳等。而且，最初随葬品数量不多，彼此差别也不大。但随着社会分工、贫富不均及私有财产现象的出现、群落内权力的产生，随葬品也发生了相应的变化：

一是随葬品有数量、种类、质地之分。在大汶口墓地四个墓区中，北一区主要是中型墓，其他三区主要是小墓；玉琮与笄主要出自北一区，其他墓区基本未见；斧与纺轮为北一区所不见，表明该区家族多不从事直接的生产劳动。胶县三里河聚落墓地中，有的墓中出土有数十副猪下颌骨，而绝大多数墓中却一副没有。

二是随葬品中出现了代表权力和地位的礼器。如：在良渚文化区内的反山、汇观山、瑶山等大型墓中，都有精致的玉琮、玉钺、玉三叉形器、

---

① 参见中国科学院考古研究所、陕西省西安半坡博物馆《西安半坡》，第 219 页。

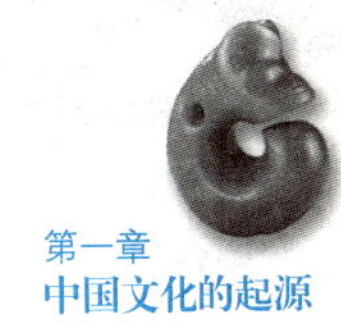

玉璧等随葬品，其中玉钺是军事权力与政治权力的体现，玉琮则是宗教祭祀权力的体现；在大汶口墓地中，石钺、玉钺与贯通天地神人法器的骨牙雕筒往往并出。

三是出现了专为随葬制作的器物，即“明器”或“冥器”“盟器”。这种象征性的随葬品，在新石器时代即已出现。如仰韶文化的迁墓葬即屈家岭文化早期就出土了明器，有小陶壶、小陶罐等；随葬的牲畜也用猪头、猪下颌骨、羊角、羊头代替了原物，这在大汶口文化、马家浜文化、良渚文化、马家窑文化、齐家文化中都有发现。随葬品的从无到有、从少到多，尤其是其中反映的贫富差别以及礼器、明器的出现，表明了与现实世界相对应的阴间世界的存在。

这样，在人类文明长期的演化中，灵魂崇拜中的祖灵崇拜与祖先崇拜合而为一，继续存在于中国原始崇拜的主流内容中，其余内容则转化为鬼魂崇拜而步入民间，走上了另外的发展道路。

综上所述，自然崇拜、祖先崇拜与灵魂崇拜是中国原始崇拜的三大基本内容。自然万物供给人们食物，祖先赐予人生命，所以要报答酬恩，其表现方式便是敬天祭祖。正如《易传·序卦》所言：“有天地然后有万物，有万物然后有男女，有男女然后有夫妇，有夫妇然后有父子，有父子然后有君臣，有君臣然后有上下，有上下然后礼义有所措。”这种以自然和祖先为主体的信仰对后世中国的文化精神产生了很深的影响。

（四）卜占祭祀与原始宗教体系的形成

所谓卜占，是原始宗教活动之一。卜，是将龟壳或牛、羊、猪等兽骨钻凿出孔（有的不钻）后，放置火上灼烤；占，是观察的意思，人们根据卜后出现的裂纹形状推断、预测吉凶祸福。7000 多年前，内蒙古富河遗址中发现了一批卜骨，属于鹿或羊的肩胛骨，骨上有灼而无钻，这是目前已知的最早的占卜遗存。[①] 在仰韶文化晚期的河南下王岗遗址、龙山文化山东龙山城子崖遗址中，发现有牛或鹿的肩胛骨，上有裂纹，大概是烧灼所致，有的还有钻孔。在邯郸沟遗址中，也发现大量用猪、羊、牛、鹿的肩胛骨做的卜骨，有火灼痕迹；在齐家文化甘肃永靖大河庄遗址发现卜骨 14 块。

---

① 参见中国科学院考古研究所内蒙古工作队《内蒙古巴林左旗富河门遗址发掘简报》，载《考古》1964 年第 1 期。

占卜的出现意味着先民要用卜骨的征兆，推测神意，预知未来。这种原始占卜对后来的殷周以及传统文化产生了很大的影响。

所谓祭祀，也是原始宗教活动之一，是古人对神灵、祖先表示敬意的一种方式。远古时代的祭祀场所或遗址也屡有发现。仰韶文化姜寨遗址中，有五片住房，每片房址中皆有一大方形房屋。考古学者认为，这是供家族集会或宗教活动所用。① 辽宁东山嘴红山文化遗址有一大型祭址，并出土有母神雕像。② 辽宁牛河梁红山文化遗址也是一个由女神庙、祭坛和积石冢三部分组成、以宗教祭祀为主要功能的遗址群。③ 甘肃永靖大何庄遗址发现有五处用扁平砾石堆成的“石圆圈”，其附近分布有许多墓葬，圈旁有卜骨和牛羊骨架，估计这是一处举行丧葬仪式或其他祭祀活动的场所。④ 良渚文化中的大型祭坛可以以瑶山祭坛为代表。此外，汇观山祭坛、大坟墩祭坛也具有相当的规模。瑶山祭坛位于浙江余杭县瑶山山顶，整个祭坛外围边长约 20 米，面积约 400 平方米。其平面呈方形，依山坡走势，又可分为里外三重，约 400 平方米，位于山顶，规模宏大，且祭坛区内有墓葬 12 座，随葬品多为玉器。⑤ 大汶口文化中也出现了较大的露天祭祀场所，虽然不是人工建造，但祭祀的功能应当与人工祭坛并无两样。⑥ 与良渚文化类似的这种露天大型祭台在上海青浦县福泉山遗址、余姚反山遗址、吴县草鞋山遗址以及浙江的赵陵山遗址等都有发现。

卜占与祭祀都是远古人们试图实现一种沟通，亦即实现人与天地神灵的沟通的手段或方式。最初，这种沟通人人可为，但随着农业社会的到来与社会组织的开始出现，便有了专职或兼职的管理者——巫觋，不再是人人都可以进行天人之际的沟通。仰韶时代，巫师的职业化即已十分明显，而且巫师

---

① 参见西安半坡博物馆、陕西省博物馆《姜寨》第二章。

② 参见郭大顺、张克举《辽宁省喀左县东山嘴红山文化建筑群址发掘报告》，载《文物》1984 年第 11 期。

③ 参见辽宁省文物考古研究所《辽宁省牛河梁红山文化“女神庙”与积石冢群发掘简报》，孙守道、郭大顺《牛河梁红山文化女神头像的发现与研究》，均载《文物》1986 年第 8 期。

④ 参见中国科学院考古研究所甘肃工作队《甘肃永靖大何庄遗址发掘报告》，载《考古学报》1974 年第 2 期。

⑤ 参见浙江省文物考古研究所《余杭瑶山良渚文化祭坛遗址发掘简报》，载《文物》1988 年第 1 期。

⑥ 参见高广仁《海岱区先秦考古论集·海岱区史前祭祀遗迹的考察》，科学出版社 2000 年版。

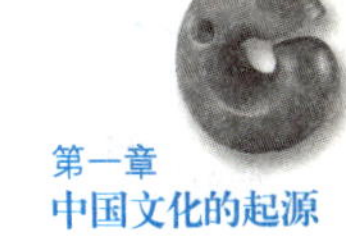

之间也有了分工。如在仰韶文化半坡类型彩陶器上出现一些人面鱼纹图。其人面的基本特征大多一致，都画出一个大圆圈作为人面的轮廓，鼻翼用倒“T”字形或三角形，眼用两短线表示，眼梢微微低下。耳部向上弯曲成勾，作竖耳倾听状；或两侧各画一条相对而游的鱼纹，有交头接耳意。嘴部用两条相对而游的鱼，两个头交叠于嘴部，留出“Z”或“I”形空白；鱼的身部向两侧展开，很像人的髭或胡须。头顶上，用三角状的半条鱼，有鱼身，无鱼头，尾尖向上，很像尖顶高帽，寓意能“通天”。所有鱼纹轮廓线的外缘都画满了鱼刺，大概有不容侵犯或威慑之意。（见图 1-11-1）①

1. 仰韶文化彩钵中的巫师图

2. 广西宁明花山岩画酋长兼巫师图

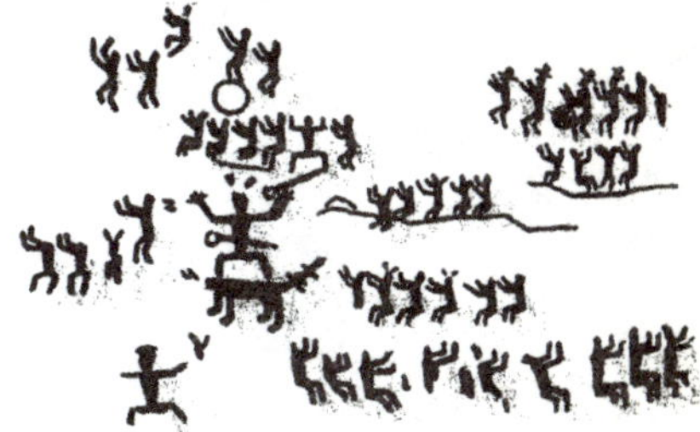

3. 广西西宁明花山岩画庆功舞图

图 1-11 巫师图

关于这些人面鱼纹的含义，学术界有着不同的理解。有的学者认为它反映的是一种渔猎巫术，体现了人们祈盼获取更多鱼的愿望。如张光直先生曾指出：“这个头形，我个人的看法，似乎很可能是画的一个掌管祈渔祭的巫师，画在盛鱼或用于祈渔祭的器皿之内。器内除他之外还有两尾鱼。该器之绘鱼与巫师头饰之做鱼形，也许又是同类相生率的应用。”② 另外，比较典型地反映巫师活动的有广西宁明花山岩画及甘肃秦安大地湾地画。广西花山岩画中的两幅图中间都有一显著大人物画像，足下均有一座骑（有人认为是神犬），腰间横佩一环形大刀，一手执物，或刀或剑，威风凛凛作舞状，周围小人物大都徒手，欢呼雀跃，但又秩序井然，节奏一致，显然是军事首长兼巫师类人物在主持祭典。（见图 1-11-2、图 1-11-3）甘肃秦安大地湾地画中描绘的也应当是巫师为死者舞蹈作法的场面（见图 1-12）。

巫师的职业化与专业化，使他们对天地神灵以及卜祭本身的认识有了较为充分的条件；巫术对早期权力的依附，又促使他们要建立与地上世界的社会组织与社会分层相对应的天地神灵的世界体系，早期宗教体系遂告产生。

---

① 参见西安半坡博物馆、陕西省博物馆《姜寨》，第 254 ～ 255 页。

② 张光直：《中国考古学论文集》，第 124 页。

中国早期原始宗教体系的形成主要体现在萨满式宗教观的建立上。所谓萨满，系满—通古斯语的音译，原意为“因兴奋而狂舞的人”，后指萨满教的男巫，被认为是氏族萨满神在氏族内的化身或保护人。萨满式宗教的主要基点是把世界划分为天、地、神、人等不同的层次，只有巫觋能从中沟通。巫觋们沟通的借助物有神山，如《山海经》中的灵山，便是“十巫从此升降”；有神木，如《淮南子》中所谓的“建木，在都广，众帝所自上下”；有龟策；有各种各样的可以驱使的动物；有能贯通天地的玉琮；等等。萨满式宗教观还有一个重要的观念特征，即认为人与其他动物的生命本质存在于骨骼之中，因此，人兽死后，均由骨骼状况重生，从而形成了萨满式的X光巫术性图案。①

图 1-12 甘肃秦安大地湾仰韶文化地画

上述萨满式宗教的基本要素，至距今4500年前已基本齐备，天、地、神、人的分界与巫觋的沟通之力在此之前便已完成：神山与神木，在红山与良渚遗址的祭坛上可以得到充分的说明；龟策则于大汶口的龟甲器上体现；可驱使的动物可以由各地的动物偶像、动物图案体现；至于玉琮更是这一时代的重要体现；就萨满宗教观最为典型的X光图案来说，这一时期也有了直接的例证，这就是大地湾地画与半山彩陶画（见图 1-12、图 1-13）。

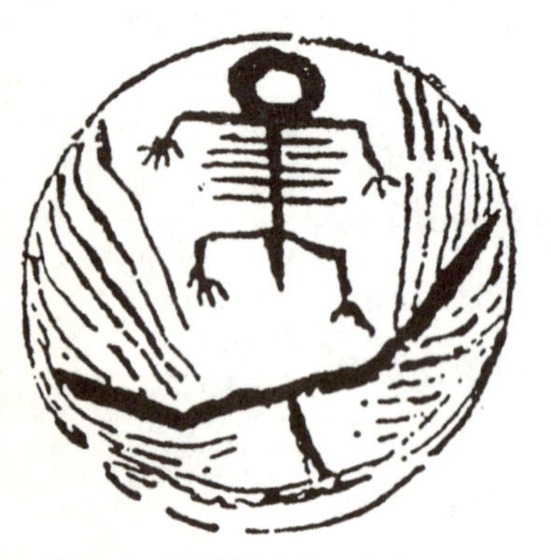
图 1-13 半山彩陶上的X光式人像

大地湾地画是在甘肃秦安县邵店村东大地湾遗址的F411房屋基址中发现的。该画面由炭黑绘制，所占面积东西长约1.2米，南北宽约1.1米。根据发掘报告的描述，该地画上部正中一人，高32.5厘米，宽约14厘米；头部较模糊，犹如长发飘散；肩部宽平，上身近长方形，下部两腿交叉直立，似行走状；左臂向上弯曲至头部，右臂下垂内屈，手中似握棍棒类器物。此人右侧，仅存黑色颜料的残迹，系年久磨损脱落，推测也应为一人。上部正中人物的左侧，也绘一人物，高34

① 参见张光直《考古学专题六讲》，文物出版社1986年版，第6～8页；《中国考古学论文集》，第141页。

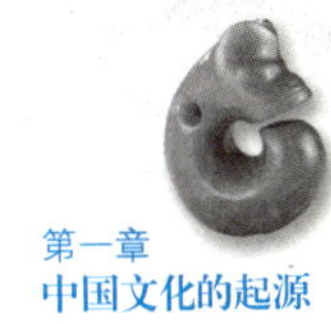

厘米，宽 13 厘米，头近圆形，颈较细长而明显；肩部左低右高，胸部突出；两腿也相交直立，似行走状，其左臂弯曲上举至头部，右臂下垂也作手握器物之状。两人相距 18 厘米。在正中人物下方 12 厘米处，绘有黑线长方框，长 55 厘米，宽 14 ～ 15 厘米。黑框内用线条画有两个同样的图案，头部均向左，长度分别为 21 厘米、26 厘米。①

对于这幅地画，有人认为是祖神崇拜，也有人认为是对驱除巫术的再现，张光直先生则将其释为“丧仪巫舞地画”。张氏认为，上面一排人物，可能是巫师在舞蹈作法，祈使死者复生；下部黑框则是棺，里面的两图案是死者。死者的身体是用线条表现的，表现出死者的骨骼脉络，这是所谓的 X 光式或骨架式的画法，也是中国现存的最早的 X 光式人像美术。死者屈肢作蛙形，似乎是回到母体子宫中胎儿的形象。② 在半山彩陶钵上的人画，也是一幅典型的 X 光式人像图，时代略晚于大地湾地画，但构图更为典型。这种萨满式的宗教体系成为以后中国传统道教以及其他民间宗教信仰的基本源头。

三、原始文化与艺术审美

随着农业文明的扩散和原始人群社会生活的不断精细化，以及社会组织形态的进化和人与人之间、群体与群体之间社会联系的日益增进，原始文化与艺术审美也在逐渐形成。

就中国远古时代的原始文化与艺术审美而言，最具代表性的内容就是以象形文字为标志的语言文字的出现，以中国式创世神话为标志的神话的发生，以及根植于社会生活的原始艺术与审美的发展。

（一）传统语言文字的滥觞

所谓传统语言文字，主要是指以象形文字为起点的汉语言文字。关于语言与文字的起源，学者论之颇多，尚未有一个定论。我们认为，这一历史时期是中国语言文字的起源阶段，其主要源头有二：一是几何纹刻划符号，二是图画或象形刻划符号。在以后的历史传承中，象形符号成为主流，构筑起中国文字的基本架构；几何纹符号则走进了湮没的死胡同。文字最

① 参见甘肃省文物工作队《大地湾遗址仰韶晚期地画的发现》，载《文物》1986 年第 2 期。
② 参见张光直《中国考古学论文集》，第 141 页。

初的功能是多元的，既有器物制造或拥有的标识功能，又有识别彼此的族徽功能，还有沟通天地、记录卜祝活动的通神功能。但是，不管哪一源头的文字、哪一功能类型的文字，还都具有一个共同的功能——通过地域认同，成为同一地域人们联系与交往的重要纽带和沟通地域权力结构与组织结构的唯一神经元。

文字的起源与形成过程，实际上也就是其地域认同的范围不断扩大的过程。不论哪一源头的文字，其起源之始、其认同的地域范围都十分有限。尔后，随着人们的交流、融合以及文化的扩散，人们对它的认同范围也不断扩展。语言也是如此。

关于文字的最初萌发，当追溯至五六千年前出现的刻划符号。根据现有的考古资料，半坡人、大汶口人、大溪人都已有了较多的且较为规则的刻划符号。据统计，半坡遗址发现刻有符号的陶器和陶片 113 件，符号 27 种。在半坡人活动的大范围中，也不断地有类似于半坡的陶器符号出土，甘肃秦安大地湾、王家阴洼，陕西临潼姜寨、零口、垣头，长安五楼、合阳莘野村，宝鸡北首岭，铜川李家沟等遗址均有发现。其中，姜寨遗址刻有符号的陶器、陶片 129 件，符号 38 种；李家沟 23 件，符号 8 种；大地湾 10 多件，约 10 种符号。在大汶口文化与大溪文化中也都发现了较为系统、集中的刻划符号。[①]（见图 1-14 ～图 1-17）

图 1-14 半坡遗址所出刻划符号

关于这些符号的性质，考古学界与古文字学界众说纷纭，莫衷一是。仔细研究一下这些符号规律，我们可以得出这样三点认识：

第一，这些符号不是陶器制造者或所有者的记号，因为它们并不广泛出现于各类器物上，只是集中在某些特定器物之上。如半坡刻划符号便只见于钵、盆两类器物上，而其中的绝大多数又见于陶钵外口沿的黑色宽

① 参见李学勤主编《中国古代文明与国家形成研究》，云南人民出版社 1997 年版，第 129 ～ 131 页。

带纹上。如将这一点与半坡人流行的鱼纹陶器一并考虑，似乎可以认为，这些刻划符号所在的器物不是日常所用，应当是祭器或礼器，而刻划符号本身的功能应当与甲骨文、青铜铭文相类。

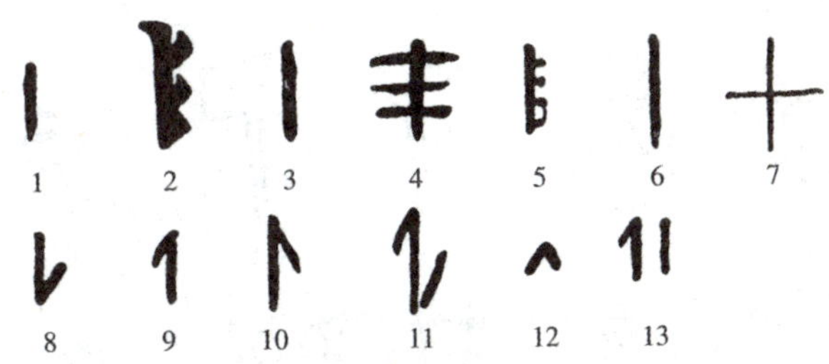
1～2. 零口所出 3. 垣头所出 4. 五楼所出 5. 莘野所出 6～13. 李家沟所出

图 1-15 零口、垣头、五楼、莘野、李家沟五遗址所出刻划符号

第二，同一文化系列中出土的刻划符号存在着许多共性。如半坡陶符重复出现的频率颇高，相同或相近的符号归并后有 50 多种①，尽管仍是符号，却具备了文字的某些特征。

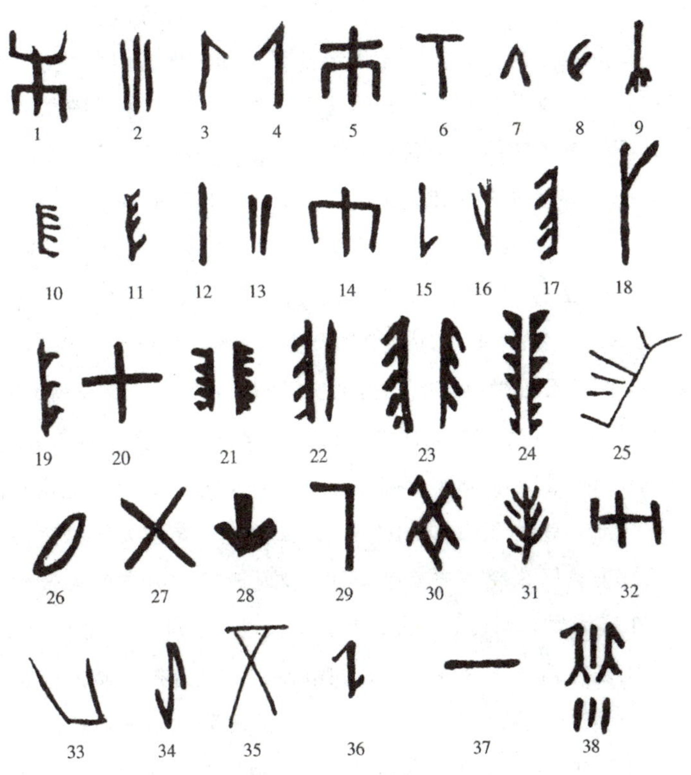
图 1-16 姜寨遗址所出刻划符号

① 参见王志俊《关中仰韶文化刻划符号综述》，载《考古与文物》1980 年第 3 期。

第三，文字的地域认同已经开始，特别是从距今5500～4500年以来的近千年中，在一些较为发达的文化区域内，已有了基本一致的共识性的刻划符号或早期文字。

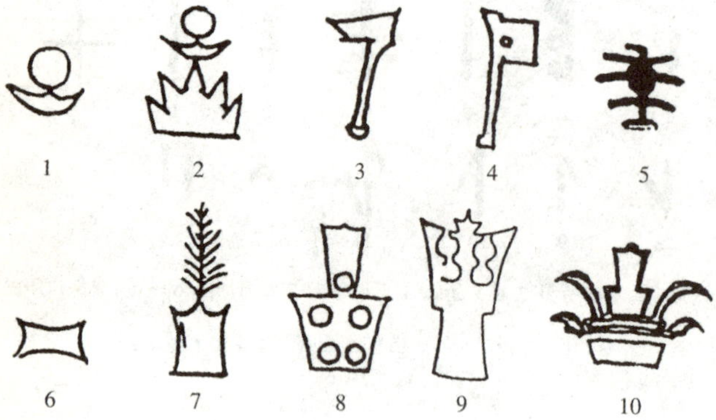

图 1-17 大汶口文化遗址所出陶器符号

距今5000年左右的大汶口文化晚期陵阳河类型是早期文字的富集区，至目前为止，共有20个10种刻划符号出土（见图1-17）。其中，陵阳河遗址12个，大朱村遗址6个，前寨遗址1个，杭头遗址1个。值得注意的是，在大朱村出土的6个刻划符号中，有5个与陵阳河所出符号相同，而前寨所出的这个符号也与陵阳河的相同。大朱村、陵阳河与前寨并非一地，但同处于大汶口文化区域中的陵阳河文化类型区内，这表明，在同一文化类型分布区内，文字的地域认同已基本完成。此后，文字的地域认同不断扩展。至距今4000年前左右，已实现了各大文化区系的文字认同，跨文化区的文字认同也已开始。

从语言的产生与发展看，人们的语言应早于文字，先有了语言的发展与地域的认同，尔后才会有文字的产生与地域的认同。不过，由于语言的特殊性，我们无法对早期的语言状况进行直接研究。汉代扬雄所撰《方言》一书是根据《方言》中词语的地域分布情况，将汉代方言分为12个区域①，将此12区域与5500年前的文化区系划分相比照，能发现许多内在关系。汉代方言中的燕代方言区与红山文化的分布区大致吻合；秦晋方言区、周韩郑方言区、赵魏方言区与仰韶文化晚期的分布区大致吻合；齐鲁方言区、东齐海岱方言区、卫宋方言区与大汶口文化的分布区大致吻合；楚方言区、南楚方言区与大溪文化、屈家岭文化的分布区域大致吻合；吴越方言区与良渚文化的分布区域大致吻合。这表明，早在新石器时代中期（前7000～前5000年），也就是红山文化、良渚文化和大汶口文化时代，各文化区系内已形成了本区系内的语言习惯与语言特色。

① 参见刘君惠《扬雄方言研究》，巴蜀书社1992年版，第105～106页。

（二）创世神话的发生

远古神话体系的形成是一个漫长的过程，从中国远古文明的发展看，它初步形成于七八千年前。这一时期，农耕文明正在扩张，远古的人们正在开启对自然与人类本身的探寻之门。与之伴生的各种创世神话是这一时期神话传说的主体内容。

创世神话是人类追寻自身与宇宙由来的初次尝试，也是人类自觉的重要标志之一。最早的创世神话是口口相传，没有文字，自然也就留不下什么文字的记载。但是，在这一历史时期所遗存的种种图案中，我们已能比较清楚地感受到创世神话的萌生。

从后世各民族流传的创世神话看，关于人类与自然的生成主要有混沌与开天辟地型、天降地出型、植物生成型、动物化生型、蛋生型等等[①]，各种类型的创世神话在这一时期都留下了一些痕迹，其中较为清晰者有植物生成、动物化生两种类型，这恐怕是由于它们是创世神话最初的母题的缘故。

关于植物生成型。这一类型的神话一般认为人类及天地自然主要是由花卉、草木或葫芦等植物生成的。仰韶文化中丰富的花卉图案被认为是华族得名的由来[②]（见图 1-23-1），实际上也是华族这一群系生成神话的反映。马家窑文化中有一只浮塑人面彩陶罐（见图 1-18），是一幅典型的草木生人图案。上部女性面像被种子涵包，下部为枝杆纹，两侧的三角形阴影或可象征土地，或可象征生成之时的震动与光芒，再外侧则是星星点点的草叶纹。值得注意的是，这一画面又与后世连云港将军崖之上的图案有异曲同工之妙。连云港岩画第一组画面中有一列人面图形，上部为漂浮状的若干人面图形，下部为并列的草状图形，两者之间又有线条相连。（见图 1-19）[③] 对这些画面，有多种解释，或解为农神象征，或解为女娲引绳造人，或解为巫师作法，或解为祝祀乐舞，等等。有的学者认为它反映的是“花生人说”的创世神

图 1-18 马家窑文化浮塑人面彩陶罐

① 详见陶阳、钟秀《中国创世神话》，上海人民出版社 1991 年版，第 210 ～ 229 页；刘锡诚《中国原始艺术》，第 425 ～ 452 页。

② 参见苏秉琦《苏秉琦考古学论述选集》，文物出版社 1984 年版，第 188 页。

③ 参见盖山林《中国岩画学》，书目文献出版社 1995 年版，第 79 页。

话，如陶阳先生指出："连云港将军崖石刻岩画，底部是草，生出一根长茎，茎上是一朵花，在花朵中心花蕊部分是画有眉眼、鼻嘴的人面。……这幅画的花朵即是人面，但也有未形成的人面，有的只有眼睛和鼻子。"①此说当较为允当。

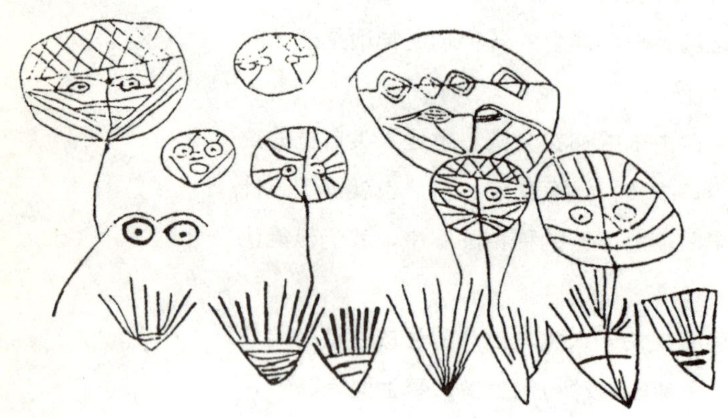
图 1-19 连云港将军崖石刻岩画

葫芦生人的创世神话在后世各民族中流传较广，其产生的时间当在仰韶文化时代。从半坡、姜寨、北首岭到庙底沟文化、马家窑文化的许多遗址中，都出土有葫芦形彩陶瓶，有些陶瓶的腹部，还绘有图案。甘肃甘谷县西坪曾出土一件庙底沟类型的彩陶瓶，上有"人面鲵纹"图案(见图 1-20)。有的学者认为，这幅画面又可释为"人面蜥蜴纹"，这儿的先民们把他们所崇敬的祖先的形象绘制在葫芦形陶瓶的腹部，绝非随意之作，而是一件很严肃神圣的事情。想必他们在制作这件器物时，还要举行某种仪式。根据原始先民的思维特点来推论，表层绘制的动物图像，往往也就是装在陶瓶里面的动物的透视图像。可能意味着他们的祖先是孕育在葫芦里，从葫芦里生出来的，葫芦是孕育人类祖先的原始母体。这个绘制着人面鲵鱼或人面蜥蜴图像的陶瓶，因而可能变成了一件渗透着人类起源神话意象的圣物，也许蕴含着一个早已消失在历史深处的人类起源的原始神话。②

图 1-20 "人面鲵纹"陶瓶

关于动物化生型。这一类型的神话往往将某类动物视为创世神，即创造天地万物的神灵。譬如仰韶文化中传承两三千年的蛙纹（见图 1-21），即蕴含着这层意义。姜寨遗址出土的彩陶盆中所绘的蛙鱼图（见图 1-21-1），有的学者认为，这种彩陶纹饰以及此后形成的这一文化传统，可能隐含着一个古老的创世神话的意象。青蛙和鱼可能是某个悠久历史的氏族或部落先民们神话中创世的大神，它们在混沌未开中创建了宇宙。③

① 陶阳、钟秀：《中国创世神话》，第 218 页。
② 参见刘锡诚《中国原始艺术》，第 437 ～ 438 页。
③ 参见刘锡诚《中国原始艺术》，第 435 页。

东部地区则以飞禽化生为主要母题。从浙江余姚河姆渡遗址出土的“双乌负日图”“双乌朝阳图”（见图 1-22-3、图 1-22-4），到各地的鸟形器、鸟形饰物，都能看到这一传统的印记。

（三）原始艺术与审美的发展

中华丰富多彩的艺术最初多开端于我们先民繁多的卜祭、宗教活动。人们在进行祭礼活动时，也同时进行着艺术的创造，前面的叙述中所列举的许多内容，如含山凌家滩的玉人雕像、马家窑文化中的浮塑人面彩陶罐、连云港将军崖岩画等等，同时又是精美的艺术创造。在文明的萌生与进展中，艺术与审美观念始终是一项重要的标志。早在七八千年前，当时在南北两大地区都出现了数量不等的陶塑作品。后李文化的西河遗址和小荆山遗址发现有陶面塑像和陶猪等原始艺术品。陶面塑像圆眼高鼻，似猫头鹰。陶猪有两件：一件短足短嘴，似已是半驯化的家猪；另一件长嘴，状似野猪。两种陶猪都栩栩如生，形状神似。裴李岗文化中也出土有陶塑人头、猪头与羊头，磁山文化中出土有兽头骨梭，河姆渡文化中也有陶塑人头出土。

1. 半坡类型（陕西临潼姜寨）

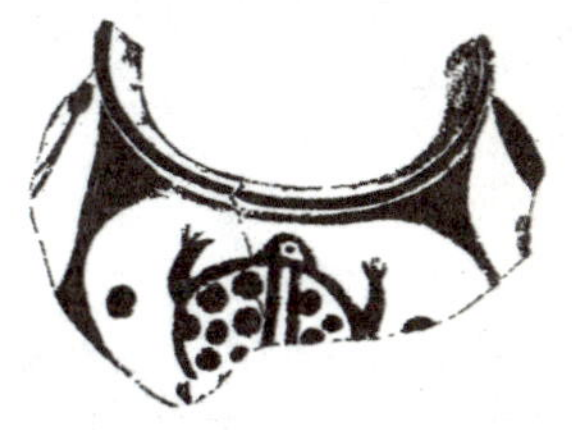

2. 庙底沟类型（河南陕县庙底沟）

图 1-21 蛙鱼纹彩陶盆

从现有考古资料看，浙江河姆渡人的艺术与审美观念居中国农业文化区之首。河姆渡遗址（前 5000 ～前 3000 年）曾出土有一件黑陶钵，上有两只猪的纹饰。猪头低垂，鬃毛挺直，吻部前伸，四足蹒跚而行，生动逼真。（见图 1-22-1）[①] 河姆渡陶器中还有大量的植物纹饰，这些纹饰有写实性的图案，还发展起了艺术加工与抽象的连环纹，主要用于一些陶器的口沿。如：河姆渡曾出土了一件口沿成十八角形的陶釜，其口沿装饰以连环禾叶纹；一件刻花陶钵，钵口作椭圆形，外缘成六角形，有连环禾叶纹一周。（见图 1-22-2）画面工整而对称，都达到了造型美与装饰美的统一。[②] 在一件象牙制作的蝶形器上，以阴刻的方式雕刻着一幅图画，画面中间为由五个大小不等的同心圆套起来的太阳纹，外圆的上部刻着火焰状的线条，以象征太阳的光芒。太阳纹的两侧各刻着一只相对的鸟头，昂首相望，振翅欲飞。该图被发掘者命名为“双乌朝阳图”（见图 1-22-4）。[③] 在一件骨匕上，

① 参见刘锡诚《中国原始艺术》，第 135 页。

② 参见林华东《河姆渡文化初探》，浙江人民出版社 1992 年版，第 215 页。

③ 参见浙江省文管会《浙江河姆渡遗址第二期发掘主要收获》，载《文物》1980 年第 5 期。

1. 河姆渡出土的陶钵猪纹

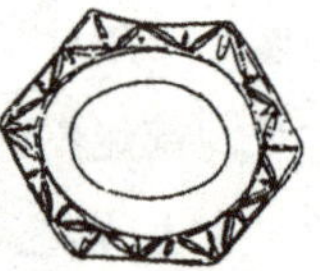

2. 河姆渡陶釜、陶钵口沿上的连环禾叶纹

3. 河姆渡姆渡遗址出土的
兽骨雕刻“双乌负日图”

4. 河姆渡遗址出土的象牙雕刻“双乌朝阳图”

图 1-22 河姆渡的艺术品

也雕刻有双乌与太阳的图案，被命名为“双乌负日图”（见图 1-22-3）。它们从构图到线条的运用也都比较娴熟，与上一图画均可视为原始艺术中的上乘之作。由上述艺术的创造与审美观念的进步，我们应当能够感受到农业文化区文明的程度。

至五六千年前左右，中国早期艺术与审美的发展进入到了一个高潮期。黄河中下游地区成为彩陶艺术的中心。仰韶文化的彩陶艺术热烈奔放，精艳雍容，无论是彩陶上所绘玫瑰花纹、鱼纹、鸟纹，还是几何纹、波纹以及其他混合型图案，无不洋溢着昂扬的生命力。特别是在庙底沟类型发展期，彩陶文化臻于鼎盛。东方的大汶口文化也充盈着各式各样的彩陶艺术品，无论是图案纹饰艺术，还是器物造型，都堪与仰韶文化比肩。这一时期，彩陶文化还北上华北地区，与红山文化产生了交融；南下江汉地区，对大溪文化、屈家岭文化产生了较大影响。（见图 1-23）①

燕辽一带的红山文化则代表了当时雕塑造型艺术的最高水平，无论是玉雕、陶塑，还是人物造型、鸟兽造型，无不栩栩如生。红山文化女神庙中的陶塑女神头像（见图 1-24），是典型的写实主义作品，其面部各器官生动逼真，双眼炯炯有神，历时五千多年，仍感如在身前；红山文化中的玉雕龙与玉猪首龙，则体现了写实与写意的融合，实现了古朴与精伦的统一。

① 采自王朝闻总主编《中国美术史·原始卷》（图版），齐鲁书社、明天出版社 2000 年版。

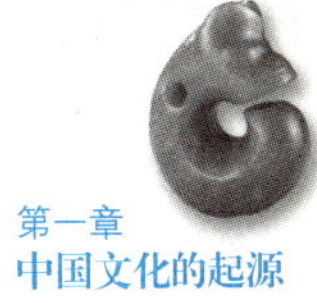

1. 玫瑰花卉图案彩陶盆

2. 鹳鱼石斧彩陶缸

3. 鱼鸟纹彩陶壶

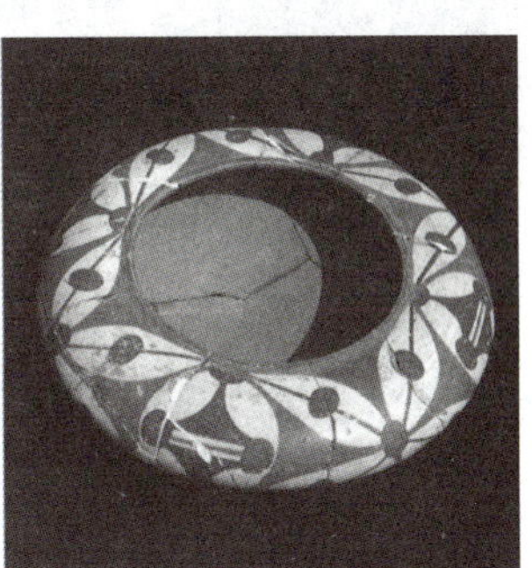

4. 花瓣纹彩陶钵

5. 四圈纹彩陶甕（俯视）

6. 四圈纹彩陶甕（俯视）

7. 四圈纹彩陶甕（俯视）

图 1-23 新石器时期的彩陶制品

长江下游地区的良渚文化代表着玉制艺术品的最高水平，尤其是玉器上的线雕、线刻艺术更是精致绝伦。前面列举过的反山大琮上的神人兽面纹就是一个十分典型的代表。从良渚人那儿，我们可以看到人们生活的审美追求已达到了颇为成熟的境界。根据有关研究，我们已能了解良渚人的许多生活细节。良渚人已有精美的冠饰，上层人物往往有三叉形器及成束的锥形饰，有些人物还有额饰，将半圆形玉饰四件一组缀于带状物上，缠饰在额头，一般人则以笄组嵌的发饰束发；良渚人的项饰与耳饰都很普遍，项饰有短及胸颈部的，也有长及腰腹部的，主要由玉管、玉珠、玉璜和玉

图 1-24 红山文化女神庙中的陶塑女神头像

坠组成；良渚人的臂饰和腕饰主要有环形、筒形镯及串缀而成的链状镯（见图 1-25）。良渚人已有丝麻纤维织制的服装，可能还有皮革、皮裘缝制的衣帽。腰间系带，已有了玉带钩或锥形玉饰等佩件。良渚人还穿木屐，形制已与后世无异，丝麻之履可能也已出现。

1. 蝴蝶形镂玉冠饰

2. 玉带钗

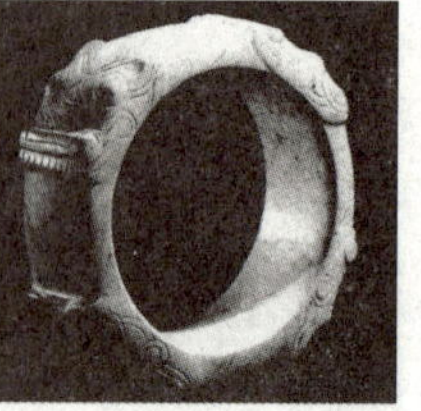
3. 兽面纹玉镯

图 1-25 良渚文化玉制品

这一时期，也是音乐与歌舞的重要发展期。中国乐舞的产生，当在 1 万多年前甚或更早的寒冷时代，但可资考察的最早的乐舞资料则是出现在 5000 多年前的马家窑文化中。青海省大通县上孙家寨遗址中，出土了一批马家窑类型的器物，其中有一件绘有舞蹈图案的彩陶盆（见图 1-26）。据发掘报告称，该盆口径 29 厘米，高 14 厘米，内壁最大处绘有两组四道平行带纹，上下两组纹饰之间绘有三组舞蹈图案，五人一组，面向一致，头侧各有一斜道，似为发辫，摆向划一。每组外侧两人的一臂画为两道，似反映空着的两臂舞蹈动作较大而频繁之意。人下体三道，接地面的两竖道为两腿无疑，而下腹体侧的一道，似为饰物。① 后来，在这一文化区域内又发现不少类似的舞蹈盆。另外，在各地的岩画中也发现了不少舞蹈图。

图 1-26 马家窑文化彩陶盆中的舞蹈图

关于这一类舞蹈图的解释，众说不一。我们认为，不论怎样解释，有两点是明确的：第一，舞蹈起自祀神，起自巫术行为。如陈梦家先生即曾写道：

古出凡言好巫必有歌舞之盛，盖所谓舞者乃巫者所擅长，而巫字实即舞字。

……巫即舞，而卜辞舞作“[illegible]”“[illegible]”，其所持之“[illegible]”、“[illegible]”乃舞饰也，舞饰的“[illegible]”“[illegible]”乃是一种牛尾。②

---

① 参见青海省文物管理处考古队《青海大通县上孙家寨出土的舞蹈纹彩陶盆》，载《文物》1978 年第 3 期。

② 陈梦家：《商代的神话与巫术》，载《燕京学报》1936 年第 20 期。

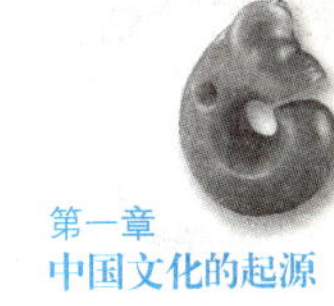

大通舞蹈图中舞者身后之饰物，或许也应当是牛尾，因为这是一种连臂舞，手中无法持物，只好改为尾饰。这一类的舞蹈自然不是为娱乐而舞，而是一种以舞娱神、沟通神人的手段或方式。

第二，祭礼仪式往往是音乐、舞蹈、诗歌朗诵等艺术手段的结合。从画面中看，舞者五人一组，连臂踏歌，我们能感受到很强的韵律节奏感，感到其歌舞之有序与成熟；而且又被绘之于彩陶，便于保存与流传，这又表明，这种歌舞祀神已有固定的程式与十分广泛的应用。

音乐和舞蹈是人们通过声响和动作表达思想感情的艺术形式。正如《诗经·大序》所说："言之不足，故嗟叹之；嗟叹之不足，故咏歌之；咏歌之不足，不知手之舞之，足之蹈之。"在强大的自然界面前，我们的先民往往幻想通过音乐、舞蹈的巫术力量来影响自然、改造自然；通过歌舞与神灵的沟通，向神灵表达其内心的情感和祈望，以祈福禳灾，达到自己的种种目的。

从中国文化的起源以及原始文化的发展，不难看出，中国文化与世界其他文化的共同点此时便已存在，中国文化固有的特点与面貌在这一时期也已初步显现。而且，随着中国传统文化的成长与发展，早期的文化烙印与文化基因仍牢牢地根植于其中，并得以发扬光大。因而，把握与了解中国传统文化，必须从源头开始。

【思考与讨论】

1. 总结中国原始信仰与崇拜的发展变化趋势。
2. 中国的原始文化对中国传统文化的发展起到了怎样的影响？
3. 谈谈你对中国文化起源的看法。

【参考文献导读】

1. 龚书铎主编：《中国文化发展史》（共 8 卷），教育出版社 2013 年版。该书是目前最为系统的一部文化通史著作。其第 1 卷"先秦卷"，对远古至春秋战国时期文化的起源和发展演变作了系统的论述，内容包括早期国家的发生、思想传统的奠定、汉语的早期面貌、文学艺术娱乐的草创、战争和兵学的渊源、学校

的兴起、科技文明的初曙、社会生活习俗、宗教信仰和方术。

2. 刘锡诚：《中国原始艺术》，上海文艺出版社 1998 年版。该书对中国原始社会的主要艺术形式进行了较为系统的叙述，包括装饰艺术和雕塑艺术、绘画、舞蹈以及诗歌与神话等，是进一步了解原始艺术发生、发展的重要参考书。

3. 田昌五：《中华文化起源志》，上海人民出版社 1998 年版。该书是萧克主持编纂的《中华文化通志》的第 1 卷，叙述了中华文化的启蒙与夏、商、周的文化变迁，有较强的资料性与理论性，可以作为深入了解中国文化起源的理论与资料著作阅读。

4. 朱狄：《信仰时代的文明——中西文化的趋同与差异》，中国青年出版社 1999 年版。该书从信仰与崇拜入手，探讨了人类社会精神世界的形成与原始文化的基本结构，其最大的特色是比较深入地对中西文化的趋同与差异进行了比较研究。阅读该书可以有助于进一步了解中国早期文化的特色所在。

6. 马新、齐涛：《中国远古社会史论》，科学出版社 2003 年版。该书运用考古学、历史学、文化人类学等相关研究方法，对中国远古社会进行了全新的探索，尤其对于文明的起源、文化的形成以及中国早期文化的基本框架进行了深入、独到的研究。

第二章
中国传统文化的构建

上古三代时期，中国文化沿着自己的道路不断因革损益，不断发展进步。尤其在夏商西周时期，中国已经建立起了统一的国家政权。西周初年，在继承夏商文明的基础上，周公制礼作乐，形成了空前完备的典章制度。《诗经》中所说“溥天之下，莫非王土；率土之滨，莫非王臣”，恰是西周王朝统治的真实写照。然而，春秋时期，随着宗法制度的崩坏，逐渐出现了“天下无道”、社会失范的混乱局面；兵连祸结，争战不断，人们不再遵守原来的社会秩序。于是，许多有志之士开始认真观察社会，思考社会的治乱问题。在人们对天下的深深关切之中，迎来了春秋战国时期中国思想文化的繁盛时代。

一、春秋战国社会与诸子百家

春秋战国时代是中国历史发展的特殊时期，也是先秦诸子的形成时期。德国哲学家卡尔·雅斯贝斯（Karl Jaspers，1883～1969年）在其名著《历史的起源与目的》中提出了“轴心时代”的概念，认为在公元前9～前3世纪之间，世界范围内的几个古代文明区域都有代表人物对人类何去何从以及是非善恶等问题进行了系统思考，并赋予了普遍的意义。在中国，这段时间相当于

> 这个时代产生了直至今天仍是我们思考范围的基本范畴，创立了人类仍赖以存活的世界宗教之源端。无论在何种意义上，人类都已迈出了走向普遍性的步伐。（[德]卡尔·雅斯贝斯《历史的起源与目的》）

春秋战国时代。对中国传统文化产生重要影响的先秦诸子百家如道家、儒家、法家、墨家、兵家、阴阳家等都形成于这个时代，各家的代表人物如管仲、孙武、老子、孔子、墨子、孟子、荀子、庄子、邹衍等也都出现在这个时期。

所谓“轴心时代”的概念，一方面是强调这时期思想文化对后来的影响，另一方面也强调这时期思想文化对以前的总结与继承。先秦诸子的形成有一个广阔的背景，这便是上古时期特别是夏商西周以来的文化传统。

夏商时期处在中国文明形成的早期，由于“文献不足征”，现在还不好对这一时期的文化面貌进行详细述说。但是，根据《礼记》“夏道尊命，事鬼敬神”“殷人尊神，率民以事神”的追述，可知那时的人们对于天命、鬼神是顶礼膜拜、虔诚相信的。西周时期，周代贵族基本上继承了夏商以来的思想，仍然视上帝为至高无上的主宰者，把上帝称为“天”，作为最高统治者的周王则是“天子”。不过，三代的鼎革教育了周人，尤其是“小邦周”代替“大邑商”而有天下，对周人是一个极大的刺激，他们不能不感到“天命靡常”。在这样的情况下，周人认识到天命不可信，不可盲目地依靠天命。于是，西周时期的人们越来越强调人的重要性，与原来的相信天命、鬼神相比，越来越看重人的因素。

但是，那时人们毕竟受时代的限制，还不会从根本上否认“天命”，而是在维护所谓“天命”的前提下强调人事，也就是“顺乎天而应乎人”，既顺从天意，又适应人心，这便是周代的“敬天”“保民”思想。周初的大政治家周公就把天意与民心联系起来，认为民心的集中表现便是天意。他曾经说：“天惟时求民主”，“民之所欲，天必从之”，“天听自我民听”；而要“保民”，就要“敬德”。“敬德”是对统治阶层的约束，要求他们在对下层百姓加强控制的同时，注意自身的克制。

> *夫民，神之主也。是以圣王先成民而后致力于神。（《左传·桓公六年》）*

到了西周后期，随着时代的变迁和历史发展，“天”的地位也发生了动摇。尤其进入春秋以来，社会经济与政治的剧烈变动影响到了人们的思想，大家不再固守“尊神”“尊天”的传统观念，重民思想开始抬头。社会上不少人都认为民是“神之主”，神依人的意志而行事，主张应当先考虑民，把民的事情放在神的前面。

对民事的关注实际意味着对社会问题的关怀。春秋以来，周天子的威权逐渐衰落，在正统的人们眼中，这是一个“礼崩乐坏”的时代，诸侯纷争，

竞相称霸，战争接连不断，社会动荡不安。

这样一个特殊的历史时期，却为思想的发展提供了契机。首先，社会的裂变不仅使原来掌握宫廷文化的官员下移民间，而且处在下层的士也得到了解放，逐步取得了独立的社会身份。其次，孜孜以求霸业的诸侯又渴求人才的帮助，在诸侯割据纷争的时代，他们不得不“厚招游学”，这又反过来推动了士阶层的兴盛。这样一个阶层的崛起，意味着“学在官府”的结束，从而逐渐产生了以“劳心”为特征的知识分子。

士阶层是一个十分特殊的阶层。他们可以走公室，跑私门，希望得到任用，同时又可以“合则留，不合则去”。有的士人就以自由的小鸟自比，认为自己可以在政权林立的众树之间选择栖身之所。这就是说，政治的多元为思想文化的多元提供了前提。当时的“游学”之士主要从事精神性创造活动，而又因自身投靠的对象不同而有各自的立场，遂成为不同阶级或者集团的代言人。

士阶层形成于动荡不安、变革转型的春秋战国时期，这也为他们思想的形成与发展提供了有利环境：激烈的兼并战争，使人们的生活不再平静、安逸，各种文化因素在不断强烈碰撞；诸侯列国彼此不相统属，学术环境比专制一统时期要宽松得多。在这样的社会环境中，士人们可以充分展开自己的想象，发挥自己的才干，独立进行创造性精神劳动。

> 诸子十家，其可观者九家而已。皆起于王道既微，诸侯力政，时君世主，好恶殊方，是以九家之术蜂出并作，各引一端，崇其所善，以此驰说，取合诸侯。其言虽殊，辟犹水火，相灭亦相生也。仁之与义，敬之与和，相反而皆相成也。《易》曰：“天下同归而殊涂，一致而百虑。” （《汉书·艺文志》）

总之，各种条件的交汇，为中华民族精神文化的形成提供了合力，在我国思想史上占重要地位的先秦诸子就在这样的大背景下产生了。总体上看，诸子百家的产生是对春秋战国社会现实深入思考的结果，他们都试图从各自的角度解决社会问题，从而形成了自己的学说。对于诸子百家的产生，前人也进行了一定的研究探讨，他们的结论也大致如此。例如，梁启超在《中国古代学术流变研究》一文中赞同诸子学说“皆起于时势之需求而救其偏弊”的说法；胡适也认为儒、道、法等家“皆忧世之乱而思有以拯济之，故其学皆应时而生”①。

对于诸子百家，早在西汉时期就有人进行了大致的区分。著名史学家

① 胡适：《诸子不出于王官论》，《中国哲学史大纲》，东方出版社1996年版，第359页。

司马迁的父亲司马谈撰有《论六家要指》，分为阴阳、儒、墨、名、法、道德六家；著名学者刘歆的《七略》则将诸子分为十家，有儒、道、墨、名、法、阴阳、农、纵横、杂、小说。从对后世的影响来看，其中较为重要的要数儒、道、墨、法、阴阳诸家。

（一）儒家学派

儒家学派由春秋末年的孔子创立，战国时期的代表人物是子思、孟子和荀子。

图 2-1 孔子燕居像

孔子是儒家学派的创始人，更是我国历史上伟大的思想家（见图 2-1）。综观孔子研究的各种材料，其中多是他关于政治和伦理的论述，即使他编次的书籍，也隐含着他的政治思想和伦理主张。孔子的学说是为统治者阐发的，主要有“礼”“乐”“仁”“义”“中庸”诸概念，“礼”“乐”属于政治制度层面，而“仁”“义”则属于伦理道德的范畴。“礼”“仁”在孔子思想中占有极重要的地位。

孔子的思想也有一个不断发展的过程，在他人生的不同时期，他的思想所表现出的具体特征也有不同。孔子思想产生的早期，孔子所关注最多的是“礼”，即周礼。孔子步入社会之初，名声日隆，从学的弟子众多，原因都在于他对周代礼乐的精深造诣。自春秋以来，周天子名为天下“共主”，实际上已沦为附庸。周初以来制定实施的礼乐制度逐渐崩溃，宗法秩序紊乱，旧的等级名分遭到破坏。在孔子看来，这是一个“天下无道”“礼坏乐崩”的乱世，这时期孔子谈论最多的便是周礼，他所念念于怀的，是怎样以周代礼乐重整社会。于是，孔子以维护周天子的一统天下和重建文武周公之业为己任，到处奔走，希望实现自己的理想社会。

> 子曰：“殷因于夏礼，所损益，可知也；周因于殷礼，所损益，可知也。其或继周者，虽百世，可知也。”（《论语·为政》）

当然，孔子所说的礼治，内容是多方面的。单就其维护社会秩序的层面而言，它对每个社会成员，诸如君臣上下、父子兄弟、朋友之间等在社会关系中的行为规范都有具体的期待。在他看来，要改变“上下失礼”的局面，首要的应当“正名”，应当“君君，臣臣，父父，子子”①，使君臣、父子各尽职分。这正如《大学》所说：“为人君，

① 《论语·颜渊》。

止于仁；为人臣，止于敬；为人子，止于孝；为人父，止于慈；与国人交，止于信。”孔子也曾进行过实践。他为中都宰时，以礼治理一年，各地诸侯纷纷效仿；孔子为鲁国司寇，依礼治国，全国上下秩序井然，连作为邻国的齐国也感到恐惧，认为孔子为政，鲁国一定会迅速强大起来。孔子所推行的周礼当然有其消极的一面，但作为一种政治统治方式，周礼对于当时社会的安定毕竟起了重要的积极作用。很长一个时期以来，一提到“礼”，人们往往把它与“封建礼教”联系起来。其实，作为一种人文文化，周礼比夏商时期的“尊命文化”和“尊神文化”更具有时代的进步性；同时，其秩序性的内核是什么时候也不应否定的。

随着时间的推移，孔子对社会的认识逐渐深化。他到处推行自己“礼”的主张，企图用自己的学说改造社会，但却事与愿违，处处碰壁。他不得不进一步思考“礼”之不行的深层原因，于是，他开始越来越多地谈到“仁”，议论“仁”与“礼”之间的关系。这时期，孔子“仁”的学说得到了充分的拓展和完善。孔子强调的“仁”以“修己”为基础，进而“推己及人”，使“仁者爱人”。这样，“仁”应该落实到对他人、对集体、对社会乃至对自然的尊重和友好上。具体说，应该承认人的存在，尊重人的人格，具有明确的人化意识和行为。孔子“仁”的思想特别强调人伦义务，希望人人尽伦尽职。这样，在为人处事方面就应该努力做到“己所不欲，勿施于人”①，“己欲立而立人，己欲达而达人”②。孔子以“爱人”解释“仁”，作为仁德的根本标志。他不仅希望以仁爱精神处理人与人之间的关系，以“仁”作为一个有道德修养的“君子”应遵循的准则，更希望以仁爱原则来治国安邦。如果社会中的每个人都能做到“仁”，具有仁爱之心，那么，上下、长幼和谐有序的礼治社会便不难实现了。

孔子思想是基于对那时社会问题的深入思考，他思考社会如何安定，考虑怎样使人心和顺、政治清明。因而，在政治的层面上，孔子的仁爱思想便十分自然地推衍出了仁政德治的思想，从而建立了以“仁”为核心的道德理论体系，以“仁”来统摄诸德，强调“仁”在孝、悌、忠、信、礼、义、廉、耻等重要德行之中的统领与中心地位，把恭敬、慈惠、诚信、宽厚、

① 《论语·卫灵公》。

② 《论语·雍也》。

敏捷等德行作为实现仁德的标志。

进入晚年以后，孔子的人生境界更加提高，达到了“从心所欲不逾矩”的佳境。他晚年喜欢《周易》，并作《易传》，对自己的哲学思想进行了具体阐发，他的“中庸”的方法论观点也臻于成熟。“中庸”其实就是“用中”，“把握中道”。它是一个讲究“不偏不倚”“过犹不及”的思想方法。“中庸”的基本精神，是通过对事物的综合认识、了解与把握，使矛盾的处理、事物的发展更加合乎规律，最终达到消融矛盾，避免冲突，从而稳定社会、和顺人心的目的。

仲尼曰：“君子中庸，小人反中庸。君子之中庸也，君子而时中；小人之（反）中庸也，小人而无忌惮也。”（《礼记·中庸》）

“中”的思想产生很早，西周时期就有“人道尚中”的说法。人生活在社会上，应该尽力做到“持正守中”，而“中庸”就是一个不断纠偏的过程。孔子的政治伦理思想也贯穿了这样的思想方法，他说：“礼所以制中也。”这个“中”即“中庸”，也是孔子理论学说的哲学基础。“礼”用以调节人们的行为，使之“不过”，亦不可“不及”。做到行为适中，便有了立身之本。

孔子以后，先秦时期的儒家代表人物如子思、孟子和荀子等都对孔子思想有重要阐发，对确立儒家学派的地位与影响起了重要作用。

图 2-2 子思像

子思是孔子的嫡孙（见图 2-2），他把孔子奉为德配天地的“至圣”。他发挥孔子的“中庸”思想，以“诚”为世界的根本，为“性之德”，为“天之道”，认为人通过修养达到“至诚”境界，便可与天地鬼神相通。子思的再传弟子孟子（见图 2-3）则将孔子的仁爱思想发展为“仁政”学说，对后世影响极大。在子思和孟子那里，“五行”思想占有极重要的位置。思孟的“五行”思想与阴阳家不同，它指的是仁、义、礼、智、圣五者。思孟学说注重内求，有明显的“重圣轻智”倾向。孟子把“恻隐之心”看成“仁之端”，他看到了人生而具有的良知、良能，看到了人所共有的怜悯、同情之心，进而把“仁”看成人之所以为人的根本依据。在将仁爱思想建立为人性论的依据之后，孟子又将仁爱精神推及政治。孟子认为：“人皆有不忍人之心”，“以不忍人之心，行不忍人之政”。[①] 这便是孟子

无恻隐之心，非人也；无羞恶之心，非人也；无辞让之心，非人也；无是非之心，非人也。恻隐之心，仁之端也；羞恶之心，义之端也；辞让之心，礼之端也；是非之心，智之端也。人之有是四端也，犹其有四体也。（《孟子·公孙丑上》）

① 《孟子·公孙丑上》。

的仁政论。在他看来，“仁”与“不仁”应当作为施政的根本，行仁政者得天下，失仁政者失天下。不仁者而得邦国尚有可能，“不仁而得天下者，未之有也”①，要统一天下，得到天下人民的拥护，不施仁政是绝对做不到的。

图 2-3 孟子像

荀子与孟子等不同。他以人性恶为基础，认为人生来就具有各种欲望，“目好色，耳好声，口好味，心好利”，这也是导致社会秩序紊乱的原因。因此，他主张人要学习礼义，认为圣人、君主“明礼义以化之，起法正以治之，重刑罚以禁之”②。他主张“隆礼”，也重视刑罚；主张王道德政，也不排斥法治。荀子在继承孔子的同时，又批判和改造了正统的儒家思想，在儒家学派中别立一宗。

故隆礼，虽未明，法士也；不隆礼，虽察辩，散儒也。
（《荀子·劝学》）

（二）道家学派

道家以老子、庄子为代表，是堪与儒学并驾齐驱的一大流派。

道家又称为“道德家”。道家思想是在老子思想的基础上，经过不断发展形成的。老子是春秋后期的思想家，是这一流派的奠基人。老子姓李，名耳，字聃（见图 2-4）。他曾经做过周朝的守藏史，也就是负责周王室的图书管理，年龄可能略长于孔子。老子的思想集中在《老子》一书中，现在通行的《老子》分为上、下两篇，5000 余字，被称为《道德经》。1973 年长沙马王堆汉墓出土的帛书《老子》甲、乙本与通行本相反，《德经》在上，《道经》在下。1998 年又公布了湖北郭店楚墓出土的竹简本《老子》，据研究，该墓葬的年代为公元前 300 年左右，时当战国中期。以前人们认为《老子》成书在战国中期甚至更后，看来是不对的。

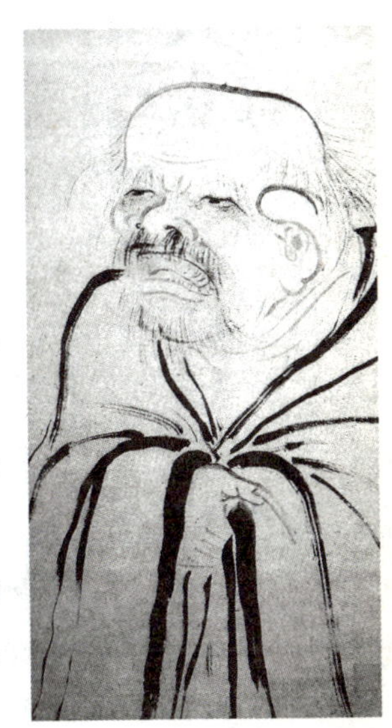
图 2-4 老子像

道家的思想核心是“道”，“道”是道家思想文化体系的最高范畴。在老子的哲学思想中，“道”就是一个超绝一切的虚无本体。在老子看来，“道”是“万物之宗”，是第一性的。他说：“道生一，一生二，二生三，三生万物。”③也就是说，世间的万物都是从“道”派生出来的。显然，“道”不是物质实体，而是一种“视而不见”

---

① 《孟子·尽心下》。
② 《荀子·性恶》。
③ 《老子》第四十二章。

的精神。所以他说："天下万物生于有，有生于无。"[1]在这里，"无"等同于"道"，成了天下万物产生的根源。然而，"道"虽然看不见、摸不到，但却无所不在、无时不在，具有普遍性。与之相适应，老子的政治主张表现为顺应自然，"无为而治"。所谓"无为"，并不是真的无为，而是"为之于未有，治之于未乱"[2]。老子的思想体系是在天道自然无为、人道顺应自然的天人关系框架中展开的，其手段是因势利导，最终目的还是"无不为"。正如司马谈在《论六家要指》中所说："道家无为，又曰无不为，其实易行，其辞难知。其术以虚无为本，以因循为用。"《汉书·艺文志》也说道家"秉要执本，清虚以自守，卑弱以自持"。

道可道，非常道；名可名，非常名。无名，天地始；有名，万物母。常无，欲观其妙；常有，欲观其徼。此两者同出而异名，同谓之玄，玄之又玄，众妙之门。

（《老子》第一章）

老子所理想的是"小国寡民"的世界。在他向往的社会里，人们不使用各种器具，重视生命而不向远处迁徙，虽有车船而不乘坐，虽有甲兵而不打仗，人民回到结绳记事的时代。老子希望人们甘食美服，安居乐俗，"邻国相望，鸡犬之声相闻，老死不相往来"[3]。他把这样的社会看成是"至治之极"，其实这是早已在历史上消失了的时代。为了达到"为无为，则无不治"的目的，老子甚至主张"愚民"。他认为人民不易统治，是因为其拥有太多的知识和智慧，如果使老百姓"无知无欲"，社会就容易管理了。

图 2-5 庄子像

庄子是战国时期道家的代表人物（见图 2-5）。庄子名周，宋国蒙（今山东东明一带）人，在蒙做过短期的漆园吏。他生活在战国中期，为人十分超脱，不愿意为具体事务所约束，甚至拒绝楚威王的重金迎聘。据《史记·老子韩非列传》说："其学无所不窥，然其要本归于老子之言。"也就是说，他的学问面很宽，但其宗旨与老子学说有较强的一致性。

庄子的思想保存在《庄子》一书中。与老子相比，庄子的学说更为消极。他继承并发展了老子"道法自然"的观点，否认有鬼神主宰世界。在他那里，"道"是超感觉的，无为无形，超越时空。"道"是万物的创造

---

① 《老子》第四十章。

② 《老子》第六十四章。

③ 《老子》第八十章。

者，世界由它产生，万物由它铸造。他以“道”为宇宙本体的学说有一定的辩证思维因素，但却把老子学说引向了相对主义的道路。庄子看到一切都处于“无动而不变，无时而不移”之中，忽视了事物质的稳定性和差别性，主张泯是非，齐生死，忘物我，合异同，认为人通过修养可以得“道”，从而与“道”同体，幻想一种“天地与我并生，而万物与我为一”①的精神境界。庄子甚至认为不要以有限的生命去追求无限的知识，反映了一定的消极和没落情绪。他要人安时处顺，养生避害，逍遥自得。他首先提出了“万物之理”的范畴，用气的聚散解释人的生死，认为气“聚则为生，散则为死”，对后代影响很大。

天地有大美而不言，四时有明法而不议，万物有成理而不说。（《庄子·知北游》）

先秦道家创始于老子，而大成于庄子。正因如此，人们习惯上以“老庄”作为道家的代名词。老庄之外，在当时还有不少著名的代表人物，可以说是流派纷呈，蔚为大观。

（三）墨家学派

墨家是先秦时期与儒、道鼎足而立的一大学派，其创始人是战国初期的思想家墨子。

墨子名翟，鲁国人（见图 2-6）。他出身于手工业者，具有高超的手工业生产技能，熟悉“农与工肆之人”的生活状况，是小生产者阶级的代表。低微的出身，使墨子对春秋战国之际剧烈动荡的社会现实感触较深，他看到了下层人民的疾苦，所以他的思想倾向于广大的小生产者。墨子早年曾经学习儒家学说，接受孔子的思想。但是，他认为儒家提倡的礼节过于烦琐：丰厚的葬礼耗费了资财，而使百姓贫困；长久服丧，伤害生命而妨碍政事。所以，墨子走向了儒家的反面。

图 2-6 墨子像

墨家学派是一个有严格组织纪律的团体。墨子的弟子多来源于社会下层，参加这个学派的人在吃穿劳作等方面自觉地接近下层人民。墨子之后的墨家领袖号称“钜子”，所有的墨者都必须服从“钜子”的指挥，就好像参加宗教的人服从教主一样。墨子实际就是第一代的“钜子”，据说为墨子服役者有 180 多人，每个人都可以“赴火蹈刃，死不还踵”②。

---

① 《庄子·齐物论》。

② 《淮南子·泰族训》。

初期的墨家以墨子本人的学说为中心。墨子思想体系以功利主义为突出特色，墨子反复说明，仁人在位，要“兴天下之大利，除天下之大害”，使国强民富，政治清明。墨子学说以“利”为出发点，形成了一整套道德、宗教、哲理、政治等观点。也是在“利”的出发点上，他提出了“尚贤”“节用”“兼爱”等主张。在他看来，如果真正实现他的这些主张，当时“饥者不得食，寒者不得衣，劳者不得息”的问题就可以解决，天下的人都可以过上温饱安适的生活，也就能够做到“赖其力者生，不赖其力者不生”。墨子认为“不与其劳获其实”是不仁不义行为，对儒家的仁、义等观念作了新的解释。

墨子主张“兼爱”“非攻”。针对当时“有大国即攻小国，有大家即伐小家，强劫弱，众暴寡，诈欺愚，贵傲贱，寇乱盗贼并兴，不可禁止”[①]的社会现实，他企图用“兼相爱，交相利”的原则来拯时济世。这种普遍的、无差别的人与人之间的互爱，虽然是虚幻的、不存在的，但毕竟反映了小生产者要求平等、厌恶战争、希望安居乐业的愿望。墨子希望人人都有一个相对稳定的生活，为此，他主张统治者要不分等级地举用贤才，向“农与工肆之人”开放政权。在这样的前提下，他要求社会上下在认识上同是非，最后集中到中央，社会才会稳定。他还倡导“节用”“节葬”，要求统治者珍惜人民的劳动成果，反对穷奢极欲，主张节约支出，葬礼从俭。

民有三患：饥者不得食，寒者不得衣，劳者不得息。（《墨子·非乐上》）

墨子当然没有摆脱传统思想的束缚。他“非乐”“非命”，认为音乐没有益处，命运也根本不存在，但却主张“尊天”“事鬼”，认为天有意志，能赏善罚恶，鬼神也有超越常人的能力。不过，在墨子的眼中，上天鬼神是为了百姓的利益来监督天子以至万民的最高权威，这与统治者利用天命、鬼神作为压迫人民的思想工具有一定区别。墨子也曾怀着极大热情四处奔走，以兴利去害，拯救天下。后来，孟子曾用夸张的口气说：“墨子兼爱，摩顶放踵利天下，为之。”[②]墨子的思想反映了一种比较普遍的心理，他的“兼爱”的提法也让人耳目一新，所以他的思想在当时产生了巨大的影响。

① 《墨子·非乐上》。

② 《孟子·尽心上》。

（四）法家学派

法家也是战国时期的重要学派，其学说以法治为核心。

法家也有较早的发展历程，其先驱人物是春秋时期齐国的管仲和郑国的子产，他们为了理乱强国，都尚法明刑，力主强化法令刑律。他们虽然还没有形成系统的法治观念，但对旧的制度进行了某些改革，从而为以后的法家提供了重要的思想资料。至战国初期，各诸侯国中出现了变法改革的浪潮。于是，作为法家创始人物的李悝、吴起、商鞅、申不害与慎到等人纷纷登台，他们大部分都参加或领导了变法活动。他们重视农业，制定了发展农耕的政策，改革田制，以更好地解放生产力；他们还主张严刑峻法，认为不论贵贱亲疏，应当“一断于法”。

图 2-7 韩非像

法家思想体系的最终确立者是韩非（见图 2-7）。韩非生活在战国后期的韩国，他的思想学说集中在《韩非子》一书中。

韩非是法家思想的集大成者。在早期法家人物中，商鞅重“法”，申不害重“术”，慎到偏重于“势”。韩非则认为，对于建立专制主义中央集权政治来说，“法”“术”“势”三者缺一不可。“法”指成文法令，“术”指国君统御臣下的手段，“势”则指国君所拥有的至高无上的权威。韩非受道家、荀子思想的影响，认为人生来就是自私自利的，统治者与人民之间天然就具有矛盾冲突，不可能使人民心悦诚服地接受统治，只有用暴力进行压制，才能使统治稳固。在他看来，严厉的家庭没有“悍虏”，而慈祥的母亲却常有“败子”，他由此判定“威势之可以禁暴，而德厚之不足以止乱”①。所以，他强调只有实行严刑峻法，轻罪重判，才能有效地防止反抗。

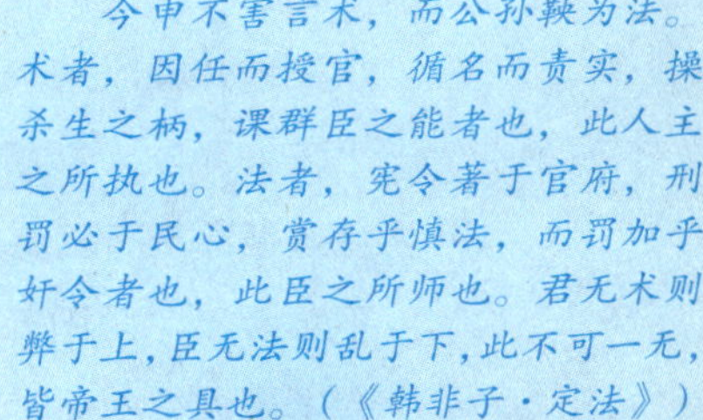
今申不害言术，而公孙鞅为法。术者，因任而授官，循名而责实，操杀生之柄，课群臣之能者也，此人主之所执也。法者，宪令著于官府，刑罚必于民心，赏存乎慎法，而罚加乎奸令者也，此臣之所师也。君无术则弊于上，臣无法则乱于下，此不可一无，皆帝王之具也。（《韩非子·定法》）

（五）阴阳家学派

阴阳家也是先秦诸子中的一个重要学派，其代表人物是战国晚期的齐国人邹衍。

在后世阴阳家的思想中，阴阳观念与五行思想有重要的联系，但开始

① 《韩非子·显学》。

时却分别都是解释世界的一种方式，二者的结合可能是后来的事情。阴阳和五行的观念都产生很早，至晚在西周初年已经形成。那时的人们用阴阳的对立和相互作用来说明自然变化的原因，用水、火、木、金、土五种物质来说明各种事物的构成，这对先秦时期人们的思维方式已经产生了重大影响。

到战国时期，形成了一个专讲阴阳五行的学派，这便是人们所说的阴阳家。阴阳家以阴阳五行为基础，夹杂一些巫术、宗教的神秘内容，用以解释日常生产和生活中的现象。他们不仅用以解释天地四时的变化，要求人们按照这种变化来进行生产，而且将一切人事都与阴阳五行比附。齐国人邹衍就对传统的阴阳五行进行了改造，他“深观阴阳消息而作怪迂之变”，综括他以前五行学说的论理方法，提供了一套由小到大、由近推远的方法论。具体地讲，便是“先验小物，推而大之，至于无垠”①。即由构成物质世界的金、木、水、火、土这些“小物”，推而广之，到无限大的宇宙，认为整个世界都是由它们构成的。这种物质世界是变化的，其变化的方式就是五行相胜。邹衍进而把自然界的五行运转规律用于论证历史朝代的更换，形成了他“五德终始”的历史观。邹衍认为，从天地开辟以来，人类社会都是按照五德转移的次序进行循环的。他说：“五德之次，从所不胜，故虞土、夏木、殷金、周火。”②社会历史变化遵循着五行相克的规律，即按照土克水、木克土……的顺序进行循环。不难看出，阴阳五行学说解释自然变化有一定的合理性，但用它来对社会发展进行的比附则是荒谬的，属于神秘的历史循环论。

> 易大传：“天下一致而百虑，同归而殊涂。”夫阴阳、儒、墨、名、法、道德，此务为治者也，直所从言之异路，有省不省耳。
> （《史记·太史公自序》）

二、“百家争鸣”与诸子学说的关系

春秋战国时期的礼崩乐坏，使传统的周朝思想文化发生了裂变，先秦各诸子学派在不同的区域形成，他们接受了传统思想文化中的不同方面，分别代表不同的阶级或者阶层，从而继续发展并强化自己的主张，于是，他们都“各引一端，崇其所善，以此驰说，取合诸侯”。各家各派无不坚

① 《史记·孟子荀卿列传》。
② 《淮南子·齐俗训》引《邹子》。

持自己的学说，对不同的主张进行评论、指责或者批判，彼此之间不可避免地产生了交锋。战国时期的“百家争鸣”就是在这样的背景下出现的。

诸子百家的形成与争鸣意义十分重大。一方面，它作为一种文化现象出现在夏、商、周三代文化充分发展的后期，在摆脱了远古时期的蒙昧之后，人们又逐渐走出天命、鬼神的束缚，从而比较冷静与理智地研究社会、思考人生，它是我国历史上的第一次思想解放运动，也是中华民族走向成熟的标志；另一方面，他们在中国古代文化的土壤中萌发、生成，以后又通过各派之间的讨论与争辩，深化、完善着自己的学说，从而形成了各自的突出特点，在不同程度上具有存在的合理性。于是，在中国长达两千多年的历史发展中，无论是哪一类的学说或者主张，都能在战国诸子中找到其思想的因子。

> 春秋时，犹尊礼重信，而七国则绝不言礼与信矣。春秋时，犹宗周王，而七国则绝不言王矣。春秋时，犹严祭祀，重聘享，而七国则无其事矣。春秋时，犹论宗姓氏族，而七国则无一言及之矣。春秋时，犹宴会赋诗，而七国则不闻矣。春秋时，犹有赴告策书，而七国则无有矣。邦无定交，士无定主，此皆变于一百三十三年之间。史之阙文，而后人可以意推者也。不待始皇之并天下，而文武之道尽矣。
>
> （顾炎武《日知录·周末风俗》）

各家在争鸣中也有交流，了解这一点十分重要。应当承认，战国诸子“各引一端”的特点，决定了他们应当积极吸纳不同学说的合理因素，只有这样，才能经得住实践的检验。事实上，每一学派形成与发展的过程，正是总结批判其他学说的过程；而诸子学说相互批判与论争的过程，也恰恰是各派学说互相影响的过程。

那么，诸子学说相互论辩的情况如何？他们之间产生了怎样的影响呢？

从中华文化的主流看，儒家与其他各家的关系是诸子学说相互关系的主线。作为学派，儒学形成最早，在先秦时期具有突出的影响。儒学后来成为中华民族传统文化的主体，正是在与其他诸子学说的论战与交融中得到充实与发展的。

（一）儒墨之争

儒学与其他学派的冲突首先表现为儒墨之争。

墨家学说在战国时期的影响仅次于儒学，所以，有人说，只有儒、墨才是那时的“世之显学”。这一点，连儒家的孟子也不得不承认。他看到了墨家的

重大影响，说：“杨朱、墨翟之言盈天下。天下之言不归杨，则归墨。”①杨朱是战国时期的魏国人，他与墨子对抗，反对墨子学说，主张“贵己”“重生”，反对人与人之间互相侵夺，孟子则抨击他“拔一毛利天下而不为也”②。但作为学派，墨子的影响大于杨朱。

墨子本来学于儒家，后来背弃了儒家。也就是说，墨家一出现便站在了儒家的对立面。墨子开始主要学习儒家的六艺，他勤奋好学，自称曾经遍读“百国春秋”，平时谈话也常常引经据典。可是，在学习的过程中，他却渐渐由尊儒、学儒，变成了反儒、非儒。

> 子墨子言曰：以兼相爱、交相利之法易之。然则兼相爱、交相利之法将奈何哉？子墨子言：视人之国，若视其国。视人之家，若视其家。视人之身，若视其身。是故诸侯相爱，则不野战。家主相爱，则不相篡。人与人相爱，则不相贼。君臣相爱，则惠忠。父子相爱，则慈孝。兄弟相爱，则和调。天下之人皆相爱，强不执弱，众不劫寡，富不侮贫，贵不敖贱，诈不欺愚。凡天下祸篡怨恨，可使毋起者，以相爱生也。是以仁者誉之。（《墨子·兼爱中》）

为了反对孔子的“仁爱”，墨子提出了“兼爱”的思想主张。孔子的“仁爱”是一种以血缘亲情为基础的亲亲之爱，它偏重于心理感情的要素，没有附加其他内容。而墨子的“兼爱”则有所不同。“兼爱”指的是普遍的“爱”，没有差别的“爱”，也就是爱一切的人。墨子的“兼爱”包含着功利性目的，“兼相爱”就是“交相利”，“利”是“爱”的基础和内容。“兼爱”是墨子思想的核心，他的其他主张都围绕着“兼爱”而展开，但这又都以“利”为出发点。不仅如此，墨子的一整套道德、宗教、哲理、政治等观点，也都是以“利”为出发点而形成的。

墨子思想是对儒家思想进行批判的结果。墨子曾对“一道术学业”、以行仁义之正的孔子之行进行抨击。《墨子》中有《非儒》篇，其中极尽对孔子的诽谤和攻击。例如，他借晏婴诋毁孔子：“孔某深虑同谋以奉贼，劳思尽知以行邪。劝下乱上，教臣杀君。”他还编造一些故事，讽刺、丑化孔子。实际上，孔子与墨子所描绘的形象有显著差异。孔子希望匡时救世，为此而栖栖惶惶，到处奔走。只是到了后来，儒者末流过分注重形式，徒说空话，于事无补；而且他们没能够继承孔子学说的要义，只讲究丧葬礼仪等琐碎小节，这种作风自然为注重实践力行的墨家所不齿。

墨子的一些主张也遭到了儒家的强烈攻击（见图 2-8），战国时期的

---

① 《孟子·滕文公下》。

② 《孟子·尽心上》。

两位大儒孟子和荀子都曾经批判墨家。孟子激烈地抨击墨子，认为他的不分亲疏的“兼爱”实际否定了对父亲的尽孝，就是目无父母，几近禽兽。在他看来，墨子等人的学说不消灭，孔子的学说就无法发扬，就是用荒谬的学说欺骗百姓，从而阻塞了仁义的道路。荀子之重视音乐与墨子反对音乐也形成鲜明对比。《墨子》中有《非乐》篇，记载了墨子的许多言论。墨子从功利的角度出发，认为音乐没有实际的用途，甚至认为其他的一切娱乐活动也都没有必要。儒家则十分重视礼乐的价值，重视乐的作用。《荀子》中专有《乐论》篇，系统论述了乐在陶冶性情、表达情感等方面的功能和作用，并对墨家的“非乐”主张进行批判。

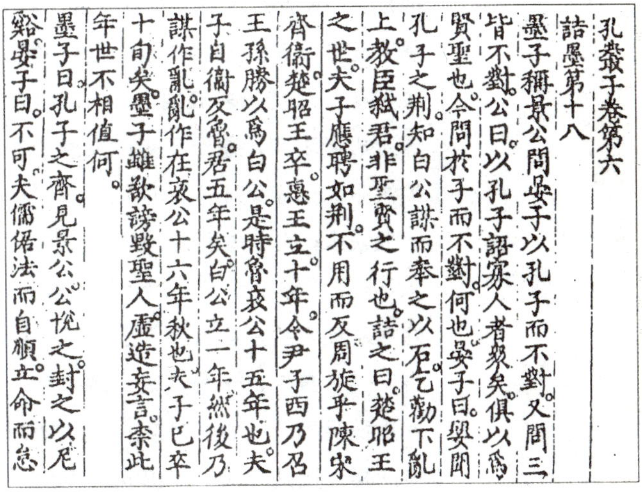

孔叢子卷第六
詰墨第十八
墨子稱景公問晏子以孔子而不對。又問三
皆不對。公曰。以孔子語寡人者衆矣。俱以爲
賢聖也。今問於子而不對。何也。晏子曰。嬰聞
孔子之荆。知白公謀而奉之以石乞。勸下亂
上。教臣弑君。非聖賢之行也。詰之曰。楚昭王
之世。夫子應聘如荆。不用而反。周旋乎陳宋
齊衛。楚昭王卒。惠王立。十年。令尹子西乃召
王孫勝以爲白公。是時魯哀公十五年也。夫
子自衛反魯。君五年矣。白公立一年。然後乃
謀作亂。亂作在哀公十六年秋也。夫子已卒
十旬矣。墨子雖欲謗毀聖人。虛造妄言。柰此
年世不相值何。
墨子曰。孔子之齊。見景公。公悦之。封之以尼
谿。晏子曰。不可。夫儒倨法而自順。立命而怠

图 2-8 《孔丛子·诘墨》书影

然而，尽管儒、墨之间互相诟病，但两家毕竟有大致相同的时代背景，而且墨家与儒家都产生在当时的鲁国，都深深植根于鲁文化的土壤中，所以，他们其实也有不少相通之处。以两家的政治观点来说，儒家“宗周道”，墨家“背周道”，但墨家却在非议奢侈靡财的丧葬礼仪和“俯仰周旋威仪之礼”的同时，对周礼采取了退让和保留态度。例如，周礼的基本精神是维护尊卑贵贱的秩序，而墨子则以为当时天下出现战乱，原因就是礼教遭到了破坏。他说：“无君臣上下长幼之节、父子兄弟之礼，是以天下乱焉。”① 正因如此，墨子主张“亟遍礼四邻诸侯”②，试图用“礼”的秩序来安定社会。这表现了墨子在反对周礼的同时，又在向周礼复归。又如，墨子主张“兼爱”“爱无差等”，并以之批判儒家的道德观念，然而，在不少方面，墨家的价值取向几乎与儒家如出一辙。如前所说，墨子把父慈子孝的伦理道德遭到破坏作为天下丧乱的原因，说：“入则不慈孝父母，出则不长弟乡里，居处无节，出入无度，男女无别，使治官府则盗窃。”③

---

① 《墨子·尚同中》。
② 《墨子·鲁问》。
③ 《墨子·尚贤中》。

（二）儒道之争

儒道关系也是诸子关系中十分重要的一个方面。

作为诸子中的重要学派，道家在先秦时期堪与儒、墨鼎足而立。战国时期，道家势力得到了充分发展，并与儒家进行了激烈的论争。从根本上看，儒家与道家都是在批判现实社会的基础上形成的，两家都不满于当时的社会现实，只是所采取的应对态度截然不同。儒家的态度是积极入世，他们深入思考现实，总结历史的发展，在对传统文化的继承中体会出改造社会的主张。道家则不同，他们显得消极避世，对传统文化采取了否定态度。一般说来，儒家重视礼、乐、仁、义，后世道家则持坚决的否定态度，说“圣人不死，大盗不止”，认为“绝圣弃智，大盗乃止”①；儒家注重群体的价值，注意从社会的角度看待人生，把人伦关系作为社会的基本关系，道家则“爱身”“贵身”，十分注重个体生命，强调个人价值；儒家强调刚健，而道家重视阴柔。在战国时期的“百家争鸣”中，道家与儒家进行了激烈论争，彼此相互批判和攻击，出现了儒、道两家思想主张的显著差异。

作为先秦时期的两个不同的思想文化流派，儒、道之间后来的争斗是剧烈的。例如，道家斥责儒家所推崇的仁义，主张废弃仁义。庄子甚至把仁义看作窃国大盗手中的工具，说他们是假仁义之名，行盗国之术；他更认为孔子在鲁国推行周礼，简直就像给猿猴穿上周公的衣服那样很难做到。孟、荀对道家的抨击也十分激烈。比如孟子批评杨朱的“为我”实质上是“无父”，就是说连自己的父亲也不要了；对稷下道家的重要人物宋钘以利害关系劝阻楚国与秦国罢兵的做法，孟子也表示反对，认为只有用仁义的道理相劝才会收到成效。荀子虽然属于儒家的别派，但在《非十二子》中，也对宋钘、田骈等道家人物进行了批评。

儒家与道家的思想虽有重大分歧，但在开始时可能并不是水火不容的，这是新出土的资料给我们的最新信息。早期儒家与道家的关系一直是中国哲学乃至思想史上的一个重要话题。在考察先秦时期的儒、道关系时，人们往往征引司马迁《史记·老子韩非列传》中的一段话：“世之学老子者则黜儒学，儒学亦黜老子。道不同不相为谋，岂谓是邪？”二者的争斗可见一斑。然而，1993 年在湖北荆门郭店新发现的楚简中，既有儒家著作，也有道家

① 《庄子·胠箧》。

著作。对照此前其他时代相近的墓葬，也有大致相同的情形出现。许多儒、道二家之书同出一墓，在学术界引起了巨大震动，专家们不仅惊喜地从郭店楚简中看到了“当时中国哲学的繁盛景象”，同时也发现其中的道家竹简不见排斥儒家仁义道德之语。郭店楚简的发现，说明直到郭店竹简本《老子》出现并且流传的年代，老子道家的思想与孔子儒家的思想仍然是互相涵化、兼容并包的。儒、道互黜的局面至少在战国的早期尚未出现。

由于郭店楚墓儒、道学术著作同出，因此，不仅需要对早期儒、道互黜的观念进行更新，也需要进一步探究其深层内涵。除了郭店楚墓，长沙马王堆汉墓中也是儒、道著作同出，《老子》与儒家思孟学派的《五行》并见，其意义显然非同寻常。儒家的“五行”与后来阴阳学派所讲的“五行”有明显不同，前者是把仁、义、礼、智、圣视作“五行”，这可能是春秋时期共同的观念。

早期儒道关系的新材料，让我们回头思考传世文献中孔子问礼于老聃（即“孔子适周问礼”）的记载（见图 2-9）。现在看来，《孔子家语》《史记》中孔子见老子的许多相关明确记载应当是可信的。二位先哲的聚首在中国哲学史上意义重大，它象征儒、道两家开始时绝无任何有意的相互排斥，不仅如此，他们之间交流很多，对孔子的影响也一定很大。孔子所作的《易传》中兼有所谓道家的思想倾向，可能也与孔、老相会不无关联。在先秦哲学研究中，人们发现儒、道的互补在孔子和老子时期就已经开始了，实际上，儒、道两家有大体一致的学术宗旨、文化理念和致思路向。

图 2-9 现存最早的孔子见老子图（山东东平汉墓出土壁画）

综观儒家与道家关系的发展历程，不难发现：二者的对立与排斥只是问题的一个方面；另一方面，它们同时也互相依存和补充，互相影响和吸收，二者之间并没有不可逾越的鸿沟。例如，荀子就吸收了老庄的天道自然无为的思想；秦汉思想家及其著作中有不少就是儒、道思想并存，《吕氏春秋》以儒家思想为主体，其中却吸收了大量的道家等各家的思想；魏晋玄学的

“三玄”——《老子》《庄子》《周易》，实际也是引儒学以解《老》《庄》；至于宋代的儒家，受道家思想影响者更是比比皆是，《宋史》的《道学传》明确地说他们是“出入于老释，泛滥于诸家”。在具体的每一个人身上，于不同的环境、不同的时期，儒、道两家的思想因素也会有不同程度的显现。一般士大夫或其他知识阶层的人，天下太平时，思想面貌往往表现为积极入世的儒家精神；而在社会急剧动荡的乱世，消极避世的道家思想便容易抬头。经过认真考察后，学者们认为儒、道作为中国文化的重要组成部分，是一种互补的结构。这应当是十分正确的看法。

（三）儒法之争

惟王建国，辨方正位，体国经野，设官分职，以为民极。乃立地官司徒，使帅其属而掌邦教，以佐王安扰邦国。（《周礼·地官司徒》）

儒家与法家之间的分歧也十分明显，二者形成了明显的壁垒。

在殷周之际，政治家们已经形成了比较完备的统治思想，他们主张礼治，有重视德治的一面，也有重视法治的一面。广义的“礼”也包含有法的思想。如《周礼》注重教化，设有“掌邦教”的地官司徒，同时也有“掌邦禁”“佐王刑邦国”的秋官司寇，他们以“五刑”纠万民、听万民之狱讼。春秋战国时期，随着王室的衰微，诸侯之间开始了连年不断的战争，各国诸侯无不急功近利，希望国家迅速强盛起来。于是，原来礼治思想中“法”的一面被格外地强化起来，法家思想由此应运而生。

孔子曰：“古者天子以内史为左右手，以德法为衔勒，以百官为辔，以刑罚为策，以万民为马，故御天下数百年而不失。善御马，正衔勒，齐辔策，均马力，和马心，故口无声而马应辔，策不举而极千里。善御民，壹其德法，正其百官，以均齐民力，和安民心，故令不再而民顺从，刑不用而天下治。是以天地德之，而兆民怀之。夫天地之所德，兆民之所怀，其政美，其民而众称之。”（《孔子家语·执辔》）

很明显，儒、法两家都有强烈的入世精神和治世愿望，只是在理论主张上有较大差别。简单地说，儒家主德治，法家主法治，两家在治国路线上有所不同。其实，儒家也不完全排斥法治，而是把德治看得更为重要、更为根本而已。孔子就不是一位完全的德治主义者，他主张“德主刑辅”，认为治国者不可不有“德教”和“刑罚”，只有盛德薄刑，才能天下大治。关于德、刑关系，应该像《尚书·大禹谟》所说的“明于五刑，以弼五教”，而在具体措置之时，应当像周公所讲“明德慎罚”。总之，刑罚是作为德教的补充而出现的。

法家与儒家不同，他们主张治国“一任于法”，完全排斥了德治，并将

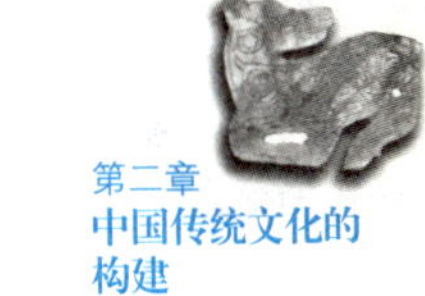

儒家置于自己的对立面，视之为推行法治的障碍，有人甚至主张取缔儒学；而且法家的改革主张否定了西周以来的宗法礼乐传统。因此，儒家便起而反对，儒法斗争就成了“百家争鸣”的重要方面，并对后世产生了很大影响。

儒家与法家思想主张的差异，源自二者在人性问题上认识的不同。中国人很早就开始探讨人性问题，儒家的孔子、子思也对人性问题有具体论述，孟子、荀子则明确提出了人性善恶的问题。孟子坚持道德本位原则，认为人性本善；荀子则认为人之性恶。在荀子看来，所谓的“善”，都是后来教育的结果。荀子与孟子对人性的认识有别，却都认为可以用道德的力量使人归于善。

> 人之性恶，其善者伪也。今人之性，生而有好利焉，顺是，故争夺生而辞让亡焉；顺是，故争夺生而辞让亡焉；生而有疾恶焉。顺是，故残贼生而忠信亡焉；生而有耳目之欲，有好声色焉，顺是，故淫乱生而礼义文理亡焉。（《荀子·性恶》）

法家与儒家不同。法家的慎到认为“人皆自为”，意思是人都为自己打算。韩非也认为人“皆挟自为心”，认为人总是利己而不愿利人。在韩非那里，人际关系的理论以利益为核心，人与人之间的关系以利益来维系，人的行为都受利益的驱动。他甚至举例子说，卖车的人希望人人富贵，这不是因为他有仁爱之心，而是希望多卖车子，以得到更多的利益；卖棺材的人希望人人短命，这当然也不是他心肠狠毒，而是企图多得利益。由此，他进一步推论君臣、父子、夫妇等关系也是利益关系。人际关系既然都是利害关系，人都是唯利是图者，那么，只有通过刑法才能使人收敛这种自然的恶性，儒家所提倡的教化便是徒劳无益的。

> 恻隐之心，人皆有之；羞恶之心，人皆有之；恭敬之心，人皆有之；是非之心，人皆有之。恻隐之心，仁也；羞恶之心，义也；恭敬之心，礼也；是非之心，智也。仁义礼智，非由外铄我也，我固有之也。
> （《孟子·告子上》）

法家反对儒家。韩非把包括儒家在内的五种人视为“五蠹”，即五种蛀虫，认为他们妨碍了法的施行，无益于耕战，无益于国计民生。商鞅也抨击儒家，并把儒家的一些核心内容指斥为“六虱”。所谓“六虱”，是指礼乐、诗书、修善、孝悌、诚信、贞廉、仁义、非兵、羞战。他认为，国家有此“六虱”，必然国力削弱；去除这“六虱”，国家就会强大。商鞅还认为，国家有诗、书、礼、乐、孝、悌等会使国力削弱以至灭亡，去除这些就会成就王者之业。总之，以商鞅为代表的法家认为儒家的主张干扰人们的视听，无助于富国强兵；既然儒

> 其学者，则称先王之道以籍仁义，盛容服而饰辩说，以疑当世之法，而贰人主之心。其言古者，为设诈称，借于外力，以成其私，而遗社稷之利。其带剑者，聚徒属，立节操，以显其名，而犯五官之禁。其患御者，积于私门，尽货赂，而用重人之谒，退汗马之劳。其商工之民，修治苦窳之器，聚弗靡之财，蓄积待时，而侔农夫之利。此五者，邦之蠹也。
> （《韩非子·五蠹》）

家不事耕战，却反而妨碍耕战，就应当坚决去除。

关于儒、法两家学说的特点，后人在实践中不断地深化认识。虽然儒、法两家中都有人认为两家的思想主张不能并立，但他们之间的互补特征还是比较明显的。秦朝实行法家主张，排斥儒家的仁义，虽然取得了天下，但终究还是激起了人民的反抗，成为中国历史上的一个短命王朝。汉代治理天下，虽然定儒家思想为一尊，但仍然在施政中不忘吸收法家的思想，儒法兼济，这便是史籍中所说的“内多欲而外施仁义”，“以霸、王道杂之”，最终取得了较好成效。

总之，不论是一味主张德治，还是单纯强调法治，都有其偏颇之处。社会治理应当道德教化与政令刑罚相互为用，才会收到良好成效，抛弃任何一方都不可取。孔子等早期儒家深刻分析了社会现实，以长远的发展眼光看待社会，以对人性与人的价值的深刻认识为前提，主张“宽猛相济”、刑德并用，与中国社会的具体实际更为切近。也就是说，以德治为主、以刑罚作为补充的主张有更为明显的合理性。无论儒家还是法家，由于他们的出发点都在于整理社会秩序，更快地发展社会，因而其思想主张并无根本的区别。

（四）儒家与阴阳家之争

阴阳家与儒家渊源较深，从某种意义上说，阴阳家的思想就来源于儒家或者儒家的经典。例如，阴阳家的宇宙演化论自然观利用了《周易》里面的阴阳观念；阴阳家的“大九州”说来源于《尚书·禹贡》的“九州”划分。在历史观上，阴阳家提出了“五德终始”理论，认为历代王朝的更替兴衰均由五行所主运。这一点，恐怕就是对《尚书·洪范》的“五行”观念的改造。在政治理论方面，阴阳家与儒家相通，例如，阴阳家的创始人邹衍作为齐国学宫的著名人物，与孟子、荀子等儒家人物相互论辩，一定受到不少的影响。《盐铁论·论儒》中说他：“以儒术干世主，不用，即以变化始终之论，卒以显名。”他开始也主张“君臣上下六亲之施”，赞成儒家的仁义学说，只是其思想以“阴阳五行”为基础，以阴阳学说为其明显特色。

阴阳家的学说以阴阳五行为中心，包含不少机祥忌讳等迷信内容，但他们却懂得天文知识，能够掌握季节变化，对农业生产十分有益。正由于阴阳家所掌握的天文知识往往与迷信相混杂，所以《汉书·艺文志》称其“牵于禁忌，泥于小数，舍人事而任鬼神”。所谓“小数”，指鬼神巫术。阴阳家的思想对早期儒家也产生了一定影响，如阴阳家的“五德终始”说就为不少儒者所接受，成为他们论说朝代更迭的理论依据。

汉代以后，阴阳五行家的思想又与“天人感应”相交合，对后儒产生了重要影响。董仲舒的学说就是将阴阳五行与“天人感应”相结合的产物。“阴阳”“五行”等概念也为宋儒所接受，成为他们哲学的重要范畴。

三、诸子学说与中国传统文化的构建

每个民族都有自己的文化，中国传统文化是世界上历史最为悠久、内容最为丰富的文化之一。每个民族的文化都有本民族的显著特征，中国传统文化更加具有“无穷的魅力”。中国文化经过了漫长的发展和演变过程，在这个过程中，春秋战国时代的中国诸子文化具有特殊的价值和意义。以儒家、道家、墨家、法家为代表的诸子百家，在继承此前中国上古文化的基础上，依据各自所代表的阶级和阶层的不同，对社会生活和世事持有不同见解，并提出了自己的治世“良方”。从中国文化总的历史发展过程看，各家各派互相争雄辩难，又互相影响吸收，都在不同程度上影响了中华民族共同的心理素质。中国文化是儒、道、墨、法诸家互补兼综并融汇其他各种外来文化而形成的多民族的综合文化。中国传统文化的雏形在春秋战国时期已经出现，作为一个继往开来的时代，这一时期的文化达到了中国文化发展的第一个高峰。这一时期诸子百家在政治、经济、法律、哲学等领域所形成的思想理论，对后世文化学术的发展产生了极大影响，从而构造了中华民族传统文化的基本精神，成为中国文化有机构成的不可缺少的部分。

（一）儒家与传统文化

在先秦诸子百家中，孔子所创立的儒家高居显学地位，儒家思想在后世成为主宰中国两千多年上层建筑和意识形态的正统思想。在海外，“儒学”几乎成了中华民族传统文化的代名词。到目前为止，世界上大概还找不出第二个人像孔子这样受到亿万人的关注，从尊崇、膜拜，到评论、指责，乃至谩骂、揶揄，竟从未中断过。人们关注孔子，是因为他创立了儒家学说，儒家学说确实支配着许多人的思维方式和行为特征。

经过长期的历史实践，以孔子为代表的儒家思想与学说已经构成了中华民族精神的基调，如我们民族精神中的自强精神、中和精神、仁爱精神、礼让精神、大同精神等等。这些精神虽然都打着时代的印记，但其积极的层面一直为历代仁人志士所继承和发展，成为中华民族长期发展的巨大力量。也就是说，中华民族的许多传统美德，都与孔子及儒家思想的影响有重大关系。

在人生理想方面，儒家十分重视个人学养的充实和理想人格的培养，注意塑造高尚的人格典范。在儒家看来，人只有具备了完整的知识结构，才会有完善的理想人格。人还应当积极进取，具有刚毅的品格，具有远大的政治抱负，具备了这一点，才能够确立崇高的人生理想，才能做到仁、义、忠、信，才能够不计较个人的利害得失，而注重对社会的整体责任，积极为社会和国家多做贡献。

在孔子那里，“仁”是人格完善的具体要求，就是“爱人”。他对人生的理解是“泛爱众，而亲仁”，因此，他本人一生为推行自己的政治主张而四处奔波，不断宣传“仁”与“礼”的主张，宣传为国为民之道。儒家“义以为上”“见利思义”“不义而富且贵，于我如浮云”等价值取向，可以在一定程度上帮助人们摆脱“一切向钱看”“唯利是图”等价值观和人生观；儒家主张用道德力量和人生有为的价值取向克制个人的私欲，以达到追求理想的精神境界和人格的完善，对于树立远大理想和高尚的道德情操，克服发展中的暂时困难，从而努力奋发、积极进取，产生了重要作用；儒家传统的忧患意识和坚持正义、追求真理的献身精神，注重情操和气节，倡导“舍生取义”“杀身成仁”的主张，培养了国人的民族气节和爱国主义精神。

> 子曰：“弟子入则孝，出则悌，谨而信，泛爱众，而亲仁。行有余力，则以学文。”
>
> （《论语·学而》）

道德修养方面，孔子认为，人必须十分注重自身人格的完善，注意自身的行为符合社会公德。记载孔子及其弟子言论的《论语》一书可以说是关于道德修养的教科书，其中的论述具体而深刻。孔子把道德修养看得很重，认为有道德的人才能称为君子。在孔子那里，君子人格的具体要求，应该是重“德”尚“道”、守“仁”明“义”、谨“礼”讲“信”。

除了具备这些基本的品质，孔子还强调各个方面的修养。关于思想性情，认为应当保持良好的心态，心胸开阔坦荡；人生在世，在遇到困难、处于逆境时，应当泰然处之；要有长远考虑，不应颓废。关于言语行动，主张要忠诚老实，忠厚严肃，不应言过其实、花言巧语。关于自身修养，主张要严格要求自己，而加强自身修养的目的，就是要“安人”“安百姓”。关于

> 质胜文则野，文胜质则史。文质彬彬，然后君子。
>
> （《论语·雍也》）

物质利益，主张“义然后取”，“利”要合乎“义”。

孔子的这些思想主张，积淀为人们生命的底色，影响了一代又一代的中国人。人们评人论事，都以这样的原则为道德标准。儒家崇尚道德，认为道德至高无上，具有内在的价值。在当今社会，时代的主题是发展和进步，社会飞快变化，这就要求人人加强自身修养，使个人的精神状态与物质生活的提高相适应。孔子在道德修养方面的主张，对于人们的自身完善具有重要的启发意义。儒家的道德观对于中国传统文化特点的形成起了决定作用。

在人际关系方面，孔子的处世观念和家庭伦理思想颇值得借鉴。人与人之间的关系是社会的基本关系，是保证家庭、集体乃至社会稳定的最基本的前提。孔子渴望建立一种和谐美满的人际关系，主张“己所不欲，勿施于人”“己欲立而立人，己欲达而达人”“君子成人之美，不成人之恶”①——认为对待别人要像对待自己一样，用真诚对待他人，多为别人着想。

在社会伦理方面，孔子关于“孝悌”的主张占有十分重要的地位。在孝敬父母方面，孔子把对父母的“孝”定格在“敬”上面，认为人对父母的孝应当“敬”，否则就与“犬马”无别；孝敬父母不能停留在形式上，而应当出于内心的至诚。在几千年的中国，家庭一直是社会组织的基本形式，孔子所倡导的“孝悌”观念，关于父慈子孝、兄爱弟悌的主张对于家庭和谐起了积极作用，形成了中华民族尊老爱老的传统美德。

在为官从政方面，孔子和早期儒家的德政思想为历代统治者所推重，出现了不少的明君贤臣，一些政治主张今天看来仍有许多有价值的内容。

孔子和早期儒家的道德学说首先是对统治者阐发的。孔子关于德政的论述，最为典型的是“为政以德，譬如北辰，居其所而众星共之”②。在他看来，实施道德教化，“为政者”的垂范作用至为关键，孔子关于此类的论述很多。那么，为政者如何才能做到身正？孔子认为应当勤政、尚贤、以民为本。

在任何历史时期，道德问题总是社会风气的晴雨表，管理秩序的稳定、人际关系的协调，无不联结着道德问题。领导者或者社会管理者的身教重于言教，他们应当以自身

儒家者流，盖出于司徒之官，助人君顺阴阳明教化者也。游文于六经之中，留意于仁义之际，祖述尧、舜，宪章文、武，宗师仲尼，以重其言，于道最为高。

（《汉书·艺文志》）

①《论语·颜渊》。

②《论语·为政》。

的表率作用来感召和带动他人，这就要求领导者们严于律己，努力做到忠于职守，勤奋工作，不计名利，积极奉献。在对道德问题的论述中，孔子一再提到领导者应当具备的优良品质，如志向远大、以身作则、知人善任、讲信修睦、慎言敏行、坦荡无隐、自控远虑、灵活变通等。在领导者的影响下，人人自觉注重品格修养，由修身始，然后“齐家、治国、平天下”，使整个社会处于有序的状态之中。

当然，儒家思想也有消极的一面。尤其在后世的发展中，出现了许多违背原始儒学真精神的倾向。例如，儒家认为人与人之间应有高低贵贱的等级之分，又有厚古薄今、重人事轻科学的倾向；在义利关系方面，后儒片面强调“义”而忽视“利”。这些都不利于社会的发展。

（二）道家与传统文化

多元互补的中国文化以儒、道为主体，作为与儒家互补的思想学派，道家的思维方式是历代中国哲学的主要思维方式。老子讲矛盾的对立，又讲矛盾的转化，已经接触到了“辩证法的精华”。他还从相互对立、互相排斥的事物中看到双方的依赖和联系。在先秦诸子中，道家思想最富于哲学内涵，最为宏远精微，对中国古代学术思想的发展具有深远的影响，是中国传统文化思想中的哲学基础。

我有三宝，持而保之，一曰慈，二曰俭，三曰不敢为天下先。（《道德经》）

道家的哲学基础在于“道”。道家以“道”为世界的本原，认为世界万物由“道”而生。“道”也可以表述为事物发展变化的规律，它不依自然界的存在而存在。“道”的概念构成了老子客观唯心主义的哲学体系，贯穿于道家思想的全部学说之中。道家的思维方式，特别是老子的思维方式，对战国中后期的黄老学派产生了直接影响。老子的道论，既为后代的道家各派所继承和发展，也为儒家所接受。儒家原来缺乏自己的宇宙本体理论，在后来儒、道的渗透中，二者相互取长补短，儒家便吸收了道家的本体论学说。

吾生也有涯，而知也无涯。以有涯随无涯，殆已；已而为知者，殆而已矣。（《庄子·养生主》）

在政治上，老子是夏、商、周三代文化的批判者，他总结了历史的教训，揭示和批评文化发展中的弊端。庄子继承了老子，要求“处无为之事，行不言之教”，既反对儒家倡导的礼义，也反对法家提倡的变革，主张清静无为，向往“小国寡民”。老、庄都推崇自然，提倡“无君”的社会。他们把自然、社会和人看成一个浑然的整体，其思想体系追求身心内外的和谐，注重人与自然的和谐，开创了推天道以明人事和天、地、人一体观的思维方式，对中华民族的传统文化影响极深。

道家主张无为，在对待人生和社会的态度方面具有明显的保守性和消极性，但道家的认识论方法却从艺术方面对中国传统思想文化产生了深刻影响。道家追求自然无为、摆脱外物的牵缠，在精神上获得了充分的自由，因此，道家美学思想把审美情趣同超功利的人生态度联系起来，在我国传统的美学思想史上具有一定的地位。道家美学成了中国古代艺术的审美原则。人们认为，在我国传统的美学理论中，一切有关审美和艺术创造的特殊规律认识大都得自道家美学；我国古代艺术中的重视直觉，讲求意境和气韵，强调创作者的个性主体，强调想象、体悟等特点，也大部分来自道家思想：这是很有道理的。

（三）法家与传统文化

法家思想是一种政治哲学，它是随着先秦时期激烈的政治变革生长起来的。与其他各家相比，法家注重实际需要，不尚空谈，提出了“进化论”和“性恶论”两个重要理论观点，提出了最为明确的治国方案和政治主张。作为先秦诸子百家中的一家，法家不同于儒、道两家，它随着秦王朝的灭亡而退出了历史的舞台。然而，独立的法家学派虽然消失，但是，法家思想中的一些观点和主张却为后人批判和吸收。经过法家之手，中国两千多年前确立了郡县制，法家的思想主张导出了秦朝统一帝国的建立。接着，汉承秦制，以后的历代王朝也基本沿袭了秦代的制度。

在历史发展的过程中，法家思想始终产生着影响，成为后世励精图治、变法革新的思想武器。后来的不少进步思想家、政治家都程度不同地继承了法家的变革精神。法家的法治思想、不阿权贵的品格、严明执法的精神，还有历史进化论观点以及奖励耕战的功利主义等等，都在历史上产生了积极的影响。直到晚清时期，为了国家的富强，有人在积极向西方学习时，不仅对西方的法制极为赞赏，也十分自然地推崇法家的法治主张。

法家思想也有贪狠残暴的消极面。法家思想是秦朝的理论基础和国家社会政治生活的指导原则，秦朝的暴虐统治和速亡，使法家遭到汉代思想家的严厉批判。后世的士大夫都认为，法家强调暴力，不施仁义，主张严刑峻法，

秦以区区之地，千乘之权，招八州而朝同列，百有余年矣。然后以六合为家，殽函为宫，一夫作难而七庙隳，身死人手，为天下笑者，何也？仁义不施，而攻守之势异也。（贾谊《过秦论》）

不利于政治统治。然而，后来的统治者似乎并没有能够真正接受秦朝灭亡的教训，推重权术、崇尚残暴的法家主张仍然时常在政治运作中被使用。

（四）墨家与传统文化

在先秦时期的诸子之学中，墨家与儒、道两家一样都是势力较大的一个学派。在学术思想上，儒家尚“仁”贵“中”，道家尚“自然”贵“无为”，墨家尚“力”贵“用”，三家相反相成，组成了中国文化的基本构架。西汉以后，诸子百家在形式上不复存在，但同其他各家一样，墨家的思想因素也融入到了中华文化的深层结构之中。

墨家代表了社会最下层人民的利益，主张以具体的劳作换取财富，取得成果，从而满足自身对物质生活的需求。他们认为，只有努力生产，积极工作，为天下人兴利除害，才是道德高尚的表现。正因为墨家代表了“农与工肆之人”的利益和愿望，所以他们十分讲求“实利”和“功用”：主张勤俭节约，节省不必要的费用，避免劳动力的无谓牺牲，从而扩充财富，增长人力。这种“尚功用”的思想很容易被后人接受。事实正是如此，墨子所提倡的“兼爱”“非攻”“节用”“非命”等主张，与我国劳动人民互助互利、热爱和平、吃苦耐劳、勤俭节约等传统美德是完全一致的。墨家还主张“摩顶放踵利天下，为之”，也就是说，只要有利于人，就不惜代价拼命去做，这种积极进取、乐于奉献、为了他人利益不惜献出一切的高尚品德，正是中国优秀文化传统的具体体现。

墨家还重视自然科学和科技知识，墨家后学在数学、几何学、物理学、光学等许多领域都有十分重要的发现和成就，为后世的科学技术发展创造了有利条件。只是后人对墨家的这些成就重视很不够，甚至加以排斥，留下了很大的缺憾。墨家在逻辑学上也取得了较高的成就，只是同墨家的科学传统被中断一样，他们建立的逻辑学也随着墨学的衰微而被淡忘。

（五）阴阳家与传统文化

阴阳家学说的创始人邹衍据说是一位博学的人，擅长天文、地理等方面的知识，时人称之为“谈天衍”。他将阴阳与五行结合起来，其理论虽被讥为“闳大不经”，但似乎是一个涵盖天地人间的思想体系，几乎可以说明世界万物的构成和运动规律。后来，西汉的经学大师董仲舒把阴阳五行学说进一步神秘化，使之融入到儒家思想中。在他那里，自然界的任何事物都统一于五行，五行统一于阴阳，最后统一于具有意志和目的的天。

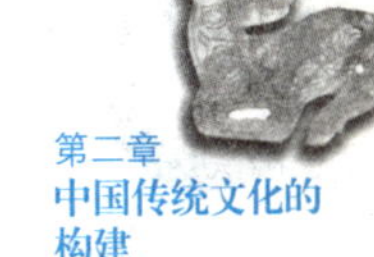

他还用阴阳五行论证封建社会的尊卑等级制度，说什么“君臣、父子、夫妇之义，皆取诸阴阳之道”①，从而推衍出了作为我国封建时代理论信条的“三纲五常”。按照他的学说，社会的发展是“五德转移”的结果，其他任何事物的发展变化也都与五行的变化相互联系。这样，阴阳五行思想逐渐沉积而形成十分普遍、十分顽固的观念和思维习惯，世间万物几乎无不可以与五行比附。以后的方术之士正是利用了这一点，他们将所谓看相、算命、占星、堪舆等“专门技术”与阴阳五行学说结合起来，从而以“妖言”惑众，为进步的思想家所不齿。近代的思想家梁启超则称阴阳五行学说“为二千年迷信之大本营”②。

> 初一曰五行……一曰水，二曰火，三曰木，四曰金，五曰土。水曰润下，火曰炎上，木曰曲直，金曰从革，土爰稼穑。
> （《尚书·洪范》）

但阴阳五行思想产生在战国时期，那时人们还很难认清事物发展的本质。按照阴阳五行学说，任何事物都有阴、阳两重属性，二者作为矛盾的对立面，其消长变化是引起事物变化发展的内因，这排除了所谓上帝、鬼神等的外力作用。在不少问题上，阴阳五行学说有其合理、科学的一面，包含着科学的思想方法，成了推动古代科技发展的积极因素。例如在医学领域，汉代以后的不少理论运用阴阳五行来说明人体的生理结构，解释发病原因，达到了较高水平，对后世影响很大。

【思考与讨论】

1. 孔子认为春秋末年是“天下无道”“礼坏乐崩”的乱世，那么，怎样理解这个时代特征与“百家争鸣”的关系？

2. 历史上有“孔子见老子”的说法，它对于我们理解儒、道关系有什么意义？

3. 先秦诸子主要有哪些代表人物？他们的思想主张是什么？你认为哪一学派的思考更加切近于社会治理的实际？

4. 你最喜欢先秦诸子中的哪一位？你怎样评价他在中国传统文化中的地位？

5. 为什么儒家与其他各家的关系构成了诸子学说相互关系的主线？

---

① （汉）董仲舒：《春秋繁露·基义》。

② 梁启超：《阴阳五行说之来历》，载《东方杂志》，1923年5月。

【参考文献导读】

1. 张岱年、方克立主编：《中国文化概论》，北京师范大学出版社 1994 年版。该书是当时国家教委布置编写的推荐教材。

2. 柳诒徵编著:《中国文化史》(2 册)，东方出版中心 1988 年版。该书分为上古、中古、近世三编，时代上自邃古，下至民国初年。以传统的观点阐述我国文化的发展，内容广泛，资料丰富，有不少独到见解。通读本书，可以获得我国上下几千年文化发展的比较系统的认识。

3. 王冠英主编：《中国文化通史・先秦卷》，中共中央党校出版社 1999 年版。书中论述中国文化的起源，介绍了先秦时期中国的哲学、伦理、教育、史学、文学、艺术、自然科学以及风俗等，对深入了解诸子文化很有帮助。

4. 任继愈主编：《中国哲学史简编》，人民出版社 1978 年版。该书在《中国哲学史》（4 卷本）教科书的基础上缩编而成。该书着重实事求是地介绍中国哲学史上哲学体系或流派的思想内容，力求从认识发展史的角度对中国哲学的发展规律有所体现。

5. 刘泽华：《中国政治思想史・先秦卷》，南开大学出版社 1984 年版。该书为多卷本《中国政治思想史》的第 1 卷，对商周以至春秋战国时期的政治观念和政治思想及其发展变化进行了系统梳理，对诸子百家的政治思想进行了细致解剖。

6. 李宗桂：《中国文化概论》，中山大学出版社 1988 年版。该书除绪论外，共分为 3 篇 15 章，不仅从总体上对中国文化进行宏观探讨，而且多层次地从物质的、制度的、心理的各方面进行微观剖析。书中对中国历史上的一些重要思想流派都有专门论述。

第三章
儒学与儒家文化

春秋末年，在“泰山之阳”的鲁地，诞生了中国历史上伟大的思想家、教育家、儒家学派的创始人孔子。孔子集上古三代文化之“大成”，使他所阐述和确立的儒学的核心理念具有了“永恒价值”与“超越意义”。孔子不仅是他之前数千年文化的集大成者，而且是他之后两千余年中国文化的开启人。孔子长期被尊为“圣人”，是中国传统文化的象征和代表。孔子将中国文化联为一系，传承不断。孔子以后，孔子弟子、子思、孟子、荀子等继承和弘扬孔子学说，进一步完善了儒家思想体系。儒学不仅是战国时期的“显学”，而且奠定了中国数千年传统文明的基础，是中国传统文化的主干，积淀着中华民族最深沉的精神追求，成为中华民族生生不息、发展壮大的丰厚滋养。

一、孔子与儒学的创立

在先秦时期的百家学术派别中，儒家学派是最早形成的学派，也是对后来影响最大的学派，它的创始人就是春秋末年的鲁国思想家孔子。

> 人类要在21世纪生存下去，必须回到2500年以前，去汲取孔子的智慧。
> （[瑞典]汉内斯·阿尔文博士）

孔子（前551～前479年），名丘，字仲尼。他的祖先本为宋国贵族，后因避乱来到鲁国。孔子的父亲虽然还

是鲁国的大夫，但此时，他家族的地位已经明显衰落了。青少年时期的磨炼，更激励孔子奋发上进。孔子所在的鲁国国都具有浓厚的文化氛围，这对他的成长也十分有利。鲁国是一个典型的宗法农业社会，鲁人更需要尊崇礼制，维护宗法，是当时诸侯国中保存周礼最为完备的国家。孔子对那时的社会现实进行了深入思考。最初，他也曾在鲁国出仕，这加深了他对当时社会的认识。从中年时起，他开始收徒授学，以后，由于仕途不顺，更加专意于私学的传授。在长期的教学实践中，孔子培养了一大批人才，他和他的弟子们形成了一个对社会影响极大的儒家学派。以后的历代儒生都遵从他的学说，孔子因而也就成了儒家学派的宗师。

> 孔子以前的中国文化差不多都收在孔子手里；孔子以后的中国文化又差不多都从孔子那里出来。
> （梁漱溟《东西文化及其哲学》）

孔子对中国文化有多方面的杰出贡献，他的成就主要表现在以下几方面：

第一，孔子创立了儒家学说，形成了系统、完备的思想主张。孔子说自己“述而不作，信而好古”，他“祖述尧舜，宪章文武”，总结了夏、商、西周以来的历史文化，把它融入到自己的理论之中。他特别注重对历史文化的继承，在更高层次上对历史文化进行总结、凝练与提升。他深入研究历史与现实提出的政治和文化问题，从而以“仁”和“礼”为核心，进行多方位的思考，构建起了他的儒学理论体系，奠定了儒家学说的理论基础。

孔子所创立的儒家学说具有显著的特色：

（1）它十分注重人的因素，对人性等问题进行思考，重视人生价值，提倡人的道德修养和人格的独立与完善，主张“仁者爱人”。

（2）具有积极的入世精神，关注现实，关注社会问题，希望社会上下和谐。他不仅主张臣民“事君尽礼”“事君以忠”，还要求君主“为政以德”“使臣以礼”。

（3）与前者相联系，“以德治国”意味着他看重下层民众的力量，希望实行“仁政”，主张“使民以时”，爱惜民力，关心人民生计，有一定的民本主义色彩。

> 孔子者，中国文化之中心也；无孔子则无中国文化。自孔子以前数千年之文化，赖孔子而传；自孔子以后数千年之文化，赖孔子而开。
> （柳诒徵《中国文化史》）

（4）孔子主张“敬鬼神而远之”，有显著的人文主义精神。因此，儒家格外强调积极培养人才，发展文化教育。

（5）儒家倡导“中庸”“中和”，不仅注重人际和谐、社会和谐，更注重天人和谐、人生自身的和谐。孔子的这些理论，正是整个儒学的理论根基。

第二，孔子兴办私学，培养了第一批儒家弟子，并奋力宣传和实践自己的思想主张。（见图3-1）孔子以前，学在官府，教育由贵族阶级垄断。作为社会下层的“士”，孔子首先揭起私学旗帜，推动了学术下移。

图 3-1 孔子讲学图

据说，孔子培养的学生有三千余人，其中学有所成的七十二人。孔子教育弟子，总结和创造了一系列教学原则和方法，对学生进行训练，教他们学习《诗》《书》等六艺，目的无非是为了使他们成为贤人，晋身社会上层，最终实现治国、平天下的理想。孔子平时还注意对学生性情的培养，增长他们的德行修养。他们讲论学问，相互切磋，随时问难，增加了知识，扩充了经验。有人学成以后出仕为各地大夫的邑宰、家臣，有人则自己收徒授学。这样，几十年后，孔子及其弟子便逐渐变成一个人才多、势力大的学术集团。孔子以后，他的弟子分散到各地，继续传播和弘扬孔子的学说，使孔子思想的影响越来越大。

孔子的思想初步形成以后，他的一生都在为宣传和实践自己的学说而努力。在鲁国，孔子初仕，为中都宰，便使这里“长幼异食，强弱异任，男女别涂，路无拾遗，器不雕伪”[①]。孔子做中都宰只一年时间，各地的诸侯纷纷向他学习。他为大司寇，史书称“三月大治”。孔子仕鲁，连齐国都感到不安，认为孔子在鲁国为政，鲁国必然会迅速强大起来。这说明孔子以道治国十分得力。在齐国时，齐景公向孔子问政，他回答说：“君君，臣臣，父父，子子。”他希望以礼治国，君臣各安其位，各尽其责。他斥责无道的政治，批评不合理的行为，在周游列国时，他也是希望寻找施展抱负的理想之地。他始终不忘宣传自己的政治主张，使自己的学说在各地

① 《孔子家语·相鲁》。

都产生了影响。

第三，孔子整理“六经”，使之成为儒家经典，这是孔子留给后人的珍贵历史文化遗产。

从早年起，孔子便致力于推行个人的主张。然而，他到处奔走，却“干七十诸侯”而终不见用。孔子感叹无法达成自己的救世理想，于是便思考用什么来奉献社会，留名后世。孔子认为，只讲空话是无用的，不如举出《春秋》上的人和事以证明是非得失，或许这样会切实得多。因此，他又致力于整理古代文献，修订而成《春秋》等典籍。

图 3-2 孔子退修《诗》《书》图

孔子整理古代文献的对象主要是“六经”，即《诗》《书》《礼》《乐》《易》《春秋》（见图 3-2）。他对“六经”的整理方式各不相同，分别说来，即删《诗》《书》，修《礼》《乐》，赞《易》，作《春秋》。

《史记·儒林列传》记载说：“孔子闵王路废而邪道兴，于是论次《诗》《书》，修起《礼》《乐》。”其于《诗》《书》《礼》《乐》，主要在于重新编订，也就是删除杂芜，选录精华，订正错误，编次顺序。《史记》还说：“孔子之时，周室微而礼乐废，《诗》、《书》缺。追迹三代之礼，序《书》传，上纪唐虞之际，下至秦穆，编次其事……故《书》传、《礼》记自孔氏。”相传古代文诰繁多，孔子选取其中数十篇，进行排列整理，这便是《书》，又称《书经》或《尚书》。《诗》亦如此，据说孔子从三千余首诗中进行了去取选择，得 305 篇，称“诗三百”，对这些诗，孔子皆能配乐弦歌。

先孔子而圣者，非孔子无以明；后孔子圣者，非孔子无以法。（元武宗《加封孔子制诏碑》）

孔子对《诗》《书》《礼》《乐》的整理在周游列国时就开始了，而对《易》的研究则是他晚年的事情。《易》本为卜筮之书，其中有丰富的思想内容。孔子赞《易》，阐发其中的哲理，成《易传》，或称“十翼”。“十翼”

即《彖传》上、下，《象传》上、下，《系辞》上、下，《说卦》《序卦》《杂卦》《文言》。《史记》《汉书》也说《易传》为孔子所作。

史籍中称孔子对《春秋》是“修”，其实是依据鲁国史记，按照自己的标准，“笔则笔，削则削”，托古见意，隐微地表达了自己的观点，内涵了孔子一贯的纲常名分和与之相应的礼制。

二、儒家的思想主张

儒学是修己安人之学，这是孔子所创立的儒学的基本内容。孔子熟悉夏、商、周三代文化，羡慕西周初年由周公制礼作乐而奠定的周代礼乐文化，以继承和发扬礼乐文化传统为己任，不仅收徒授学，以《诗》《书》《礼》《乐》《易》《春秋》教育学生，而且对古代文化特别是礼乐文化加以反思和总结，抽象其根本精神，从而建构了以“礼”“仁”“中庸”等为基本内容的儒家思想学说。

天下君王至于贤人众矣，当时则荣，没则已焉。孔子布衣，传十余世，学者宗之。自天子王侯，中国言六艺者折中于夫子，可谓至圣矣！（《史记·孔子世家》）

（一）政治思想

儒家具有积极的入世精神，这是儒学的显著特征，因此，政治思想是儒家思想体系中最为基本的部分。儒家重视政治，认真研究过君臣关系，把君臣关系置于各种社会关系的重要地位。在儒家看来，政治生活的目的在于杜绝争斗，防止社会混乱，使社会发展处于有序的状态之中。

儒家政治思想的理论基础是孔子的德政学说，虽然经过了后来一代又一代儒家学者的丰富和充实，但德政思想一直是儒家政治思想的核心。儒家注重修身，认为德政乃以修身为根本。儒家经典《大学》可以看作儒家政治思想的总纲。“大学”相对于“小学”而言，乃“大人之学”的意思。其实它还有道理博大精深、可以用以指导政治行动的意义。《大学》开篇说：“大学之道，在明明德，在亲民，在止于至善。”后人视之为儒家政治思想的“三纲领”。“三纲领”之下又有“八条目”，即：格物、致知、正心、诚意、修身、齐家、治国、平天下。儒家的最高理想在于“明明德于天下”。为实现这一理想，儒家希望人们从个人做起，加强自身修养，下一番招致良知、格除物欲、端正内心、真诚意念的工夫。儒家主张正人必先正己，在修身的基础上，才可以追求“齐家、治国、平天下”，而且，

"自天子以至于庶人，壹是皆以修身为本"①。

儒家的德政思想，用孔子的话说就是"为政以德"。所谓"德"，便是以"礼"为标准，处理好社会中的各种人际关系。无论孔子还是后世儒家，都非常重视"礼"，"礼"的秩序性内核使之在儒家的政治思想中占据了十分重要的位置。在早期儒家那里，"礼"具有天然的合理性，所以孔子说："礼也者，理也；乐也者，节也。君子无理不动，无节不作。"②《礼记·礼器》则说："礼也者，合于天时，设于地财，顺于鬼神，合于人心，理万物者也。"

中华民族一向好礼，到了周代，以长期以来形成的风俗习惯、礼仪规范、典章制度为基础，把法律、礼仪、风俗、道德合而为一，形成了周礼。周礼反映了周朝的政治、经济、文化传统，把家庭组织与国家政权相结合，使周朝成为宗法等级制度国家。经过周公的"制礼作乐"，周礼更为完善。春秋战国时期，社会上出现了"礼崩乐坏"的混乱局面。孔子生活在"天下无道"的春秋末年，感到痛心疾首，一生"自东至西，自南至北，匍匐救之"，以期挽救"礼仪废坏，人伦不理"③的危局。

孔子和儒家极力主张以"礼"为标准处理社会关系。孔子幼而好礼，青少年时学礼、相礼，仕而"齐之以礼"，晚而主张"复礼"，以"礼"作为政治、人事的标准。孔子认为人应当"立于礼"④，"不学礼，无以立"⑤。儒家对"礼"的功能有深入的研究和认识。孔子归纳"礼"的意义，认为："民之所由生，礼为大。非礼，无以节事天地之神也；非礼，无以辨君臣上下长幼之位也；非礼，无以别男女父子兄弟之亲，婚姻疏数之交也。"⑥孔子所谓的"礼"指周礼。他推行周礼的目的，就是维护宗法等级制的统治秩序，使人"敬上""弗畔"，最终使社会稳定。广义的"礼"包括乐在内，此即所谓

如果人们思索一下孔子的思想对当今世界的意义，人们很快就会发现，人类社会的基本需要在过去的两千五百多年里，其变化之小是令人惊奇的。不管我们取得进步也好，或者缺少进步也好，当今一个昌盛、成功的社会，在很大程度上仍然是立足于孔子所确立和阐述的很多价值观念。（联合国教科文组织总干事代表泰勒博士，1989年）

---

① 《礼记·大学》。
② 《孔子家语·论礼》。
③ 《韩诗外传》卷五。
④ 《论语·泰伯》。
⑤ 《论语·季氏》。
⑥ 《礼记·哀公问》。

的礼乐。“礼”的作用在于别异，区分上下、贵贱的等级；“乐”的功能则是合同，使具有不同身份、地位的人和谐共处，亲爱融洽。“礼”与“乐”相互为用，最终达到安定社会的目的。

儒家提倡“礼”，其着眼点在于处理好君民关系和君臣关系，儒家的政治思想正是围绕如何妥善处理这些关系展开的。从本质上讲，“尊尊”与“亲亲”是“礼”的两个重要原则，也是最基本的政治与伦理原则。“尊尊”以尊为尊，首先要尊君、遵从尊长。《论语》中所记孔子的此类主张很多，他在提倡明礼、爱民的前提下，要求“事君尽礼”①，“事君，能致其身”②，“事君，敬其事而后其食”③。“亲亲”即以亲为亲，包括父慈、子孝、兄友、弟恭，“孝悌”是亲亲原则最为重要的部分。孔子认为“入则孝，出则弟”，“事父母，能竭其力”。④孟子则说：“人人亲其亲，长其长，而天下平。”⑤

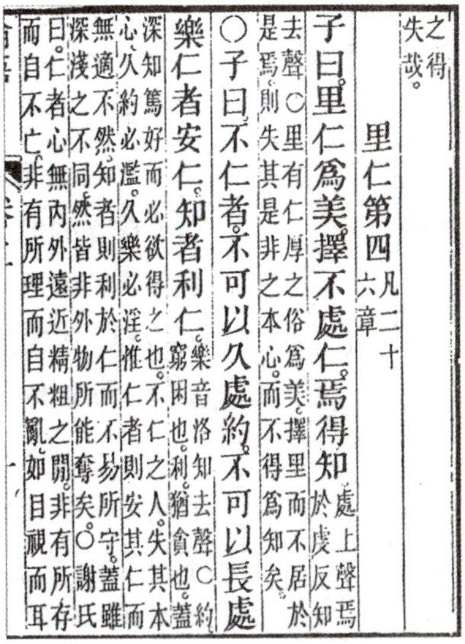
之得
失哉。
里仁第四 凡二十六章
子曰。里仁爲美。擇不處仁。焉得知。處上聲焉於虔反知
去聲○里有仁厚之俗爲美。擇里而不居於
是焉。則失其是非之本心。而不得爲知矣。
○子曰。不仁者。不可以久處約。不可以長處
樂。仁者安仁。知者利仁。樂音洛知去聲○約
窮困也。利猶貪也。蓋
深知篤好而必欲得之也。不仁之人。失其本
心。久約必濫。久樂必淫。惟仁者則安其仁而
無適不然。知者則利於仁而不易所守。蓋雖
深淺之不同。然皆非外物所能奪矣。○謝氏
曰。仁者心無內外遠近精粗之間。非有所存
而自不亡。非有所理而自不亂。如目視而耳

图 3-3《论语》书影

为了达到礼治的目的，儒家又提出了“仁爱”的原则，进而推衍出了“爱”“敬”等具体原则。《礼记·哀公问》说：“古之为政，爱人为大。所以治爱人，礼为大。所以治礼，敬为大。”又说：“弗爱不亲，弗敬不正。爱与敬，其政之本与！”在孔子那里，“仁”是向内求，“礼”是向外求；“仁”靠内在的自觉性，“礼”有外在的约束性。“礼”与“仁”密不可分：以“礼”的标准求“仁”，修己爱人；用“仁”的自觉复“礼”，实现等级有序。正如孔子所说：“人而不仁，如礼何？人而不仁，如乐何？”⑥“仁”是“礼”的主要内容，“礼”是“仁”的外在表现。（见图 3-3）

孔子和早期儒家的主张对后世影响很大，经过后代儒家的充实，逐渐形成了一套处理君民、君臣关系的政治原则。

第一，儒家认为应当重视人民。君为万民父母，民为君之子女，君民

① 《论语·八佾》。
② 《论语·学而》。
③ 《论语·卫灵公》。
④ 《论语·学而》。
⑤ 《孟子·离娄上》。
⑥ 《论语·八佾》。

之间应当相互依存。为此，君主应当关心民众，与民同忧乐。儒家产生之前，中国已经有了明确的重民思想，儒家明确地继承了这一点，历代儒生都高倡重民之论，都认识到“民惟邦本，本固邦宁”，得民者兴，失民者亡。所以，儒家主张不仅要“因民之所利而利之”，还要“取于民有制”，不宜过度剥夺百姓。

第二，儒家认为应当以德待民。儒家的德治主张，要求对民众进行伦理教化，不仅要使人民富裕，还要教化和引导人民。儒家反对法家以强力压制民众的做法，认为应当尊重民众，以德服民。儒家认为，君主为万民表率，社会风气的好坏取决于君主，社会秩序稳定与否是对君主治政功过的检验。政治混乱，风气败坏，其咎决不在民，而应在君，君主应该好好反省，认真检讨。

第三，儒家认为应当用诚信维系人心。与德治主张相联系，儒家认为君主应以至诚的信任维系天下人心，君臣、君民相互信赖，同心同德，上下一致，才能形成社会凝聚力。就君臣关系而言，君主应当信任和尊重臣下，在君尊臣卑的具体情势下，君主如果一味地刚愎自用，独断专行，就很难形成君臣同心的局面，臣下的股肱作用就不会发挥出来。相反，如果君臣一体，励精图治，能者在朝，贤者在位，社会就容易达到大治。

第四，为了社会秩序，儒家注重“正名”，按照“礼”的标准，使人的言论、行动都符合名分的要求。为此，孔子强调从政治国者的表率作用。他说：“其身正，不令而行；其身不正，虽令不从。”① 孔子希望居上位者要“为国以礼”②，主张“君使臣以礼”③。当齐景公问政于孔子时，他回答说：“君君，臣臣，父父，子子。”孔子的这一表述十分重要，他希望君、臣、父、子都应自觉加强修养，使君仁、臣忠、父慈、子孝。

（二）伦理学说

从根本上说，儒家学说在于解决社会的安定问题。儒家“礼”的学说的重心在于其对社会的规范意义，然而，社会规范要行之有效，要得到人们的自觉遵循，离不开人们的人文素养，所以，孔子说：“人而不仁，如

---

① 《论语·子路》。
② 《论语·先进》。
③ 《论语·八佾》。

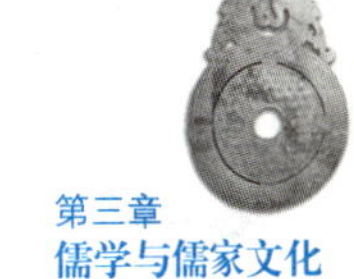

礼何？人而不仁，如乐何？”①

在家族宗法的社会条件下，儒家所思考的中心问题正是人与人之间的关系问题。从孔子开始，儒家继承并发展了西周以来重视人伦关系的传统，深入思考了怎样做人、做什么样的人的问题，逐渐形成了儒家的伦理道德学说。儒家伦理思想以道德问题为核心，是一种典型的伦理型人文主义学说。

图 3-4 山东曲阜孔庙牌坊

儒家伦理思想的核心是孔子所极力倡导的“仁”。孔子以前，虽然“仁”的概念已经出现，“仁”的思想也得到初步发展，但孔子却丰富了“仁”的内涵，升华了它的意义。孔子抓住当时人们思想意识中已经萌发的“仁”的观念，加上自己的理解和思考，对“仁”的思想加以充实、提高，使之系统化，从而形成了明确而完整的思想体系，对后世影响很大。

“仁”是儒家道德理论的基本原则，是各种道德规范、道德要求的基本出发点，儒家的道德规范体系正是以“仁”为核心展开的。儒家提出过很多的道德范畴，除了“仁”，还有义、礼、智、信、忠、恕、孝、悌、温、良、恭、俭、让、宽、惠、敏等，这些德目都是“仁”的体现，都是从“仁”的基本原则下派生出来的。与之同时，它们反过来又可以归结为“仁”，或者说贯穿着“仁”的思想和要求。

在各种道德规范中，历代儒家根据自己的理解而强调不同的方面。孔、孟的道德论以“仁”或者“仁义”为至德。孔子认为“仁”兼含诸德，以“中庸”为行“仁”的最高境界，认为人只有做到“仁”，才能依“礼”行事。在孔子那里，“仁”是“礼”的基础和内容。孟子则以“仁”“义”并举，以亲亲为“仁”，以敬长为“义”。将亲亲之“仁”推而广之，就是仁政与博爱。荀子则用“礼义”代替孟子的“仁义”，用“礼”来保证其他德目的实现。

儒家伦理思想，其重要内容可归纳为“仁爱”“孝悌”“忠恕”三个方面。

---

① 《论语·里仁》。

“仁爱”是儒家伦理思想的灵魂。孔子认为仁者“爱人”。所谓“爱人”，就是人与人之间相互尊重，相互关心，相互信赖，相互帮助。可以说，在孔子看来，人人都应当具备“仁爱”之心，如果以“仁爱”作为人与人之间关系的纽带，人际关系便可以和谐融洽，社会晏然，天下太平。

“孝悌”是“仁爱”的根本内容，历代儒家都十分重视“孝悌”之道。在孔子那里，“孝悌”是指孝顺父母和敬爱兄长。儒家倡行“孝悌”之道绝不满足于此，他们又由这种亲子骨肉之情出发推及宗族，从而尊敬长辈，厚待亲友，最后再推及整个社会，即孔子所说的“泛爱众”。“孝悌”的本质在于使长幼有序，它的外延则在于肯定尊卑等级的合理性，要求每一个人在具体的社会行为中给自身准确合理地定位。这就是说，“孝悌”不仅是家庭伦理，也是社会伦理、政治伦理，所以《孝经》说：“夫孝，始于事亲，中于事君，终于立身。”

“忠恕”是推行仁德的方法，也是“仁爱”思想的重要内容。孔子认为，他有自己的一贯之道，他的弟子曾子说，这个一贯之道就是“忠恕”。朱熹在《四书集注》中解释说：“尽己之谓忠，推己之谓恕。”“忠”的含义除了尽心为君王服务外，主要是尽心尽力地为他人做事，即“为人谋”不可“不忠”，包含了真心实意、诚恳老实、积极为人的意义。孔子所说的“恕”是对他人的体谅与宽容。他明确地说，“恕”就是“己所不欲，勿施于人”。《大学》则提出“絜矩之道”，发挥了孔子的恕道，要求以己度人，将心比心，从而宽恕容人。可见，“忠”与“恕”二者相互结合，构成了“仁”的完整内涵。可以看出，“忠恕”之道正是孔子“仁爱”思想的进一步引申和发展，是儒家处理人己关系的基本道德原则。

儒家重视伦理道德的社会功能，将“仁爱”等思想贯穿到社会生活的各个领域。儒家认为，个人修养的目的在于济世安民，也就是所谓“修己以安人”“修己以安百姓”；而官员更需要修养自身，从而“为政以德”，实行德治。围绕道德理论，儒家思考并讨论过许多社会生活中经常碰到的重大问题，如义利关系、理欲关系、智德关系、人生观问题等。

儒家重视道德，认为道德人格要靠自身修养而成，人应当按照一定的道德要求进行自我教育、自我改造。儒家有完整的道德规范体系，也有一套关于道德修养的理论和方法。儒家的道德修养理论与其人性学说密切相连。儒家每每谈论人性问题，均从人的本性出发，强调后天修养与教育的重要性。

(三) 哲学思想

儒家的哲学思想指儒家对天地自然和社会人生等问题的原则看法，是他们认识自然界和人类社会的指导思想和方法。儒家的哲学思想从儒家的政治思想和伦理思想中抽象出来，又反过来对政治思想、伦理思想产生了指导作用。

儒家的哲学思想首要的是对于天道运行规律和天人关系的认识。早期儒家继承尧、舜以来关于“人心”与“道心”关系的论述，继续思考“人情”与“人义”及“天理”与“人欲”的关系，将传统的天命观进行哲学升华，最终以“天理”作为本体。所谓“天理”，是指社会的伦理原则和道德规范是天经地义、千古不变的规则。在“天理”与“人欲”的关系上，儒家以“天理”为本体，使之作为包罗宇宙和人生的庞大思想体系。

儒家哲学是内圣外王之学，它十分重视天人关系。早期的儒家都强调人在天地之间的能动性，如孔子主张“不怨天，不尤人，下学而上达”①。他虽然相信天命，但绝不是宿命论者；主张知天命，并上达于天命，必须发挥人的主观能动性，听天命而尽人事。荀子也主张利用、顺应天命，提出“制天命而用之”②，“知命者不怨天”③，与孔子的“知天命”完全一致。孔子作《易传》，称天、地、人为“三才”。荀子也发扬儒家重视人事的思想，指出人能够与天、地并立，强调人有征服自然的能力。儒家思想贯通天地自然和人类社会，所以汉儒扬雄说：“通天地人曰儒。”④宋儒也大都如此，由此而强调人在天地间的作用。

那么，天地是怎样产生的？事物又是如何发展的？早期儒家提出了“太一”的概念，这与《易传》提出的“太极”概念一致，它由阐释卦象而推衍出天地万物及其本原，对儒家的宇宙论影响很大。《系辞》说：“易有太极，是生两仪，两仪生四象，四象生八卦。”宋明理学家们以“理”为本体论，如朱熹说“太极只是一个‘理’字”，显然是受了《易传》太极观的启发。这里所谓的“两仪”即阴、阳。由于阴、阳两个对立面的激荡、

---

① 《论语·宪问》。
② 《荀子·天论》。
③ 《荀子·荣辱》。
④ 《法言·君子》。

斗争、消长而引起事物的运动、变化、发展，天地、君臣、父子、夫妇无不可以纳入到这样的对立面中，也就是说，阴阳观可以贯穿自然和人类社会的各个领域。《系辞》中说：“生生之谓易。”又说：“易穷则变，变则通，通则久。”儒家哲学中的辩证法思想，尤其变化发展的观念，都与之相关。

在孔子思想中，“中”是一个十分重要的概念。“中”是儒家的道德准则，也是一种思想方法，是指以不偏不倚、无过无不及的态度为人处世。“中”谓中和、中正；“庸”谓常、用。“中庸”应该叫“中用”，即“用中”“使用中道”。所以，东汉时期的郑玄说：“名曰‘中庸’者，以其记中和之为用也。”

孔子的“时中”“中庸”思想渊源有自。《论语·尧曰》记载尧对舜说：“天之历数在尔躬，允执其中。四海困穷，天禄永终。”孔子则说：“舜好问而好察迩言，隐恶而扬善，执其两端，用其中于民。”[①] 新出土文献“清华简”中有《保训》篇，证实了儒家“中”的思维方式的确是对古代的继承与发展。作为周文王“遗言”，《保训》篇记载了文王临终前给太子发讲述舜、上甲微等如何“求中”“得中”，进而“用中”的故事。[②] 在周代，师氏“掌国中失之事，以教国子弟”[③]。师氏主管教化，合于“礼”，谓之“中”，否则就是“失”。师氏将有利于社会教化的“中礼”与“失礼”之事传授给子弟，使他们懂得为政治国之道。

孔子十分重视“礼”，主张以“礼”“制中”，用“礼”作为衡量“中”的标准。他的“时中”思想实际包含了两个层面的意思：一是“无可无不可”；一是“无过无不及”。没有一定可行之事，也没有一定不可行之事，一切都应以合“义”与否而定。

作为一种行为方式，“中庸”具有很强的实践性，在社会生活的各方面，孔子认为都包含有中庸的思维方式。孔子认为，历史总是在不断发展，在“损益”中前进的。他晚年喜《易》，在《易传》中充分阐发了“时”的哲学思想。可以说，《易》整部书都在讲“时”，讲变化，孔子从历史中、从生活中

---

① 《礼记·中庸》。

② 参见清华大学出土文献研究与保护中心《清华大学藏战国竹简〈保训〉释文》，载《文物》2009年第6期。

③ 《周礼·地官·师氏》。

体悟到了“时”的哲学。在《易传》中，他多次论及“与时偕行”的思想。

孔子的“中庸”思想与他的政治思想相互联结。在政治管理中，孔子同样重视“中”道。例如，孔子十分看重刑罚之“中”。他说：“名不正，则言不顺；言不顺，则事不成；事不成，则礼乐不兴；礼乐不兴，则刑罚不中；刑罚不中，则民无所措手足。”[①] 在刑罚之中，实际蕴含着应当如何为人处世、治国行政的标准，而“礼乐兴”是“刑罚中”的前提；“礼乐不兴，则刑罚不中”，反过来说，断案理狱，其标准还在于礼义，这才是“刑罚之中”。

孔子提出的方法是简单的。也许你不会马上就喜欢它，但是其中却蕴含着比人们第一眼所看到的更多的智慧。（［英］贡布里希《写给大家的简明世界史》）

总之，孔子将古代的“中”赋予了“时”“权”的意蕴，奠定了儒家“中庸”的思维模式。时至今日，“中庸”不仅是人们认识世界的基本方法和处事准则，而且成为中国人思维方式的核心特征。

三、从儒学独尊到宋明理学

（一）儒学独尊地位的确立

先秦时期，儒家是与墨家、道家、法家等并列的诸子各家之一，而到汉武帝时期，儒家的学说则逐渐成为具有独尊地位的官方意识形态。

秦朝建立后，秦始皇继续推行法家的集权政治，后来还发生了“焚书坑儒”的事件，对包括儒家在内的各派思想都是一个严重的禁锢。西汉建立后，人们进行冷静反思，认为儒学不崇、仁义不施是秦朝速亡的原因。在西汉前期特殊的历史背景下，许多学者大力倡导儒学，对儒学的本质和社会功能进行深刻总结。

汉初的思想家很清楚这样的道理，即骑在鞍马上可以争天下，却不能在鞍马上治天下，于是，他们选择了“难与进取，可与守成”[②] 的儒家思想。但秦汉帝国是结束长期分裂之后建立起来的统一帝国，原来各具特色的区域文化被纳入到大一统的政治局面下，各民族之间的融合导致了学术思想的综合。从整体上看，汉代的学术是一种综合学术，带有“兼儒、墨，合名、法”[③]

---

① 《论语·子路》。

② 《史记·刘敬叔孙通列传》。

③ 《汉书·艺文志》。

的特征。同时，加强中央集权，实行专制统治，也离不开其他各家如法家的“尊君抑臣”等主张，所以，汉朝统治者以法治与德治相结合，王道、霸道相杂，儒、法思想并用。

图 3-5 董仲舒像

儒学在汉武帝时期的独尊与董仲舒（见图3-5）的建议直接相关。继汉高祖刘邦亲自到鲁地“以太牢祀孔子”后，汉武帝更接受董仲舒的建议，“诸不在六艺之科孔子之术者，皆绝其道”[①]，采取“独尊儒术”的政策，开始以儒书为经典，以通经取仕，建立了文官制度。董仲舒在思想上也具有显著的综合色彩，他以阴阳五行与儒学相结合，又吸收了其他诸子各家的思想成分，丰富发展了儒学，使儒学成为能适应新时代需要的新儒学。

汉代儒学与政治的结合，使儒学拥有了广泛的社会基础。儒生们著书立说，授徒讲学，竭力研究经书。人们十分重视《诗》《书》等儒家经典，从师习读成为风尚，形成了盛极一时的汉代经学。宽泛地讲，经学即训解和阐述儒家经典之学。人们在谈论经学时，虽然常常溯源到春秋战国时的子夏和荀子，然而，直到汉武帝“罢黜百家，独尊儒术”，才设置五经博士，以通经作为进选人才的标准，经学始成为中国封建文化的正统，从此，其盛衰、分合、争辩往往与当时的政治相关联。

两汉是经学的兴盛时代，由于所依经书文字的不同，汉代经学分为今文、古文两大派。古文经学重视考证，用章句训诂方法，企图恢复儒家经书的本来面目，探究儒书本意。今文经学注重阐发经书的微言大义，尽量利用经书为政治服务，思想比较灵活，只是过于枝蔓。特别是随着东汉经学的谶纬化，人们不仅烦琐注经，而且大讲灾异，神化孔子，甚至曲解经文。西汉时期今文经学一统天下，后来孔壁藏书出，古文经学仍未立为官学。从西汉末到东汉时期，古文经学逐渐兴起；到东汉中叶，就大有取代今文经学的地位而跃居独尊之势。为了统一说法，汉代多次召开经学会议，如石渠阁会议、白虎观会议等，直到东汉末郑玄注“三礼”，取优汰劣，杂糅今、古文两派学说，今、古文两派的斗争才告平息。

（二）儒学与佛教、道教的斗争与融合

魏晋时期，思想界盛行玄学。士大夫把道家的《老子》《庄子》和儒

---

① 《汉书·董仲舒传》。

家的《周易》称为“三玄”。所谓玄学，就是糅合儒、道而形成的一种新的思想体系。人们谈论本与末、有与无、名教与自然等哲理问题，反映了这一时期政权更迭频繁、社会动荡不安的历史实际。玄学与经学相互联系，二者也有明显区别，玄学家的注经重点在于发挥注者的见解，不是疏通经义，而是寄言以出意，通过事象探寻玄理。玄学的盛行对儒学是一个不小的冲击。

与玄学兴盛同时，佛教的传入和道教的产生，对儒学也是严峻挑战。整个南北朝以及隋唐社会，始终贯穿着儒、佛、道之间的斗争与融合。儒、道产生在中国，从“华夷之辨”的角度，二者往往结成联盟，在三家共争正统地位的斗争中，与佛教对立。除了道家反对佛教，儒家学者更从自己的角度反对佛教，称佛徒“狐蹲狗踞”，不合华夏礼俗，主张废绝佛教。他们还从维护儒家伦理道德观念着眼，斥骂佛教为“无父之教”，指责僧徒“下弃妻孥，上绝宗祀”“不忠不孝”“游手游食”。中唐以后的反佛主将韩愈就指责佛教灭弃封建伦理纲常，希望发扬儒家之道以取代佛道的宗教理论。韩愈以弘扬儒学为己任，他仿照佛教传法世系的祖统说，建立了从尧、舜开始到孔、孟世代相传的儒家“道统”，以此来论证儒家的正统地位。

唐朝以后，儒、佛、道之间在斗争和交流的基础上，呈现出明显的融合趋势。宋明时期，社会上占统治地位的哲学思想是理学（或称“道学”）。理学是佛家和道家思想渗透到儒家哲学以后出现的一种新的儒家学说。宋儒中有不少著名的理学家如张载、程颢、朱熹等人都“出入释、老”，“泛滥诸家”。他们“入”释、老，目的在于“出”释、老。他们都主张变革图强，但都以为佛、道不能强兵富国，主张摒弃佛、道，振兴儒学。连一些佛教徒也看到了“力扶姬孔”的必要性，认为只有儒学才能使身安、家宁、国治，佛教才能得以流传。

（三）理学的兴起和发展

相比于董仲舒把儒学神学化，宋明时期的理学家更加高明地把“理”作为封建伦常的根据，他们的理论深度比之原始儒家有更大开拓。他们把儒家的礼法纲常和道家与道教的宇宙生成、万物演化，以及佛教关于抽象与具体、本质与现象的思辨哲学相融会，构思出了既是儒家、又不是原本意义上的儒家的理学哲学体系。如理学的先驱者和奠基人周敦颐对《老子》

的“无极”、《易传》的“太极”、《中庸》的“诚”等思想材料熔铸改造，提出了“无极而太极”的本体论，朱熹进而认为“太极只是一个实理”。这克服了玄学、佛教空无本体的理论局限，建立了以“理”为本的天人合一宇宙观。

图 3-6 朱熹像

理学家的“理”又称“天理”，是仁义道德、伦理纲常的哲学升华。在周敦颐、二程的基础上，朱熹（见图 3-6）建立和发挥了“理一分殊”说。他说：“理只是这一个，道理则同，其分不同。君臣有君臣之理，父子有父子之理。”[①] 他把三纲五常、忠孝节义等封建政治伦理道德说成至高无上的天理，君、臣、父、子都要依照本分，从天理行事；同时，他把“人欲”视为万恶之源，力倡“去人欲，存天理”[②]，以天理克制人欲，按照封建道德规范行事，将儒家的仁义纲常观念扩展成广泛的社会舆论和道德风气。

宋明理学的产生，显示了儒家思想的开放精神和强大的生命力。到这一时期，经过斗争和交融，儒家思想最终取代了佛、道，结束了隋唐以来三教并重的局面。儒学发展到理学，标志着儒家思想的成熟。宋儒以儒家道统的接续者自居，大多推重《论语》《孟子》《大学》《中庸》，朱熹更以毕生精力完成《四书集注》，宋代以后的历代封建王朝都以之作为教科书。从此，“四书”更受重视，孔孟更受尊崇，儒家道统的地位得到空前巩固。元朝修《宋史》时，就特别在“儒林”之前设立“道学”（理学）列传，从而突出理学的地位。《明史·儒林传》对此给以较高评价，以道学家为上承孔子的儒家正宗。

整个宋明时期，程朱理学基本上居于统治地位。不过，后来陆王心学的兴起也在思想界掀起了波澜。继南宋的陆九渊之后，明朝的王守仁（阳明）提出了系统的心学思想，他不满于朱熹之学“析心与理为二”，主张“心即理”，以心为本体。他还提出“致良知”说，主张“求之于心”，力图否定朱熹的权威地位，甚至否定儒家经典的权威地位。后来，启蒙派实学发挥心学的异端思想，如王艮、何心隐、李贽等人都强调儒家经典仅仅是“印证吾心”的工具，公开否定“以孔子之是非为是非”的传统观念，这对于

① 《朱子语类》卷六。

② 《朱文公文集》卷三七《与刘共父书》。

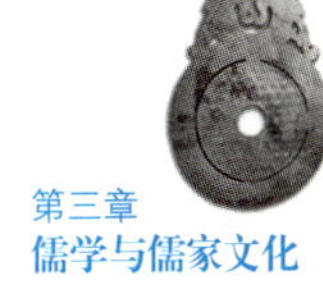

启迪人们思考、推动思想解放有一定的积极作用。

王守仁以心学代替朱熹理学，将“天理”化为自然人性的良知、良能，认为人们可凭主观意念仁义行事。脱胎于王学的实学家便走向了他们的反面。他们不仅反对宋明道学将传统纲常哲理化而造成的人际关系的紧张，也反对侈谈心性义理而忽视国计民生的空疏倾向。明朝中后期资本主义萌芽的产生以及明清之际社会的动荡，刺激人们讲求“当世之务”，从事经世实学。

> 朕惟孔子之道，天下一日不可无焉。何也？有孔子之道则纲常正而伦理明，万物各得其所矣。不然，则异端横起，邪说纷作，纲常何自而正，伦理何自而明，天下万物又岂能各得其所哉！是以生民之休戚系焉，国家之治乱关焉！有天下者，诚不可一日无孔子之道也。
>
> （明宪宗《御制重修孔子庙碑》）

四、儒家学说的历史地位

孔子是伟大的思想家，也是在历史上曾引起巨大争议的思想家。面对儒学，我们要客观认识其“封建性的糟粕”，吸收其“民主性的精华”，明确这种“文化景观”形成的复杂原因，搞清这种“文化景观”形成的历史过程。

在对待孔子与传统文化问题上，人们的态度形成明显的两极，还是近代以来的事情。近代以来，不少人将中国落后挨打的原因归结为传统文化，强化和放大了人们对传统文化负面影响的认识。于是，在20世纪的一个时期内，中国形成了一个“反传统的传统”，似乎中华民族要摆脱苦难，就必须摒弃传统文化。

> 在孔子学说的影响下，伟大的中华民族比世界上别的民族更和睦和平地共同生活了几千年。（［英］贡布里希《写给大家的简明世界史》）

其实，儒学在秦汉以来出现过的一个显著变化，即原始儒学（先秦时代的儒学）具有明显的“德性色彩”，而汉代以后的儒学则具有明显的“威权色彩”。原始儒学的代表人物如孔子等强调“正名”，主张“修己安人”和“仁政”“德治”；汉代以后的儒学适应封建专制制度的需要，逐渐片面强调君权、父权和夫权，儒学慢慢蜕变，呈现出为后人诟病的“缺乏平等意识和自由理念”等特征，与现代社会显得格格不入。比如，所谓“君君，臣臣，父父，子子”，孔子最初讲的是“为人君，止于仁；为人臣，止于敬；为人子，止于孝；为人父，止于慈”[①]，强调的是君、臣、父、子各尽职分，到后来才逐渐演变为对君权、父权、夫权的片面强调。又

① 《礼记·大学》。

如所谓“刑不上大夫”，根据《孔子家语·五刑》的记载，孔子的意思是，一个“尊贵的人”也应该是一个“高尚的人”，强调为政者应当承载“廉耻之节”，当官的人犯了死罪贵在自裁，用不着通过用刑来进行惩罚。也是在汉代以后它才成为维护贵族特权的一个依据。

> 余掊击之孔子，非掊击孔子之本身，乃掊击孔子为历代君主所雕塑之偶像的权威也；非掊击孔子，乃掊击专制政治之灵魂也。
> （李大钊《李大钊文集》）

回望两千多年来儒学与中国社会的关系，我们可以更好地把握孔子及儒家思想的内涵和价值。由此我们可以更好地理解“五四”以后的“新启蒙运动”时期的那个口号：“打倒孔家店，救出孔夫子！”在帝制中国，儒学与封建专制统治的结合，使之片面强调君权、父权与夫权，“缺乏平等意识和自由理念”，但原始儒学“正名”“修己安人”和“仁政”“德治”等核心价值观念依然深入人心。我们不应把二者混为一谈，而应更加关注原始儒学，分清“真孔子”和“假孔子”，澄清误解、明辨是非，弘扬原始儒学的真精神。

回望孔子与早期儒学，追寻儒学历史变迁的轨迹，我们发现，儒学可以满足稳定社会的需要，因而受到历代统治者和广大民众的认同；儒学又具有开放的精神，能够广泛吸纳各家各派的思想营养，使自身牢牢地在中国传统文化中居于核心地位。作为中国传统文化的主流，儒学持久而深刻地影响了社会文化的各个领域，在政治、哲学、教育、史学、信仰、文学等方面广泛渗透，规定了它们的发展方向，使之深深打上了儒学的烙印。经过两千多年的发展，儒学逐渐沉潜于中国人的思想观念之中，主导了无数亿万人的人生价值取向。

> 今日社会国家的重要问题，不在信孔子不信孔子，而在成人不成人，凡彼败坏社会国家者，皆不成人者之所为也。苟欲一反其所为，而建设新社会新国家焉，则必须先使人人知所以为人，而讲明为人之道，莫孔子之教若矣。
> （柳诒徵《论中国近世之病源》）

在政治上，儒学主张仁政德治。为了使天下由“无道”归于“有道”，儒家设计过一整套治国方案。在内容上，它要求为政者依据“仁者爱人”的准则，加强自身道德修养，先“正己”后“正人”，以维护社会的正常秩序；在形式上，要求当政者“为国以礼”“为政以德”，使人们从内心深处自觉遵循社会生活行为规范，使上下有分，和谐有序。儒家向来注重道德教化，反对独用刑政；倡导仁政爱民，反对富而不仁；主张举用贤才，反对任人唯亲。历代开明的君主都以儒家的这种思想作为治国纲领，注意轻徭薄赋，励精图治。儒家的“尊君”与“重民”主张相辅相成，

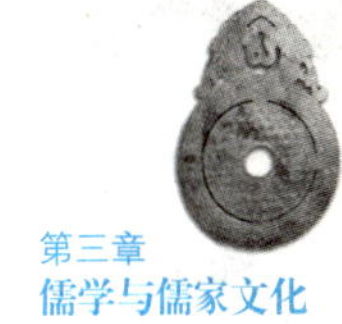

共同对中国的传统政治产生了巨大作用。

在哲学上，一般认为儒学作为修己治人的学说，作为伦理特色比较鲜明的学说，其思辨色彩并不十分突出。其实，在对人生和社会问题的深入思考中，儒家学说的哲理化倾向十分显著。所以，近代思想家梁启超曾认为儒家舍人生哲学外无学问，舍人格主义外无人生哲学。可以说，这种看法抓住了儒家哲学的本质特征。《易传》《中庸》等经典著作中蕴含了丰富的思辨哲学材料，宋明理学家也吸收了佛家的思辨哲学与道家的道本论和“道法自然”思想。在儒家哲学中，“中庸”思想对后世的思维方式影响最大。“中庸”是孔子及其后学对整个世界的看法，是他们处理问题的基本原则和方法。“中庸”与所谓的折中、调和有别，它闪烁着辩证思想的光芒。儒家思想是一个庞大的体系，儒家哲学的内容也是十分丰富的。

在教育上，儒家的影响可谓至深且广。中国有重视教育的传统，认为“建国君民，教学为先”，“化民成俗，其必由学”。[①]国家政治要安定，要培养国家所需的人才，必须首先重视教育；社会风俗要改善，要形成良好的道德风尚，同样要重视教育。中国古代典籍中蕴含了大量的教育资料，儒家典籍如《论语》《孟子》《荀子》等也有不少关于教育的论述，《礼记》的《学记》《大学》和《荀子》的《劝学》篇等更是论述教育问题的专文。孔子是我国私学的开创者，在长期的教育实践中，积累了丰富的教育经验，形成了他的教育学说，对儒家教育思想起了奠基作用。

历史上，中国产生了系统完备的教育制度，而儒家的思想、儒家的学术典籍一直是教育的基本内容。中国古代的教育是一种人文主义的教育，古代教育家们把教育作为社会大系统的一个子系统看待，因而儒家教育便十分注重道德教育和“做人”问题的教育。古代教育家们积累和总结了丰富的教学经验，对教育理论、教育原则和方法以及教师的要求等，都提出了有价值的思想见解，诸如：因材施教，启发诱导；温故知新，学思并重；长善救失，言传身教；由博返约，循序渐进；尊师爱生，教学相长等。直到今天，这些仍然受到教育工作者的重视。

在史学上，儒家思想的影响可谓无处不在。可以说，儒家思想是整个

---

① 《礼记·学记》。

中国传统史学的灵魂。中国是世界上著名的文明古国，也是唯一一个历史不曾间断的国家，中国形成了重视历史的传统，历代儒者都重视历史的撰述，形成了儒家独特的历史观、史学观以及自觉的历史意识。作为儒家的创始人，孔子又是伟大的历史学家，由孔子作《春秋》所开创的史书义例，对后世史学影响极大。儒家认为，史学著述应当纲纪天人，推明大道，“通古今之变，成一家之言”。儒家反对避世，主张史学经世致用；认为应当循名责实，寓意时事，资治垂鉴；倡导在史学著述中注意通识、通变，要理合名教，尊王重统，拒斥异端。中国传统史学中的历史学方法论，如注重义例、多闻阙疑、求是考信、六经皆史以及史家记事的原则，又如秉笔直书、善恶必记，为尊者讳、有裨世教，无益不书、无关不书，记录实迹、杜绝妖妄等方法，都深深打上了儒家思想的烙印。

在信仰上，中国人多不信奉宗教。中国自古以来虽然崇拜天神，有时也相信天命，但与西方对宗教的虔诚和狂热有显著区别。归根结底，这是因为中国人受到了传统儒学纲常伦理观念的深刻影响，这种影响阻挡或者冲淡了宗教精神对国民意识的渗透。自然，中国本土也有所谓宗教的传播和盛行，但是，无论哪一种外来宗教，它们都有一个中国化的过程，这个过程其实就是与儒学接近的过程。由于儒学的深刻影响，任何宗教都难以绝弃人伦，都不能不主动适应中国社会。佛教正是如此，在传入中国后，儒学、道教之间有斗争又有融合，最后，只能在尽孝、尽忠两大伦理观念上有所修正，才获得了民众的接受和理解，得以顺利传播。

图 3-7 明•丁云鹏《三教图》

儒学有时被以“儒教”相称，却没有发展成为具有典型宗教意义的宗教。儒学与佛教、道教等不同，它没有给人展示一个彼岸世界，缺乏神秘的教义和烦琐的宗教仪式，其中虽不乏诸如“天人关系”、敬天祀祖之类，但更多的却是把人们的情感心理消融在以亲子关系为核心的人与人的世间关系中，而不是把它导向外在的崇尚对象或神秘境界。因此，儒学尽管有与宗教相似的功能，扮演着“准宗教”的角色，但毕竟不是真正的宗教。儒学属于文化思想体系，即使有类似董仲舒的“天人感应”

思想，也不能改变这个性质。儒学面向社会、面向现实生活，是入世的，而不是出世的，儒学所追求的是理性而非神幻与缥缈的天国。儒家的思想属于哲理范畴。

在文学领域，儒学的影响同样不可低估。在文学中，《诗经》《尚书》等儒书经过了孔子的删订，是中国古典文学的重要典籍。儒家的《左传》则是我国记事文学的重要作品，在文学史上具有很高的成就。不少文学家就是著名的儒学大师，他们希望通过历史事件的记述以“明褒贬，别善恶”，希望“文以明道”“文以载道”，在文学作品中体现儒家的仁义道德和政治教化，反对单纯追求文学形式的“以辞为工”，反对文风上的华丽雕琢，而十分注重思想内容。自然，儒家的崇性抑情、重道轻文的文学思想，也给文学的自然发展带来了一定的制约。

【思考与讨论】

1. 孔子对中国传统文化的历史贡献有哪些？

2. 儒家的“礼”“仁”“中”思想的主要含义是什么？它们之间有怎样的联系？

3. 怎样理解五四时期“打倒孔家店”的口号？

4. 怎样理解儒家学说的历史地位？

【参考文献导读】

1. 赵吉惠等主编：《中国儒学史》，中州古籍出版社 1991 年版。该书是较早的全面、系统论述儒学发生、发展和演变的专著。全书按照时代分为五编，以儒学的演变与历史形态为主线，以文化史为背景，概括了当时国内外儒学研究的最新成果。

2. 匡亚明：《孔子评传》，齐鲁书社 1985 年版。该书认为研究中国古代有重要贡献的人物应当以孔子为起点。该书系统研究孔子的生平及社会背景，研究他的哲学、伦理、政治思想，指出他是中国历史上第一个伟大的教育家、文献整理家，评述了他对后世的影响。

3. 金景芳、吕绍纲、吕文郁：《孔子新传》，湖南出版社 1991 年版。该书是专门研究孔子的学术专著，重点研究孔子的学术及其流传。作者认为，本书名曰“新

传”，在于不是把生平经历放在主要地位，而是把孔子的学术思想放在主要地位深入仔细研究，评述力求深透，不回避重大问题。

4. 李启谦等主编:《孔子思想与当代社会》, 天津社会科学院出版社 1992 年版。该书系统全面地论述孔子、儒家思想与现代文明之间的关系。首先介绍孔子思想及其影响，然后分别论述孔子的政治思想、伦理思想、管理思想、“中庸”学说、教育思想的现代价值。

5. 杨朝明等：《儒家文化面面观》，齐鲁书社 2000 年版。该书为“传统文化面面观丛书”的一种，从高品位的要求着眼，以普及的形式着手，将儒家文化分解为 120 多个问题逐一解说，力求深入浅出地阐述儒家的基本概念、重要人物、历史事件、文化典籍等。

6. 杨朝明主编：《论语诠解》，山东友谊出版社 2012 年版。该书汇集作者多年来研治《论语》的心得，将文献、思想融会贯通，表达了对《论语》文本、思想的独特认识。在对前人成说批判总结的基础上，该书对《论语》的许多核心问题提出了独到见解。

第四章
佛教、道教与传统宗教文化

在中国古代各种宗教中，佛教与道教是影响最大的两大宗教。佛教是外来宗教，传入中国以后逐渐中国化；道教则是中国土生土长的宗教。中国化的佛教和中国土生土长的道教是中国传统文化的重要构成部分，它们对中国文化有巨大影响。

一、佛教的传入与中国化

佛教是产生于古印度的一种宗教，西汉末年传入中国，在与中国本土文化的融合与交流中完成了其中国化的进程，成为中国传统文化不可缺少的组成部分。

（一）佛教教义

公元前 565 年，现尼泊尔境内的迦毗罗卫国国王乔达摩·首图驮那喜得贵子，取名为悉达多，他便是后来的佛祖释迦牟尼（见图 4-1）。释迦是古印度种族的名称，牟尼是“圣人”之意，释迦牟尼意为“释迦族的圣人”。释迦牟尼 14 岁时，后来成为中国“圣人”的孔子诞生在陬邑（今

图 4-1　北魏佛像（大同云冈石窟）

山东曲阜东南）一个小贵族家庭中。19 岁时，释迦牟尼断然出家修行。30 岁那年的十二月初八早晨，他终于悟道成佛。

佛教的全部经典被称为“三藏”。“藏”本是装东西的箱子，古印度当时没有纸张，佛经写在经过加工的贝多罗树叶上，故称“贝叶经”。贝叶写好后用绳子穿起来，两头用木板夹紧，同类经文装入一只箱子中，称为“一藏”。佛经“三藏”包括经、律、论三种。经是佛祖释迦牟尼所说的教义，由后代弟子在其圆寂后追述而成；律是为僧侣制定的戒律、威仪等；论乃历代高僧撰写的关于教理的解释和研究论著。

图 4-2 柔美的北朝卧佛（邯郸市博物馆藏）

佛教教义最基本的内容是“四谛”。据说这是释迦牟尼在成佛时所悟到的关于人生的四个真理。一是苦谛，说的是人世间的种种精神上和肉体上的痛苦；二是因谛，说的是造成痛苦的各种原因，也称“集谛”；三是灭谛，说的是消除痛苦，彻底解脱，最后达到无苦涅槃的理想境界；四是道谛，说的是消灭痛苦的具体手段、途径、方法等等。“四谛”之中，苦谛是根本。佛教认为，人生时时处处充满苦难，此乃人们追求享受、权力等方面的贪欲难以满足所致。

“四谛”的理论根据来自于佛教的缘起论。据说佛教创立之初，在古印度有两位修习外道的出家人，即以智慧超群而著称的舍利弗和目犍连。一天，舍利弗在路上遇到了释迦牟尼的弟子马胜比丘，问马胜比丘的师傅是谁，平常和马胜比丘谈些什么教法。马胜比丘说他的师傅是释迦牟尼，师傅的智慧博大精深，自己年轻幼稚，领会不了师傅的妙法。在舍利弗的一再要求下，马胜比丘只得说了一句偈语：

诸法因缘生，缘谢法还灭，

吾师大沙门，常作如是说。

舍利弗听完以后，感悟良多，回去将此事告诉目犍连，两人遂放弃外道，率领弟子一百多人，一同皈依了佛教。

这首偈语在佛教中影响很大，古代印度的佛塔一般都刻有这首偈语，像佛舍利一样供奉。“缘起”的意思是说，世界上一切事物、现象的产生都依赖于一定的关系和条件，无此就不能产生任何一种事物或现象，用佛教语言说就是：

若此有则彼有，若此生则彼生。

若此无则彼无，若此灭则彼灭。

佛教把人类的苦难分为有因果联系的十二个环节，此即十二因缘说。这十二因缘也就是佛教所讲的三世（即过去、现在和未来）轮回，因果报应。十二个环节构成了生命的不断循环。佛教以此来解释人间苦难的根源：现在贫穷劳累，是前世作恶之报应；现在幸福快乐，是前世积德行善的结果。为了来世不遭报应，在现世生活中就要一心向善。

（二）佛教在中国的发展

大约在西汉末年，佛教通过西域传入中国内地。《三国志·魏书·东夷传》裴松之注引鱼豢《魏略·西戎传》说，汉哀帝元寿元年（前2年），大月氏国使者伊存向博士弟子景卢传授《浮屠经》，这是关于佛教传入中国的最早的文献记载。博士是西汉最高学官，到汉元帝时，设置了《五经》博士。官府从民间选择年18岁以上、仪貌端正者作为博士之弟子，到汉成帝时，博士弟子已达3000人。至于景卢为哪一经博士，今已难以确指。对《魏略·西戎传》的这条记载，研究者尚有不同的看法，如吕澂先生就认为这一记载值得怀疑[①]。但是，绝大多数人认为这条记载是可信的。东晋史学家袁宏《汉记》曾记载：

图4-3 迦叶摩腾画像
（选自1935年《佛祖道影》）

初，明帝梦见金人长大，项有日月明，以问群臣。或曰："西方有神，其名曰佛。陛下所梦，得无是乎？"于是遣使天竺，问其道术而图其形像焉。[②]

以后文献如《洛阳伽蓝记》《魏书·释老志》等记载得更为具体，说永平十年（67年），天竺高僧迦叶摩腾、竺法兰（见图4-3、图4-4）以白马驮载佛经、佛像随汉使者来到洛阳，汉明帝给予极高礼遇，第二年敕令于洛阳西雍门外修建白马寺，迦叶摩腾、竺法兰在此翻译了佛经《四十二章经》。汉明帝时，佛教传入中国内地是无疑的。《后汉书·楚王英传》记载，永平八年（65年），明帝在颁示各诸侯王国的一道诏书中说，刘英"诵黄老之微言，尚浮屠之仁祠"。《后汉书·西域传》也记载了楚王刘英信奉佛教之事。郭朋先生说，刘英是中国历

图4-4 竺法兰画像
（选自1935年《佛祖道影》）

① 参见吕澂《中国佛学源流略讲》第一讲《佛学的初传》，中华书局1979年版，第19页。

② 《后汉书·楚王英传》注引袁宏《汉记》。

史上第一个信奉佛教的贵族[①]。

但是，在此后较长一个时期，佛教在中国内地影响不大，被时人视同于方术。据《晋书·艺术·佛图澄传》记载，汉代有不准百姓出家的法令，唯一的例外，只有一个叫严佛调的人出家为僧。不过，他也只是剃去须发、身披袈裟而已。礼佛活动与祭祀鬼神没有什么区别，如汉献帝时，笮融大搞礼佛活动，"每浴佛，多设酒饭，布席于路，经数十里"[②]。魏王曹芳嘉平年间（249～254年），天竺高僧昙柯迦罗来到洛阳，译出戒律，佛事活动才逐渐严格起来。从东晋、十六国开始，佛教在中国内地广泛传播开来。

文化传播有两种方式：在同一文化区内生成的文化，又在该文化区内传播，是文化传播的第一种方式——区内传播。一旦这种文化越出本文化区而传入另一个新的文化区，便出现文化传播的第二种方式——跨文化传播。在同一文化背景下进行的文化区内传播，传播中的文化很少发生变异。在不同文化背景下发生的跨文化传播，不可能"原版"输入，必将发生种种变异。

佛教在中国的传播也不例外，在中国传统文化的修订、影响下，到唐代终于形成了中国化的佛教——禅宗。

传说当年释迦牟尼在灵山聚众说法，曾拈花示众，信徒不解个中奥妙，只有摩诃迦叶心领神会，释迦牟尼高兴地宣布："吾有正法眼藏付嘱摩诃迦叶。"[③]所谓"正法"就是全部佛法；"眼藏"就是普照天地的佛法。据说释迦牟尼传给摩诃迦叶的是一种"以心传心"的佛法，此即禅宗之宗旨。这种佛法实际上只是古印度佛教众多修行方式中的一种。摩诃迦叶的第二十八代弟子菩提达摩于普通七年（526年）九月到达金陵，面觐梁武帝，试以禅机，但笃信佛法的梁武帝懵然无知，达摩大失所望，渡江北上，在嵩山面壁七年，连鸟儿在其肩上筑巢都没觉察，最后圆寂于此。（见图4-5）达摩传法于慧可，慧可传法于僧璨，僧璨传法于道信，道信传法于弘忍。弘忍

图4-5 明·吴彬《达摩像》

① 参见郭朋《汉魏两晋南北朝佛教》，齐鲁书社1986年版，第40～43页。
② 《三国志·吴书·刘繇传》。
③ （宋）普济：《五灯会元》卷一。

年老之后，宣布用呈偈的方式选择衣钵传人，他的大弟子神秀作了一首偈，却没有勇气呈给大师，便在一天夜里将其写在佛堂走廊的墙壁上：

身是菩提树，心如明镜台，
时时勤拂拭，莫使惹尘埃。

意思是说，要想成佛，必须刻苦修行。弘忍大师看了，并不满意。这时，一个在碓房舂米、法号慧能的和尚写了两首偈：

菩提本无树，明镜亦非台，
佛性常清净，何处有尘埃。

心是菩提树，身为明镜台，
明镜本清净，何处染尘埃。

意思是说，人心是清净的，没有尘埃污染，只要一心向佛，就可以顿悟。弘忍大师认为他找到了衣钵传人，但他告诫慧能，此处不可久住，应速速离去，慧能遂下山南去。慧能开创了“南禅宗”，留在北方的神秀一派被称为“北禅宗”。唐代中叶以后，南禅宗发展起来，成为中国内地佛教的最大宗派，后来分化为沩仰宗、临济宗、曹洞宗、云门宗、法眼宗；临济宗后来又分化为黄龙、杨岐两派，这便是所谓的“五宗七派”。北禅宗逐渐衰微。

禅宗是古印度禅学的深化、发展，是古印度禅学的中国化。以南禅宗为主体的中国禅宗有以下几个特点：

第一，它有一个关于“梵我合一”的周密的世界观理论。在中国禅宗看来，我心即佛，佛即我心；世界万物、客体主体，无非是我心幻化。如果没有了我心，就没有了一切。它引导人们忘却大千世界林林总总的纷争、烦恼和忧愁，陶醉于内心世界。

第二，它有一套自心觉悟的解脱方式。中国禅宗贵自求而不贵他求，重自我解脱而不重外力帮助下的解脱。慧能《坛经》说：“识心见性，自成佛道。”《临济语录》指责那些借助行善事、造浮屠之类的外功以求解脱的人是：“自家屋里物不肯信，只管向外觅。”

第三，它有一套“以心传心”的直观认识方法。中国禅宗认为，在“梵我合一”的境界里，万象混一，归于本心，任何语言文字都不能表达，

只能靠内心的体验，“以心传心，皆令自解自悟”① 。语言文字的表达能力有限，且每个语言文字符号所表达的内容都有明确的规定，都会妨碍自心觉悟。②

不独教义，佛教的其他事象也都不同程度地中国化。

（三）佛教的建筑

印度以“伽蓝”（或称为“阿兰若”“兰若”“僧伽蓝”）为僧侣修道说法之所，中国叫作“寺院”。这个名称源于汉语。相传汉明帝时，西域僧人迦叶摩腾、竺法兰被请到京城洛阳主持佛经的翻译，朝廷将洛阳西门外原来迎接宾客的官署鸿胪寺加以改建，供两位僧人居住，寺也就由此成了佛教庙宇的专称了。较小的寺又称“院”，尼姑的寺称为“庵”。此后，寺、院、庵又被其他宗教所借用。

佛教传入我国之初，其寺院建筑仿照印度佛寺的模式，以塔为中心，四周建有殿堂。自唐以后，这种建筑格局逐渐改变，塔的中心地位削弱，最终被移置于寺外，而殿堂成了主要建筑。一般来说，殿是供奉、安置佛像以供信徒礼拜祈祷的场所，依照我国传统宫殿府第的布局兴建；堂为僧众说法行道和日常起居的地方，参照了我国传统民居的格局。从整体上讲，它们基本上采用了我国庭院式建筑布局，即以“间”为单位构成单座建筑，再以多座建筑组成庭院，比较大的寺院再由多个庭院组成建筑群。寺院的平面布局讲究东西对称，沿南北中轴线布置寺院的主要殿堂，依次为山门、天王殿、大雄宝殿、法堂、毗卢殿或藏经楼、方丈室（意谓地方狭窄，只有方丈之地）等。正殿的两侧分布着配殿，东配殿多为伽蓝殿或观音殿等，西配殿多为祖师堂或药师殿等。生活区大多在中轴线的东侧，包括僧房（僧人的宿舍）、香积厨（寺院厨房）、斋堂（食堂）、职事堂（库房）、茶堂（接待室）、延寿堂（养老堂）等。中轴线西侧为接待四方云游僧人的禅堂。这只是就一般的建筑格局而言，具体到某一座寺院，其建筑布局各有不同。

（四）佛教的管理体制

以住持传承方式的不同，寺院基本上可以分为两种类型，一类叫“十方丛林”，一类叫“子孙小庙”。

---

① （唐）慧能：《坛经·行由品第一》。

② 参见葛兆光《禅宗与中国文化》，上海人民出版社 1986 年版，第 7 ～ 10 页。

十方丛林为比较大的寺院，有的十方丛林中的僧众人数达千人以上。十方丛林的最高首领称为“住持”，因其住在寺中方丈内，又称为“方丈”。住持一般从寺中资历较深、德高望重的僧人中选举产生，任期六年，或连任，或终身，情况不一。一般僧职分为四大班首和八大执事。四大班首为指导本寺僧众修行念佛之人，分为首座、西堂、后堂和堂主。首座负责僧众修行，由住持兼任；西堂辅助首座指导僧众修行；后堂是禅堂中后堂的负责人；堂主负责禅堂、念佛堂中的佛事活动。八大执事：一是监院，总理全寺的事务，尤以财务经济为主；二是知客，负责接待僧俗弟子及来访宾客；三是僧值，管理纠察僧众威仪；四是维那，掌管宗教仪式；五是典座，管理厨房、斋堂（食堂）；六是寮元，负责接待云游僧人；七是衣钵，乃方丈室中协助住持的总务负责人；八是书记，管理资料文书。八大执事由住持任命，任期一般为一年。此外，寺中其他各项事务，还有专职的负责人，如水头、园头、塔头、柴头、钟头、鼓头等等。

子孙小庙为比较小的寺庙，其管理机构没有十方丛林那样完备，住持的继承人在本寺徒弟中选任，外人没有这种资格。一般来讲，住持如同家长，任职为终身制。庙产为寺院私有。由于寺院规模小，只供本寺僧众居住，因此外来云游的僧人一般不予接待，原则上也不允许开堂传戒，但是住持可以为弟子剃度。

（五）佛教的教徒及衣食

佛教将信徒们分为四众弟子，即出家男女二众和在家男女二众。出家男众名为“比丘”，出家女众名为“比丘尼”。比丘为梵语，靠乞食为生之意。尼是梵语中“女声”，一般统称为“僧人”或“僧侣”，我国汉族民间俗称为“和尚”“尼姑”。僧是梵语“僧迦”的略称，意为众，凡三位以上共处的比丘被称为“僧伽”。居家信佛的男众称为“优婆塞”，在家女众称为“优婆夷”。两种称呼皆为梵文，意为清信男女或近事男女，一般人多称其为“居士”。居士在家奉佛，生活基本同于世俗之人。佛教对其信徒是否能出家有一定的要求：首先必须审查其出家的动机是否纯正，是否有舍弃世间享乐和吃苦的决心。除了自愿献身佛门外，还要经过其父母或监护人的允许，正式出家的年龄一般在 20 岁以上。

佛教律典明文规定 14 种人是禁止出家的：7 岁以下的儿童；70 岁以上的老人；身体有严重缺残的人；未经父母或监护人同意的人；阴阳两性

人；变性人；犯有重戒，曾被开除僧团的人；犯有杀父、杀母、杀阿罗汉、破和合僧、恶意出佛身血五逆罪的人；强奸过比丘尼的人；曾偷听比丘诵戒的人；破坏、诋毁佛教的人；犯罪在逃的人；负有债务的责任人；在职的官员。

按照佛教的规定，信徒如果要求出家，应该首先到寺院中找一位和尚请求做自己的“依止师”，也就是师傅，这位和尚要向全寺僧众说清徒弟出家的情由，征得大家的同意后，方可收留此人为弟子。信徒被允许出家后，首先要进行剃发染衣。一般来说，比较严格的寺院在剃发的同时也必须剃须。染衣，即舍弃在家时的服装，改穿僧服，所以人们也将出家称为“披剃”，即剃须落发、披上袈裟之意。“袈裟”是僧人服装的总称，它是由梵文音译过来的，别名很多，如道服、法衣、莲花服、慈悲服、卧具等等。染衣的作用似乎是为了让僧侣丢掉美好的装饰，过一种朴素无华、清心寡欲的生活，也有统一着装、区别于世人之意。按照我国汉族佛教的规定，僧侣的服装忌用青、黄、赤、白、黑五种正色，及绯、红、紫、绿、碧五种间色，只能用染成的三种杂色：铜青、泥（皂）、木兰（赤而带黑）。根据佛教的制度，僧衣只限于“三衣”或“五衣”。“三衣”分三种：一是五衣，由五条布缝制而成的内衣，音译为“安陀会”，其形状纵横交错，拼作“田”字形，供僧侣日常劳动和夜间休息时穿用。二是七衣，由七条布缝制的中衣，音译为“郁多罗”，供僧人平时诵经做功课时穿用。三是相当于礼服的祖衣，由九条乃至二十五条布缝制，音译为“僧伽梨”，用来见客或出门时穿用。传统的“五衣”是以上三种再加上译作“僧祇支”的覆肩衣和译作“涅槃僧”的裙子。“三衣”忌用正色或纯色，只能用“坏色”，即在新衣的一处点上另一种颜色，名为“点净”，以破坏衣色的整齐美观。由于僧衣多由碎布补缀而成，所以又称“衲衣”。“三衣”或“五衣”是根据佛教发源地古印度特有的亚热带气候条件所制定的，佛教传入中国内地以后，根据各地的气候环境，也发生了一些变化。如在我国北方，冬季气候寒冷，出家人即使是“三衣”合穿也难以御寒，僧人们必须另外添加其他棉毛衣服才可以过冬，比较常见的是加穿一件圆领的长袍，又名“海青”，样式与一般百姓所穿无异，只是颜色多用褐、黄、黑、灰四色。

图 4-6 唐代佛经翻译家、旅行家玄奘和尚画像（现存日本东京国立博物馆）

出家和尚都在寺院的斋堂内进餐，不分职务高低，饭菜基本一样，每人一份。起初，僧侣不事生产，云游乞食。佛教传入我国初期，出家僧人仍靠乞食维持生活，人称“乞士”或“乞胡”。随着佛教的发展，僧侣增多，乞食制度难以推行，广大僧侣除坐禅修道之外，还必须参加农耕或其他劳动，大多数僧侣也不再乞食，寺院中也建起了香积厨、斋堂。早期的出家人并非完全吃素，可以适当地食用“三净肉”，即没有看见、没有听闻和没有怀疑是杀生得来的三种肉食。汉族僧人持斋吃素的风习是经梁武帝萧衍提倡以后逐渐形成的。严格的持斋方法是禁止食用“荤腥辛辣”的食物。但是在我国少数民族地区，尤其是内蒙古、西藏地区的僧侣，由于地处牧区，蔬菜缺乏，所以习惯上仍以食肉为主。①

二、植根于中国传统文化的道教

道教的源头可以追溯到我国远古宗教，是远古宗教发展的产物，又吸收了若干道家的思想。闻一多先生在《道教的精神》一文中说：

> 自东汉以来，中国历史上一直流行着一种实质是巫术的宗教，但它却有极卓越的、精深的老庄一派的思想做它理论的根据，并奉老子为其祖师。②

此外，道教还融会了儒家、墨家等学派以及佛教的某些思想观点。道教是一个在宗教形式下兼容并蓄的文化体系。

（一）道教的起源及发展

从遗传至今的文献资料来看，道教的发端应自汉成帝始。

成帝一朝，西汉王朝走向腐败、黑暗，农民不堪于命，揭竿而起。此时，社会上出现了一部12卷本的《天官历包元太平经》③，因书中宣言汉家“再受命”的谶言，其作者齐地方士甘忠可被捕入狱，死于狱中。甘忠可的弟子夏贺良又向汉哀帝宣传老师的说教，后来也被治罪。该书被秘藏于当时的国家图书馆——兰台。一百多年后，琅邪人宫崇向汉顺帝进献了一部《太

---

① 关于佛教的基本常识，可详见张映勤《佛道文化通览》，天津社会科学院出版社2000年版。本章关于佛教常识的内容，参考、引用了张映勤先生的研究成果。

② 《闻一多全集》第1集，三联书店1982年版，第143页。

③ 该书系一书还是分为《天官历》《包元太平经》两部书，学术界看法不一，一般认为是一部书。

平清领书》，据说此乃宫崇的老师于吉在曲阳（今江苏沭阳东南）泉水边所得的一部神书，凡170卷。《后汉书·襄楷传》概括此书的内容说：“其言以阴阳五行为家，而多巫觋杂语。”襄楷等人奏劾此书妖妄不经，顺帝下令秘藏不宣。《太平清领书》继承了《天官历包元太平经》的某些内容。唐人李贤注《后汉书·襄楷传》，说《太平清领书》即《太平经》，《道藏》中收录的《太平经》《太平经抄》，即《太平清领书》的原本和节本的残存。《太平经》是道教早期的经典著作。

图4-7 张陵画像（清同治十一年刻本《锡山张氏家谱》）

据《后汉书·襄楷传》记载，《太平清领书》的传人之一张角，钜鹿（今河北平乡）人，创立了一个教派，号曰“太平道”，他自称“大贤良师”，以传教为掩护，组织农民起义。十余年，有十余万人响应。“连结郡国，自青、徐、幽、冀、荆、扬、兖、豫八州之人，莫不毕应。”①

张角创立的“太平道”被称为“黄老道”，说明道教与道家的思想有关联；“太平道”以“符水咒说”给人们治病，又夹杂着巫术迷信。张角借助“太平道”发动了黄巾起义。

当张角的“太平道”在东部地区传播之时，西南地区也出现了一个道教的派别，即“五斗米道”。“五斗米道”的创始人为丰县（今江苏丰县）人张陵（见图4-7）。张陵又称张道陵，曾在蜀郡鹤鸣山（今四川大邑西北）学道，著书立说。入教者需交米五斗，故称“五斗米道”。张陵死后，其子张衡继续在蜀中传教。张衡死后，其子张鲁继承其衣钵，势力扩充到汉中，在汉中一带建立了一个政教合一的政权。

鲁遂自号“师君”。其来学者，初名为“鬼卒”，后号“祭酒”。祭酒各领部众，众多者名曰“理头”。皆校以诚信，不听欺妄，有病但令首过而已。诸祭酒各起义舍于路，同之亭传，悬置米肉以给行旅。食者量腹取足，过多则鬼能病之。犯法者先加三原，然后行刑。不置长吏，以祭酒为理，民夷信向。（《后汉书·刘焉传》）

“五斗米道”与“太平道”名称有别，但性质相类。《三国志·魏书·张鲁传》说“五斗米道”的教义、教规等基本与张角的“太平道”相似。但是，“太平道”与“五斗米道”又是各自独立的两个地方教派。张角的“太平道”领导的黄巾起义以失败告终。张鲁后来投靠曹操，他本人及五子皆封侯，女儿嫁为曹操之子曹宇妇，信徒散在民间。入两晋以后，在佛教广泛传播的同时，道教也逐渐发展起来，经过葛洪、寇谦之、

① 《后汉书·皇甫嵩传》。

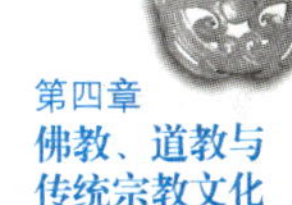

陆修静、陶弘景等人的丰富、完善，道教趋于成熟，成为与佛教颉颃相争的另一宗教。

门派众多、互不统属，是道教的一个显著特征。这个特征贯彻于道教始终。在中国古代影响较大的道教门派是正一道和全真道。

图 4-8 丘处机画像
（现藏北京白云观）

正一道是从“五斗米道”发展而来的。张鲁死后，其子张盛移居江西贵溪之龙虎山，信徒尊称其为“天师”，这一名号由其子孙世袭。“五斗米道”的教名也逐渐被“天师道”取代。传至元朝，第三十八代天师张与材被成宗皇帝封为“正一教主”，从此以后该派便以“正一道”为名。正一道保留了早期道教的传统，以符箓禁咒、驱邪治病为事，道士大多不出家，可以娶妻生子，俗称“火居道士”。

全真道的创始人王重阳本是陕西咸阳大魏村一个富家子弟，传说他 48 岁时出家当了道士，提出了儒、道、释三教同源论。鉴于关中地区无人信从，他东去山东半岛昆嵛山，在当地富户马钰的帮助下，修建了“全真庵”，收徒传教。到他的弟子丘处机（见图 4-8）时，全真道迅速崛起。与正一道不同，全真道的信徒必须出家修炼，不娶妻室，不茹荤腥。

图 4-9 道教诸天众神
（山西永乐宫三清殿元代壁画）

入明朝以后，朱元璋特别看重正一道，敕命正一道天师执掌全国道教事务。自此以后，直到清代，正一道天师成为道教领袖。

正一道与全真道又各自分为若干派别，据北京白云观收藏的《诸真宗派总簿》记载，截至清末，仅全真道就有 86 个派别。

（二）道教的教义

道教以“道”为最高信仰，但与老子道家的“道”不同，道教把“三清尊神”——元始天尊“天宝君”、灵宝天尊“太上道君”、道德天尊“太上老君”——作为“道”的人格化身。（见图 4-9）人们通过内修外炼，达到“道”的境界，就可以成为肉体、精神

两不灭的神仙。内修外炼也就是所谓的“内丹”与“外丹”。内丹是以人体为炉鼎，以体内的精、气为药物，通过行气、导引等方式，吐故纳新，使精气神凝，结成“圣丹”；外丹是指用铅汞等矿物冶炼而成的丹药，服食以延年益寿。

与一般的宗教不同，道教的终极目的不在死后升入天堂，而是长生不老。此乃中国传统文化的世俗性在道教上的体现。自西周以后，中国文化逐步发展为世俗文化。春秋战国之时，“百家争鸣”，观点不同，却皆以现实世界的治理、改造为思想主题。当道教发生之时，儒家思想早已获得独尊地位，成为统治思想，中国文化的世俗特色更加不可撼动。道教作为中国土生土长的宗教，亦不能免俗。道教建筑、道士服装等也具有浓厚的中国传统文化色彩。

（三）道教的建筑

起初，“太平道”的组织为“方”，“五斗米道”的组织为“治”。“五斗米道”的宗教活动场所叫“静室”。南北朝时，道教的活动场所称为“仙馆”。北周武帝时改称为“观”，取观星望气之意。唐朝皇帝认老子为先祖，追封老子为“太上玄元皇帝”，道教建筑便也堂而皇之地以“宫”命名了。

与佛教寺院相比，道教宫观更具有民族风格和民俗特色。从总体上讲，道教宫观的布局吸收了我国古代的阴阳五行学说，根据八卦乾南坤北、天南地北之方位，以子午线为中轴，坐南朝北，讲究对称，两侧日东月西，取坎离对称之意。一般由神殿、膳堂、宿舍、园林四部分组成，在格局上采用了传统宫殿和民用住宅相结合的方式，而每座建筑的布局设置又吸收了佛教寺院的一些特点。宫观门前多建有华表、幡杆。沿南北中心线依次为山门、灵宫殿，供奉“三清”“四御”的三座大殿居中，后面是藏经楼。宫观前面大多建有影壁，用来表示藏风聚气之意。正殿两侧为东、西配殿，供奉次要的道教尊神。

图 4-10　元•赴千道会壁画所见道教宫观（山西永乐宫纯阳殿）

由于道教的神团体系复杂混乱，而且各宗各派所供奉的神祇并不统一，因此每座宫观配殿的名称也不一样。正殿两侧的配殿除供神外，还设置有客堂、斋堂、厨房、仓房等生活用房。道士的宿舍区和园林区多散建于宫观的静僻处或附近。有些规模比较大的宫观在中庭的两边还单独建有东、西两座道院，用来供奉一般尊神，并将道士的生活用房移建其中。园林含有清修成仙的意味。（见图 4-10）

（四）道教的管理体制

在管理体制上，道教的宫观和佛教寺院一样，也分为十方丛林和子孙小庙两种。

十方丛林又称“十方常住”。宫观财产属道众或道派公有，规模较大，有一套较为完整的组织机构和管理规定。十方丛林中的最高首领被称为“方丈”，也称“律师”，由道士选举产生或从他处邀请。方丈多是被道士公认的德高望重者，主持宫观重大的宗教活动。日常事务性工作由监院负责，俗称“当家”。监院由道士选举产生，一般任期三年。宫观中的其他具体事务仿照佛教寺院，一般也分为四大班首及八大执事。十方丛林不能收徒，但可以授戒。宫观用钟板声作为日常作息的号令，秩序井然。十方丛林允许道徒在此“挂单”居住学习，但要经过一定的考核手续。十方丛林分布在全国各地道教的中心区域内，如北京白云观、沈阳太清宫等。

子孙小庙可以子孙世袭或师徒传授，代代相传，庙产属观中道士私有，外来道士不得分享。庙里的当家道士，或从辈分最高、资格最老的道士中选举产生，或由上任住持临终时指定。子孙小庙的师父可以收徒，却无权授戒。徒弟继承师父的法嗣，也继承庙中产业。新出家道士要在庙里考验三年，然后拜师，举行冠巾礼。冠巾礼毕才能成为正式的出家道士。子孙小庙类似一个小家庭，多散建于小城镇和农村中，道士可以到十方丛林中挂单参学，但子孙小庙一般不接待十方道众。

（五）道教的服饰

南北朝以前，道士的服饰各地各派没有统一的规定，到了南朝刘宋时，陆修静制定了一些道教科仪，其中包括对道士服饰的规定。从此以后，道士的服饰才有了大体一致的样式。一般来讲，道士的服装有褂、袍、戒衣、法衣、花衣、冠、巾等几种。褂、袍属于常服，供道士日常生活穿用，多用蓝色。戒衣为道士受戒时所穿的服装。法衣上绣有不同的图案以区分着装者职位的

高低，颜色多为显示高贵的紫色。花衣，也称“班衣”，为经师上殿诵经时所穿的绣花衣。道士戴的帽子曰“冠”。冠的样式不同，表示戴者的身份不同。道巾为道士用来扎束头发的一种软帽，样式不一，如全真道的巾有唐巾（纯阳巾）、冲和巾（庄子巾）、浩然巾（孟浩然巾）、逍遥巾（荷叶巾）、紫阳巾、一字巾（混元巾）、三教巾、九阳巾（诸葛巾或九梁巾）等九种。道士所穿的鞋多为手工布做的双脸鞋和云头鞋。袜子为粗白布缝制的白筒袜，穿的时候将裤腿装进白筒袜里面。身挎长剑、腰悬铜镜，成为道士的特殊标志。这两样东西都是道士祛邪除妖的法器[①]。

三、释、道与中国传统文化

中国传统文化是一个由多元素组成的统一体。在这个统一体中，佛教和道教不仅是重要的元素，而且对中国传统文化的其他方面也产生了巨大影响。

两相比较，佛教对中国传统文化中的精神文化影响更大。

在中国古代社会，礼佛可以分为三种：宫廷佛教、士大夫佛学、世俗佛教。宫廷佛教与世俗佛教没有本质的区别，差异主要是礼佛之人的身份地位不同、寺院的建筑规格不同等。譬如清代的雍和宫，其建筑规格便与一般的寺院不同。与宫廷佛教、世俗佛教不同，士大夫佛学关注的主要是佛教的教理、教义，而不是佛教的佛祖崇拜、教规戒律、修炼方式等。换言之，士大夫佛学是一种意识形态的“学”，而不是作为宗教的“教”。士大夫佛学在本质上并不是完全意义上的宗教，而是一种寄托士大夫阶层精神理想的观念、信仰。佛教对中国传统文化中精神文化影响最大的，就是士大夫佛学。

士大夫佛学肇始于东晋的“士族佛学”。东晋是门阀制度的鼎盛时代，门阀士族所关心的是如何保持他们傲视皇权的政治地位，同时又不失去奢侈享乐的物质生活。创始于曹魏时期的玄学所审视的中心，已从政治问题转移到人生态度问题，用当时的话来说，就是如何将“自然”与“名

① 关于道教的基本常识，可详见张映勤《佛道文化通览》。本章关于道教常识的内容，参考、引用了张映勤先生的研究成果。

教”融会贯通起来。经过西晋末的战乱，偏安江左的门阀士族的忧患意识更重，对精神世界的追求也更加迫切。佛教的教理、教义，特别是大乘佛教中的般若学“一切皆空”的思想为他们提供了精神食粮。门阀士族大批卷入佛学，他们不仅以自己高深的文化修养领会佛学的精神，使佛经的翻译进入科学、准确时期，而且进一步将佛学的教理、教义作为玄学的补充。于是，出现了披着袈裟“麈尾清谈”的士族；出家的和尚，有的被比为玄学创始人何晏、王弼，有的被比附为发展玄学的“竹林七贤”。士大夫佛学至此形成。[①]《世说新语》一书就是士大夫佛学的具象和范本。

士大夫佛学的第二个高峰出现在宋代。从外向到内省，从开放到封闭，从粗犷到细腻，这是唐宋之际中国文化的重要转折。禅宗那种一切皆空的世界观、自然适意的人生哲学、清净超俗的生活情趣，与宋代士大夫那种内省、封闭、细腻的心理性格一拍即合。禅宗风靡天下，士大夫禅宗化，禅宗士大夫化，进而儒、禅合流。许多士大夫成为不出家受戒的佛门弟子，如在《五灯会元》中列名的就有夏竦、苏轼、苏辙、黄庭坚、王韶、范冲、张商英、胡安国、张九成等。更多的士大夫虽未皈依佛门，却精通佛经。如王安石精通《楞严经》，并为之作注。佛教高僧也往往援儒入佛。如天台宗的智圆著有《闲居编》51卷，在该书序中他自称：“好读周孔杨孟书，自号中庸子。”在这种文化氛围中产生的理学，深受佛教特别是禅宗的影响，理学家们吸收佛教教理、教义以建构、完善自己的思想体系。如周敦颐精通《法华经》，他的“无欲”“主静”说渊源于佛教；而《爱莲说》更显示了他与佛学的因缘。程颢说：“吾学虽有所受，天理二字却是自家体贴出来。”[②]实际上，二程兄弟以“天理”为最高范畴的思想体系也掺杂着佛教的因素。苏轼说：“孔老异门，儒释分宫，又于其间，禅律交攻。我见大海，有北南东，江河虽殊，其至则同。”[③]他认为儒、佛、道三教殊途同归，犹如百川归海。故此苏轼在“洛学”中，广泛地吸收了禅宗的思想。理学集大成者朱熹的思想中，也不乏禅宗佛学的印痕。

予独爱莲之出淤泥而不染，濯清涟而不妖，中通外直，不蔓不枝，香远益清，亭亭净植，可远观而不可亵玩焉。
（周敦颐《爱莲说》）

① 参见宁稼雨《〈世说新语〉与士族佛学》，载2001年8月14日《中国政协报》。

② 《二程集·河南程氏外书》卷十二《传闻杂记》。

③ 《苏轼集》卷九一《祭龙井辩才文》。

在中国思想史上，士大夫佛学的第一个高峰影响了玄学，第二个高峰产生了理学。

与佛教三分相同，道教也可以分为宫廷道教、士大夫道学和世俗道教。士大夫道学的内涵与士大夫佛学相同，士大夫道学关注的主要是道教的教理、教义，其本质亦非完全意义上的宗教，而是理想、观念、信仰的寄托。在士大夫佛学的两个高峰期内，士大夫道学也同为高峰期，玄学与理学不仅有佛学的因素，也有道学的影响。

如玄学名士、“竹林七贤”之一的嵇康，在他的内心深处，蕴含着一种遁隐山林、避世逍遥、修炼成仙的思想。甘露元年（256年），他终于实现了这一夙愿，隐迹于家乡山阳县（今河南焦作东南）东北方向100多里外的太行山南麓一带，追随道士孙登、王烈，服食修炼。孙登是当时著名的道士，长期住在共县（今河南辉县）附近苏门山的土穴之中，夏天自编草衣，冬天靠一丈多长（约3米）的头发保暖；沉默寡言，性格温和，喜读《易经》；所弹之琴仅一根弦，却能奏出神气的五和之音。他的大名不胫而走，司马昭派阮籍去探听虚实。阮籍也是玄学名家、“竹林七贤”之一，他欲与孙登谈论太古无为、三皇五帝及养生之道，孙登不予理睬，最后阮籍发出清韵响亮的长啸，孙登报以若鸾凤之音的长啸，使阮籍大彻大悟，回去撰写出了著名的《大人先生传》。王烈本是太学生，饱读儒家经典，后来遁入山林，服食养生。嵇康虽然未能成仙，但他的思想中散发着浓烈的道教气息。（见图4-11）

再如理学开山人物周敦颐的思想深受道士陈抟的影响。陈抟是北宋初期著名的道士，宋太宗赐号“希夷先生”，甚见尊重。周敦颐极为推崇陈抟，曾作诗云：“始观丹诀信希夷，盖得阴阳造化机。子自母生能致主，精神合后更知微。”[①] 周敦颐的主要著作有《太极图·易说》1卷、《易通》40章，总计不足3000字。他的《太极图》传自陈抟，《太极图·易说》渊源于道教《上方大洞真元妙经图》中的《太极先天之图》的说明。研究者指出：“这些都显示他开始把儒家的现实伦常要求与道教的宇宙图式联

① 《周子全书》卷十七《读阴真君丹诀》。

图 4-11 魏晋“竹林七贤”与春秋隐士荣启期画像
（江苏南京西善桥出土南朝画像砖刻）

结起来，企图为宇宙论过渡到伦理学（人世规范）搭上第一座桥梁。”①

魏晋玄学与宋明理学，皆以儒学为主，兼融佛、道两教而成。

佛教、道教都起了宗教应起的作用：一方面是百姓的精神麻醉剂，苦难者的精神避难所；另一方面，在宗教教义或经典中又积淀了大量的劳动人民在创造历史的过程中积累的历史、哲学、文学、伦理、逻辑、地理、数学、化学、物理、天文、医药卫生等方面的文明成果。关于佛教对中国传统文化的影响，赵朴初先生有精辟的论述：

> 数千卷由梵文翻译过来的经典本身就是伟大富丽的文学作品。马鸣的《佛所行赞》带来了长篇叙事诗的典范；《法华》、《维摩》、《百喻》诸经鼓舞了晋唐小说的创作；般若和禅宗思想影响了陶渊明、王维、白居易、苏轼的诗歌。变文、俗讲和禅师的语录体都和中国俗文学有着很深的关系。
>
> 佛经中的动人故事常常成为艺术家们绘画的题材，曹不兴、顾恺

① 李泽厚：《宋明理学片论》，载《中国社会科学》1982 年第 1 期。

之、张僧繇、展子虔、阎立本、吴道子等历代名画家皆以擅长佛画而传世。中国画学中由王维一派的文人画而发展到宋元以后盛行的写意画，则与禅宗思想有关。由此可见佛教对绘画艺术所起的作用。至于音乐方面，公元三世纪，中国已有梵呗的流行。唐代音乐又吸收了天竺乐、龟兹乐、安国乐等来自佛教国家的音乐，唐代音乐至今还有少部分保存在某些佛教寺庙中。

伴随佛教俱来的还有天文、医药等科学技术的传习。唐代高僧一行创《大衍历》和测定子午线，对天文学作出了卓越贡献。隋唐史书上记载由印度翻译过来的医书和药方就有十余种，藏语系佛教中并且有医方明之学。佛教的刻经促进了我国印刷术的发展，至今被保存下来的世界上最古的版刻印本，几乎都是佛教经书图像。

佛教哲学蕴藏着极深的智慧，它对宇宙人生的洞察，对人类理性的反省，对概念的分析，有着深刻独到的见解。①

道教也起了若干积极的作用。例如中国传统医学，就颇受道教的影响。道教的外丹术丰富了中国药物学的内容，其内丹理论丰富了中国传统医学的理论，推动了中国传统医学的发展。道士往往也行医，如晋代葛洪就是一位名医，精通医药学，著有《金匮药方》《肘后备急方》等医学著作。道教的炼丹术还是中国实验化学的先驱。葛洪就是一位杰出的实验化学家，他在炼丹实验中观察到了硫化汞加热后所发生的化学反应。《抱朴子·金丹》有两句概括的话："丹沙烧之成水银，积变又成丹沙。"丹沙就是硫化汞。葛洪对于铅的化学变化、对于金属取代作用的观察，都达到了较高的水平。

火药也是从炼丹中发明的。火药的基本成分是硫黄、硝和木炭，前二者在中国古代一直被视为药物。《神农本草经》按疗效、毒性把各种药物区分为上、中、下三品。在 120 种上品药中，硝名列第六；在 120 种中品药中，硫黄位列第二。具有极大杀伤力的火药同治病救人的东西一同被称为"药"，还是因为它是在道士们炼丹过程中诞生的。大约成书于公元 9 世纪的《真元妙道要略》中记载："有以硫磺、雄黄合硝石并蜜烧之，焰起烧手面及烬屋舍者。"蜂蜜含炭，炼丹家把硫黄、硝、蜂蜜等混合炼丹，

① 赵朴初：《关于佛教对中国文化的影响》，载《出版参考》2005 年第 35 期。

结果起火爆炸。这一错误的配方、操作发明了火药。唐昭宗天祐元年（904年），在豫章（今江西南昌）城下的一次战斗中，攻城一方使用了“飞火”，即火箭之类。这是人类历史上第一次把火药用于战争。

中国化的佛教和本土产生的道教，是中国传统文化的重要组成部分，对中国传统文化影响甚大。

【思考与讨论】

1. 自魏晋以后，佛教与道教兴盛。但是，为什么佛教与道教始终未能取代儒学成为中国文化的主流？

2. 佛教传入中国后受中国传统文化的影响而中国化。调查学校附近的佛教寺院，考察佛教中国化的具体表现。

【参考文献导读】

1. 中国社会科学院世界宗教研究所：《宗教知识读本》，宗教文化出版社2000年版。该丛书分《佛教知识读本》《道教知识读本》《伊斯兰教知识读本》《基督教知识读本》《天主教知识读本》和《中国宗教法规政策读本》6册，以客观叙述的形式，并根据宗教发展的规律和特点，深入浅出地介绍了五大宗教及中国宗教法规政策方面的基本知识，是一套了解五大宗教及中国宗教法规政策的入门书。

2. 牟钟鉴、张践:《中国宗教通史》(修订本)，社会科学文献出版社2003年版。该书对在中国历史上存在过并在较大范围内产生过影响的各种宗教进行了考察，叙述了这些宗教发生、发展的过程及其对中国社会的影响。

3. 葛兆光：《禅宗与中国文化》，上海人民出版社1986年版。该书从中国文化史的角度对中国化的佛教——禅宗进行了深入的研究，特别是就禅宗对中国古代士大夫的心理结构、人生哲学、生活情趣和艺术思维等方面的影响进行了深入的考察。

4. 林世田、李德范：《佛教经典精华》（上、下册），宗教文化出版社1999年版。该书根据近代最为流行的《佛教十三经》和清代雍正皇帝精选的《御录经海》，择其精华编选而成，是了解佛教经典的入门读物。

5. 李德范、林世忠:《道教经典精华》(上、下册)，宗教文化出版社1999年版。该书根据流传较广的道教经典《二十二子》等精选而成，是了解道教经典的入门读物。

6. 卿希泰主编：《中国道教史》（共4卷），四川人民出版社1996年版。该

书总结了道教的产生、发展和演变的历史，分析了道教的思想特征、教理教义、道轨仪范、修炼方术等，对道教与政治、经济、文化等各方面的关系进行了广泛而深入的研究。该书是我国目前规模最大、研究水平最高的道教史专著，获第三届国家图书奖。

7. 中国佛教网（www.zgfj.cn），中国最大的佛教门户网站，内容包括佛教新闻、佛教文化、佛教艺术、佛教故事、佛教电影、佛教音乐、佛教图书、佛教用品、佛教寺院、佛教论坛等。

8. 中国道教文化网（www.china-taoism.org），中国大型道教门户网站，内容包括道教资讯、宗教服务、慈善功德、道教图片、道教影音、道教养生等。

第五章
古典文学与传统人文精神

文学艺术是人类文明的精神花朵，是一个民族才华与智慧的结晶。

中华民族是一个伟大的民族。在漫长的历史进程中，一代代的中国诗人、作家，以其卓越的才华、高妙的智慧、丰富的想象力，运用独特的民族语言与艺术形式，创作了大量不朽的作品，表现了多方面的人文精神与艺术品格，哺育了中华民族的心灵与情操，并在世界上产生了巨大影响，一直在人类历史上放射着灿烂的光辉。

一、古典文学的基本形态

早在远古时代，生活在中华大地上的炎黄先民就已开始了口头文学活动，创作了流传至今的“女娲补天”“精卫填海”“后羿射日”“大禹治水”“夸父追日”（见图 5-1）等许多神话故事；早在商代的甲骨卜辞中，就已出现了“今日雨。其自西来雨？其自东来雨？其自北来雨？其自南来雨”这类很像是歌谣的文句；我们现在能够看到的最古老的作品中，便有相传是产生于

图 5-1 夸父追日图（古本《山海经图》）

黄帝时代的“断竹，续竹，飞土，逐肉”[①]这样的《弹歌》。“文学”这一术语，也早已见之于《论语》。至魏晋时代，则已形成了不同于一般文章学意义的独立的“文学”概念，用鲁迅先生的话说，即已开始进入了“文学的自觉时代”。与世界其他国家相比，中国文学不仅历史悠久，且一直在社会生活中占据着重要地位，在不同的历史时期，举凡士大夫，几乎无人不赋诗著文，故而创作活跃，大家辈出，形式多样，代有创新，从而形成了先秦散文、汉赋、唐诗、宋词、元曲、明清小说这样一种“时序交移，质文代变”[②]的泱泱文学大观。就其与世界文学相通的诗歌、小说、散文、戏剧剧本等主要类别来看，不论在思想内容还是艺术价值方面，亦均达到了人类文学史上的辉煌高峰。

> *呦呦鹿鸣，食野之苹。我有嘉宾，鼓瑟吹笙。吹笙鼓簧，承筐是将。人之好我，示我周行。*
>
> *呦呦鹿鸣，食野之蒿。我有嘉宾，德音孔昭。视民不恌，君子是则是效。我有旨酒，嘉宾式燕以敖。*
>
> *呦呦鹿鸣，食野之芩。我有嘉宾，鼓瑟鼓琴。鼓瑟鼓琴，和乐且湛。我有旨酒，以燕乐嘉宾之心。*
>
> （《诗经·小雅·鹿鸣》）

（一）诗歌

诗歌是一种语言凝练、音韵和谐、想象丰富、重在抒情、以情景交融的审美意境为主导追求的文学样式。从不同角度，具体又可分为抒情诗、叙事诗、散文诗，古体诗、格律诗、自由诗、歌谣诗等诸多样态。

中华民族是一个最富于诗意追求的民族，在中国古代文学史上，诗歌不仅产生最早，也是最富有生机活力、长盛不衰、成就最为突出的文学门类。早在公元前 6 世纪，即有第一部诗歌总集《诗经》问世。这部作品，共收入自西周初年至春秋中叶五百多年间的诗歌 305 篇，由风、雅、颂三部分组成。“风”是采集自十五个诸侯国的民间歌谣；“雅”多为宫廷宴饮或朝会时的乐歌，按音乐的不同又有大雅、小雅之分；“颂”是用于宗庙祭祀的乐歌，内容多是歌颂祖先的功业。至公元前 4 世纪，在南方的楚国，又有“楚辞”这一新的诗体兴起，并玉成了中国文学史上的第一位伟大诗人屈原（见图 5-2）。屈原的代表作主要有《离骚》《天

图 5-2 屈原像

① （汉）赵晔：《吴越春秋·弹歌》。

② （南朝梁）刘勰：《文心雕龙·时序》。

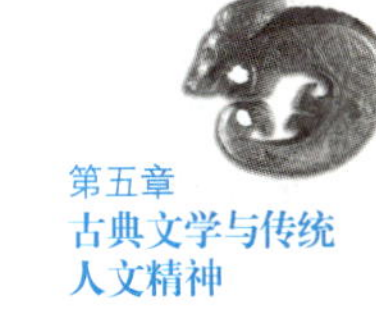

问》《九歌》等。这些作品以奔放的感情、汪洋恣肆的想象、浪漫的色调，成为备受后人推崇的楚辞典范。正是以《诗经》与楚辞为源头，中国后世诗歌一直在不断创新中发展着。

图 5-3 陶渊明像

至汉代，以《诗经》的四言体式以及以六言见长的楚辞为基础，同时吸取了民间诗歌的营养，形成了以五言为主体的“乐府诗”，著名作品有《古诗十九首》《陌上桑》《孔雀东南飞》等。在魏晋南北朝时期，尽管社会动荡与战乱频仍，仍涌现出了曹氏父子、阮籍、嵇康、陶渊明（见图 5-3）、谢灵运、鲍照等众多著名诗人。在诗体方面，除五言之外，七言句式也已渐受重视。至晋宋之际，七言诗已比较流行，趋于成熟。

> *种豆南山下，草盛豆苗稀。*
> *晨兴理荒秽，带月荷锄归。*
> *道狭草木长，夕露沾我衣。*
> *衣沾不足惜，但使愿无违。*
> *（陶渊明《归园田居》）*

至唐代，随着社会生活的稳定与经济的发展，中国古典诗歌亦进入了黄金时期，不仅作品数量多（现存即有 55000 多首），且名家辈出，流派纷呈。除分别代表了浪漫主义与现实主义最高成就的李白（见图 5-4）与杜甫这样耀眼的双子星座之外，另有以王维、孟浩然为代表的山水田园诗派，以高適、岑参为代表的边塞诗派，以元稹、白居易为代表的新乐府诗派，以及李贺、柳宗元、韩愈（见图 5-5）、杜牧、李商隐等一大批杰出诗人活跃于诗坛。在艺术形式方面，唐诗的突出特征是：将起源于南北朝时期，由沈约、谢朓等人首创的格律诗推向巅峰。格律诗是与古体诗相对而言的。古体诗又称“古诗”或“古风”，其特点是每首句数不拘，音韵亦自由灵活；格律诗又称“今体诗”或“近体诗”，是字句及音韵均有着对仗工整、平仄互对之类严格要求的一种诗体。按其字数与句数的不同，格律诗又有五律、七律、排律、绝句之分。在唐代诗人笔下，各式律诗均达到了炉火

图 5-4 清·苏六朋《太白醉酒图》

图 5-5 韩愈像

纯青的程度。

> 对潇潇暮雨洒江天，一番洗清秋。渐霜风凄紧，关河冷落，残照当楼。是处红衰翠减，苒苒物华休。唯有长江水，无语东流。
> 不忍登高临远，望故乡渺邈，归思难收。叹年来踪迹，何事苦淹留？想佳人妆楼颙望，误几回天际识归舟。争知我，倚栏杆处，正恁凝愁！
> （柳永《八声甘州》）

宋代文学的主要成就是词的创作。词，原被称为“曲”或“曲子词”，是一种音乐化的文学样式，实际上也是格律诗的一种。词的句子虽较格律诗有所变化，长短不一，但必须按“浣溪沙”“清平乐”之类的词牌为之，即所谓“依曲定体，倚声填词”。词萌芽于南朝梁代，成型于中晚唐，至宋代而大盛，其重要标志是以苏轼（见图 5-6）、辛弃疾等人为代表的“豪放派”与以柳永、李清照等人为代表的“婉约派”，以及秦观、贺铸、周邦彦、张元幹、朱敦儒、陆游、姜夔、刘克庄等一大批各具风姿的词家的出现。与唐诗相媲美，宋词亦用语考究，音律和谐，便于咏唱，有着令人心醉神迷的审美意境。

图 5-6 苏轼像

至南宋后期，随着北方少数民族乐曲与中原民间“俚曲”的交汇，产生了一种新的诗歌样式，这就是盛行于元代的散曲。散曲的语言形式较诗词更为灵活，但亦须合乎“山坡羊”“寄生草”之类的曲牌规则。散曲有小令与套数（套曲）两种形式。小令，元人又叫“叶儿”，是由一支曲子独立组成的；套数则是由两支以上的宫调相同的曲子组成的。与传统诗歌相比，元代散曲以其浓郁的民间风味与通俗化的市民色彩，进一步活跃了诗歌创作。元代的文学成就虽主要体现于杂剧，但作为诗歌形式的散曲，亦成就卓著，如关汉卿的《不伏老》、马致远的《秋思》、张养浩的《潼关怀古》、睢舜臣（一作“睢景臣”）的《高祖还乡》均是脍炙人口的名作。

> 雾失楼台，月迷津渡。桃源望断无寻处。可堪孤馆闭春寒，杜鹃声里斜阳暮。
> 驿寄梅花，鱼传尺素。砌成此恨无重数。郴江幸自绕郴山，为谁流下潇湘去。
> （秦观《踏莎行》）

明清时代，随着戏剧与小说的兴盛，诗歌创作虽已不占主导地位，但仍有高启、陈子龙、王士祯、纳兰性德、龚自珍等人，在诗歌领域奋力开拓，卓尔成家，为时人及后人所推重。

（二）散文

在中国古代文学史上，散文同样是历久不衰的主导文体之一。现代所说的散文，指的是一种题材广泛，结构灵活，形式自由，可以抒情，可以叙事，也可以议论，或三者兼而有之的文体。具体包括记叙散文、抒情散文、

报告文学、杂文等。古代所说的散文，含义则要宽泛得多，经传史书以及其他一切无韵之文章，均可包括在内。如汇集了商代至春秋期间一些历史文献与史料的《尚书》，通常即被视为中国古代文学史上的第一部散文集。

从起源来看，中国古代散文的产生要晚于诗歌，是在文字产生之后才出现的。但散文因更具记言、记事、辩理之类的实用性，故发展较快。早在先秦时代，即已出现了以《论语》《孟子》《老子》《庄子》《荀子》《韩非子》为代表的大量诸子散文，以及以《左传》《国语》《战国策》为代表的历史散文，形成了中国古代文学史上第一个散文文学的高潮。古典含义的先秦散文，虽与现代意义的散文有所区别，但在语言文句富于情采、写人记事生动形象等方面，均已充分显示出文学艺术应有的审美品性。

行有余力，则以学文。（《论语·学而》）
盖文章经国之大业，不朽之盛事。（曹丕《典论·论文》）

至汉代，盛极一时的赋，可谓真正文学意义上的散文独立形成的标志。赋，本是“诵”的意思。据《汉书·艺文志》解释：“不歌而颂谓之赋。”其特征是“铺采摛文，体物写志”[①]。在中国古代文学史上，最早以“赋”名篇的是楚人宋玉，是宋玉在楚辞基础上新创造的一种文体，其代表作有《神女赋》《登徒子好色赋》等。与楚辞相比，赋虽也注重文句的整饬、音韵的和谐等，但更注重的则是以放达不羁的笔调，对事物予以夸饰与铺张的描写；在内容构成方面，抒情、叙事、议论可随意穿插，交互共存，看上去颇近于人们今天所说的散文诗。汉赋的代表作家作品有：司马相如的《子虚赋》《上林赋》，扬雄的《羽猎赋》《长杨赋》，班固的《两都赋》等。这类赋体散文，以文词华美、情采飞扬、自由奔放、气势宏大为突出审美特征。其中虽不无偏重形式的缺憾，却也显示了汉代作家丰富的想象力以及昂然进取的时代风貌。

汉代以降，散文创作虽然没有像唐诗、宋词那样形成某一个时代的文学主潮，但作为一种常规文体，散文一直以强劲的势头在蓬勃发展。唐宋文坛上的韩愈、柳宗元、欧阳修、苏洵、苏轼、苏辙、王安石、曾巩等人，即主要缘其散文成就而得享“唐宋八大家”之誉。此后，明人宋濂的《送东阳马生序》、王阳明的《瘗旅文》、归有光的《项脊轩志》、张岱的《湖心亭看雪》，清人方苞的《左忠毅公逸事》、姚鼐的《登泰山记》、龚自

① （南朝梁）刘勰：《文心雕龙·诠赋》。

珍的《病梅馆记》等名篇，也一直为后代读者所钟爱。

在体式方面，中国古代散文也时有创新。继汉赋之后，在魏晋南北朝时期，兴起句子两两相对、典丽工整的骈体文（因其以四字、六字相间定句，又被称为“四六文”），代表作有庾信的《哀江南赋》、江淹的《别赋》等；唐宋时代出现了生动活泼、自然清新的游记散文，如柳宗元的《钴鉧潭记》、苏东坡的《石钟山记》等；明清时代出现了短小精悍、意味隽永的小品文，如袁中道的《夜雪》、方苞的《辕马说》等。

（三）小说

小说是一种以虚构想象为基本方式，注重刻画人物，讲述故事，描写环境，能够更为广泛深入地反映社会生活的文体。不少学者认为，《左传》《战国策》中的历史故事是中国小说的萌芽，其根据即是这类作品有着注重刻画人物、讲述故事的特征。与诗歌、散文相比，小说的优势正在于：可以在虚构的时空中，塑造栩栩如生的人物形象，展示历历在目的环境，设计引人入胜的故事情节。

> *欲新人心、新人格，必新小说。何以故？小说有不可思议之力支配人道故。*
>
> *（梁启超《论小说与群治之关系》）*

在中国文学史上，“小说”的称谓最早见于《庄子·外物》中“饰小说以干县令，其于大达亦远矣”之语。庄子这里说的“小说”，指的是不无贬义的琐屑粉饰之言，当然尚不具文学门类的意义，但就其“虚饰”性而言，似已可见后世小说特征之端倪。西汉刘向、刘歆父子的《七略》中提及：“又有小说家者流，盖出于街谈巷议所造。”东汉桓谭在《新论》中说：“若其小说家，合丛残小语，近取譬论，以作短书，治身理家，有可观之辞。”班固在《汉书·艺文志》中亦称：“小说家者流，盖出于稗官，街谈巷语，道听途说者之所造也。”由这些言论可知，作为明确文体概念的“小说”，当形成于汉代。但因“小说”虽有“可观之辞”，又终不过是“道听途说”之“小语”，毕竟难登大雅之堂，自然也就难以得到重视，故而《汉书》中虽曾著录小说家书15种，计1380篇，但大多已散佚。至东晋时代出现的多记“树出血”“草作人状”之类神奇怪异之事的干宝的《搜神记》，与南朝宋代出现的记录“何晏、邓扬令管辂作卦”“魏武将见匈奴使”之类名人轶事的刘义庆的《世说新语》，虽已为后世冠以“志怪小说”与“轶事小说”之称，但实际上大多仍不过是“街谈巷语，道听途说”之类的记录，且因人物塑造与故事情节的粗疏简略，也还只能算是小说的雏形而已。

在我国，小说的真正发育成型，自成一体，始自唐代。在唐代，小说虽仍被排斥在正统文学之外，但随着城市经济的繁荣、社会生活的富足和人们文化娱乐需求的多样化，以“作意好奇”为特征的小说，终于为越来越多的人所重视，甚至为权贵人物所嗜爱，故而当时举子们用作进身之阶的“温卷”中，竟也多有“传奇”之作。正是这样的社会文化背景，为传奇小说的发展提供了机遇，促成了元稹的《莺莺传》（见图 5-7）、白行简的《李娃传》、李朝威的《柳毅传》等一大批名作的产生。这些作品，故事完整，情节复杂，人物形象生动鲜明，已与现代意义的小说没有什么本质区别。至宋元时代，随着“说话”（即民间所谓“说书”）这一行业的日渐发达，对话本的需求大增，进一步刺激了小说创作。仅据罗烨《醉翁谈录》的统计，宋代话本的数目已有 150 种之多。与唐代传奇相比，由于话本必须顾及听众的能力与兴趣，因此白话色彩加强，在内容方面也更为广泛，除神怪之类的传奇故事之外，出现了《错斩崔宁》《快嘴李翠莲记》等一批描写现实生活的作品，以及《大宋宣和遗事》《新编五代史平话》等长篇讲史之作。这些作品，在语言、结构、取材、人物描写等方面的探索，为明清小说的兴盛奠定了坚实的基础。

图 5-7 崔莺莺像

明清时代，是中国古典小说发展的高峰期。在这一时期，小说创作极为活跃，不仅作品纷涌，且品类众多，计有：讲史演义小说，如罗贯中的《三国演义》、施耐庵的《水浒传》等；神怪小说，如吴承恩的《西游记》、蒲松龄的《聊斋志异》、李百川的《绿野仙踪》等；世情小说，如兰陵笑笑生的《金瓶梅》（见图 5-8）、李绿园的《歧路灯》、曹雪芹的《红楼梦》等；公案侠义小说，如安遇时的《龙图公案》、石玉昆的《三侠五义》等；谴责讽刺小说，如吴敬梓的《儒林外史》、李伯元的《官场现形记》、刘鹗的《老残游记》等。这些作品，不论在语言表达还是在描写生活的深度与广度方面，不论在叙述故事还是在刻画人物方面，都达到了很高的水平。其中，尤为值得重视的是，明代出现的《金瓶梅》，是我国古代文学史上第一部以现实生活为题材的个人独立创作的长篇小说，对于中国古代长篇小说的创作实践而言，有其重大的开拓意义与历史转折意义。在清代文坛上，含有《考城隍》《婴宁》《青凤》《聂小倩》《席方平》《促织》等诸多精警之作的《聊斋志异》的产生，使中国文学史上出现了第一位当之无

愧的世界级的短篇小说大师蒲松龄；至于曹雪芹的《红楼梦》所达到的思想与艺术高度，更是令人叹为观止，由研究这部作品而形成的“红学”，早已成为中国学术界的一个专业领域。

图 5-8 《金瓶梅》插图（忠正堂刊本）

（四）戏剧剧本

作为文学作品的戏剧剧本，是基于戏剧表演需要而产生的一种文学样式，是随着戏剧表演本身的发展而发展的。在中国历史上，戏剧表演萌芽于先秦至唐代，成形于宋金，兴盛于元代。与戏剧表演的形成同步，戏剧剧本亦当成形于宋金时代，可惜未有作品流传下来。与元代蒙古统治阶层对戏剧表演的特别喜爱有关，中国戏剧文学的创作亦勃兴于元代，以戏剧剧本的创作卓立于元代文坛的著名作家就有关汉卿、王实甫、白朴、康进之、纪君祥、郑光祖等人。尤其是一代戏剧大师关汉卿，一生创作的剧本有 70 多种，留传下来的名作即有《窦娥冤》《拜月亭》《单刀会》等。另如王实甫的《西厢记》、白朴的《梧桐雨》、康进之的《李逵负荆》（见图 5-9）、纪君祥的《赵氏孤儿》、郑光祖的《倩女离魂》、高明的《琵琶记》等，也都是中国戏剧史上不可多得的佳作。

图 5-9 《李逵负荆》插图

至明清时代，随着社会文化的进步与经济的发展，戏

剧文学的思想与艺术水平又有多方面的提高。明代文坛上出现的汤显祖的《牡丹亭》，不仅杜丽娘与柳梦梅的生死之恋动人心魄，有力地揭露了封建礼教的罪恶，在刻画人物方面的抒情笔墨也深切传神，特别是剧中由“步步娇”与“皂罗袍”两支曲子所描绘的那幅少女伤春图，一直为后人所称道。在清代文坛上，则出现了有“南洪北孔”之称的著名剧作家洪昇与孔尚任，分别为中国古典戏剧文学贡献了《长生殿》与《桃花扇》两部艺术珍品。洪昇的《长生殿》，取材于唐明皇李隆基与杨贵妃的爱情故事，其作品不仅情节曲折，结构精妙，文词优美，场面壮观，且思想内容亦深刻丰富：既有对理想爱情的赞美，也有对李杨爱情所带来的政治后果的批判，又揭露了当时社会的阶级矛盾、统治阶级的内部矛盾与民族矛盾等。孔尚任的《桃花扇》，以明代才子侯方域与秦淮歌妓李香君悲欢离合的爱情故事为线索，将统治阶级内部的派系斗争交织于其中，将人物的不幸遭遇与国家命运紧密地联系在一起。这部作品不仅真切地再现了动荡不安的明末社会现实，在广阔的社会背景下塑造了众多个性鲜明的人物形象，也痛切地抒发了作者的“兴亡之感”，流露出作者对人性的叩问。

中国文学史上的戏剧创作，虽起步较晚，却有后来居上之势，一个重要原因是：综合吸取了诗歌的抒情性与小说的叙事性优势，使之在表现能力方面大大超越了其他文体。与古希腊时代即已兴盛发达的西方戏剧相比，晚起的中国戏剧也以自己独到的艺术格局，以关汉卿、汤显祖这样的戏剧大师，赢得了世界性声誉。与西方戏剧创作中曾经有过的“三一律”结构规则、贵族化倾向以及悲喜剧的界分不同，中国戏剧从一开始，在内容方面就表现出民间化、大众化的倾向，在审美形态方面常常融悲喜成分为一体，在情节安排、场景转换、台词设计等方面也较为灵活自由。这一切都为中国戏剧的发展提供了广阔的空间，并使之形成了特有的艺术风范。

中国是一个多民族的国家，在古典文学中，除作为主体的汉民族的作品外，其他少数民族也作出了卓越贡献，如藏族的《格萨尔王传》、蒙古族的《江格尔》、柯尔克孜族的《玛纳斯》等三部史诗，已被视为世界英雄史诗的名作。这类史诗巨著，不仅显示了中国少数民族向往真善美的心灵境界与聪明才智，也弥补了汉族文学缺少长篇史诗的不足。另如维吾尔族的叙事长诗《福乐智慧》、傣族的《召树屯》、彝族的《阿诗玛》、蒙古族的《嘎达梅林》以及在不同民族中间广为流传的许多民间故事，也以其

独到的内容与形式，极大地丰富了中国古典文学的宝库。

与文学创作的成就相媲美，中国古代文学理论与批评也硕果累累。在先秦诸子散文中，已有关于文学特征与批评准则的丰富论述。至魏晋南北朝时期，已达到了空前繁荣的程度，曾先后涌现出众多专门性的文学理论著作，如曹丕的《典论·论文》、陆机的《文赋》、刘勰的《文心雕龙》、钟嵘的《诗品》等。曹丕的《典论·论文》是我国历史上出现的第一篇具有独立意义的文学理论文章。在这篇文章中，曹丕首次将文学提高到了“经国之大业”的地位，首次明确指出了“诗赋”与“奏议”“书论”“铭诔”等其他文体的区别，且通过对“建安七子”创作的评价，深入分析论述了作者的气质与创作之间的关系等重要问题。鲁迅正是根据这样一些见解，认为“用近代的文学眼光看来，曹丕的一个时代可以说是‘文学的自觉时代’”①。此后陆续出现的陆机的《文赋》，是我国最早出现的一篇研究文学创作规律的专论，其中关于艺术想象与艺术构思以及情感作用等方面的探讨，至今仍为人们所看重。刘勰的《文心雕龙》是我国古代文学理论史上的一部集大成之作。在这部著作中，作者以宏阔的文化视野、缜密的理论思辨、生动凝练的语言，对文学作品的源流、功能、体式、风格以及文学技巧、文学想象、文学阅读等重要问题，进行了全面的论述。钟嵘在《诗品》中提出的“穷情写物”与“滋味说”等，亦具有重要的文学理论开创意义。

在唐宋及明清时代的文坛上，文学理论与批评也都十分活跃，不断有重要成果问世，如唐代皎然的《诗式》、司空图的《诗品》，宋代严羽的《沧浪诗话》、魏庆之的《诗人玉屑》，明代王骥德的《曲律》、谢榛的《四溟诗话》，清代刘熙载的《艺概》、王国维的《人间词话》等，均已被视为中国古代文论及美学的经典之作。

二、古典文学的艺术品格

源远流长的中国古典文学，是在华夏大地的历史背景下形成的，是东方文明的结晶。由于地理环境、生产方式、生活方式、思想情感与文化心理的差异，故此在语言、意境、技巧、体式等方面，中国文学也表现出不同于西方文学的独特艺术品格。

---

① 鲁迅：《魏晋风度及文章与药及酒之关系》，人民文学出版社 2006 年版，第 107 页。

（一）语言美

文学是语言的艺术，因此，语言美应是文学艺术美的首要标志。而正是在这方面，中国古典文学有着自己的突出特色。从作品来看，不仅诗歌词曲之类的韵文创作讲究文词工丽，生动优美，韵律和谐，铿锵响亮；在散文中，也用语严谨，体物入微，字斟句酌，情采飞扬。刘勰所谓“声转于吻，玲玲如振玉；辞靡于耳，累累如贯珠矣。是以声画妍蚩，寄在吟咏，吟咏滋味，流于字句，气力穷于和、韵”[①]，便正是对中国古典文学语言美的总结。中国古代典籍中诸如《孟子》《庄子》《韩非子》以及韩愈的《原毁》《师说》和柳宗元的《捕蛇者说》等，虽意在论理，但其至今仍被视为优秀的文学作品，在很大程度上，便是与其语言美有关。

中国古典文学的语言美，首先得益于汉语言本身就具有的独到的艺术潜质。中国古典文学的主体是汉语文学，而汉语本身便是人类语言中最富于表现力的文字符号之一。与表音化、字母化、音节复杂的西语相比，中国的汉语文字呈现出表意为主、单字独义、单字单音以及四声平仄之分的特征。正是与“象形”“指事”“会意”之类的表意性相关，汉语文字本身就体现出构成文学作品基质的形象美；正是汉语的单字独义性，使中国文学作品的语言更易达到自由洒脱、凝练简洁的境界，可以更为充分地实现“言有尽而意无穷”的审美效果；正是与汉语言文字的单字单音性以及四声平仄之分相关，中国诗词及其他韵文中音节、词性、声调、语法结构方面的对仗、粘连、节奏、排比之类的形式美才有了实现的可能。

中国古典文学的语言美，除了汉语言文字本身的特点外，另一重要的因素是：中国传统文论中，尽管注重“文以载道”，却也不曾偏废过“文”本身的作用。东汉许慎《说文解字》云：“文，错画也，象交文。”意指“文”是由线条交错组合而成的一种图案，可引申为对自然质地的事物的修饰与加工，此即“文”之本义。正是在此意义上，孔子早就指出：“言之无文，行而不远”[②]；“情欲信，辞欲巧”[③]。在这类见解中，充分可见古圣先贤对语言表现功能的高度重视。同理，用之于文学，“文”也就是指：在写作过程中，要注重技巧，要把文句写得漂亮。至魏晋时代，文学

① （南朝梁）刘勰：《文心雕龙·声律》。

② 《左传·襄公二十五年》。

③ 《礼记·表记》。

门类日渐独立之后，“文学”之“文”的这一含义，进一步得以确立。曹丕在《典论·论文》中指出“奏议宜雅，书论宜理，铭诔尚实，诗赋欲丽”；陆机《文赋》亦宣称“诗缘情而绮靡”；刘勰在《文心雕龙》中，也将“直而不野，婉转附物”“清典可味”之类视为诗歌行文的妙境。正是基于对“文”的独立价值的认识与看重，中国古代作家一直十分重视字句的推敲。唐代大诗人杜甫曾宣称“语不惊人死不休”，卢延让曾慨叹“吟安一个字，捻断数茎须”（《苦吟》），贾岛也曾提及“两句三年得，一吟双泪流”（《题诗后》）的创作过程，由此可见中国诗人在文学语言方面的求索精神。我们常常引以为豪的中国古典文学的辉煌成就，与这样一种对语言自身的精妙追求是分不开的。

气之动物，物之感人，故摇荡性情，行诸舞咏。照烛三才，晖丽万有，灵祇待之以致飨，幽微藉之以昭告，动天地，感鬼神，莫近于诗。（钟嵘《诗品》）

值得反思的是，进入20世纪以来，由于思想启蒙与社会革命成为历史运行的轴心，直接为之服务的功利性成为文学关注的主要目标，甚至成为唯一追求；与之相关，文学语言的“口语化”“大众化”受到片面推崇，其艺术特质一度遭到掩抑，文学语言的自觉意识也曾长期淡化，从而影响了现当代文学的成就。正因如此，中国古典文学所体现出来的语言美，就更具有现实启示意义。

（二）意境美

意境，是中国古代诗学中的一个重要理论范畴，指的主要是诗歌作品中呈现出来的情景交融、虚实相生，属于作者主观范畴的“意”与属于物象客观范畴的“境”完美融合而形成的一种“言有尽而意无穷”的艺术境界。

在西方，与注重主客二分的思维方式以及亚里士多德“摹仿”说的影响有关，其诗歌作品中的理性意念成分更为突出，也更注重“再现”与“写实”。而在我国，与注重“天人合一”的思维方式有关，诗人们在创作过程中，不论涉及自然景物、生活场景还是个人胸臆都在力戒直露，务求含蓄；都在避免冷静地摹写现实，而设法以特定的意象组合构成某种意境，诱发读者自己去体悟其中的思想与意绪。像唐人司空图在《诗品》中所强调的，是“不着一字，尽得风流”；像宋人严羽在《沧浪诗话》中所说的，是“如空中之音，相中之色，水中之月，镜中之象”“羚羊挂角，无迹可求”。中国文学史上的许多优秀诗作，令人着迷的魅力正在于这样一种诱人遐思不尽的意境美。如柳宗元的《江雪》：“千山鸟飞绝，万径人踪灭。孤舟蓑笠翁，独钓寒江雪。”表面上写的不过是冰天雪地中一个老人在独自钓鱼的场景，但透过特定的意象组合，令人体味到的是诗人独立不羁的情怀，令人联想到的是诗人昂然不屈的人格追求。又如元人马致远的小令《天净沙·秋思》，表面看来，似乎只是“枯藤”“老树”“昏鸦”“小桥”“瘦马”之类意象的随意组合，且句式亦不合语法逻辑，但读者却会被整体意境所打动，在阅读过程中生出孤寂之情与家园之思。而这正是中国古典诗歌的魅力所在。

> 枯藤老树昏鸦，小桥流水人家。古道西风瘦马，夕阳西下，断肠人在天涯。（马致远《天净沙·秋思》）

即使在通常所说的叙事诗中，中国古代诗人的笔墨重心亦往往不在于重写实的“事件”叙述或“人物”刻画，而仍在于情景交融的意境创造。如白居易的《长恨歌》，虽以唐明皇李隆基与杨贵妃的恋爱故事为题材，但其中并无多少关于李杨恋爱情节的讲述与相关场面的正面呈现，亦无关于杨贵妃美貌的精细刻画，而是以“云鬓花颜金步摇，芙蓉帐暖度春宵”“回眸一笑百媚生，六宫粉黛无颜色”“玉容寂寞泪阑干，梨花一枝春带雨”之类的意象化语言，构成了味之无极的诗意空间，给人以心醉神迷的审美体验。正因如此，李杨故事虽已为人熟知，但《长恨歌》仍能令人百读不厌。

> 杨家有女初长成，养在深闺人未识。
> 天生丽质难自弃，一朝选在君王侧。
> 回眸一笑百媚生，六宫粉黛无颜色。
> ……
> 在天愿作比翼鸟，在地愿为连理枝。
> 天长地久有时尽，此恨绵绵无绝期。
> [白居易《长恨歌》（节选）]

中国古代文学的这样一种意境美，在以写实为主体的小说作品中也有充分体现。如《三国演义》《水浒传》《红楼梦》等，虽均属再现性很强的现实主义作品，但与同具现实主义特征的西方小说不同，在有关楼台亭阁、园林花木之类描写中，亦每每意味浓郁，更富有诗情画意。

（三）技巧美

文学，作为一门艺术，审美价值还表现在作品的谋篇布局、修辞手法、表现技巧等方面，而在这些方面，中国诗人、作家也表现出了卓越的才情与智慧。

在中国的诗歌之类抒情作品中，自《诗经》开始，就注重了比、兴手法的运用。按朱熹的解释：“比者，以彼物比此物也”；“兴者，先言他物以引起所咏之词也”。①而实际上，中国古代诗歌中的比，除体现为一般

① （宋）朱熹：《诗集传》卷一。

修辞格意义上的比喻、比拟之外，还常常呈现出整体性象征的意味。在中国古代文论中，虽未出现“象征主义”术语，但从其创作实际来看，像《诗经》中的《硕鼠》和《鸣雁》、屈原的《橘颂》、陆游的《咏梅》等这样一些类乎西方现代派文学中的“象征”之作，早已自成格局，大量可见。兴的作用，除了朱熹所说的引发情思，同时往往亦有着情感铺垫、渲染气氛、统领全篇及烘托意境的作用。如《孔雀东南飞》的首句“孔雀东南飞，五里一徘徊”，似乎与下文中焦仲卿与刘兰芝的婚姻悲剧无关，但其“孔雀徘徊”之象，不仅为全诗确立了感伤的情感基调，且与焦仲卿“徘徊庭树下，自挂东南枝”及人物死后化为双鸟的结尾前后呼应，达致托物寄情之效，增加了作品和谐完美、浑厚完整的意蕴。另如中国诗人根据民族语言特征而创造的平仄、对仗、粘连之类，也是中国文学中特有的艺术技巧。

驿外断桥边，寂寞开无主。已是黄昏独自愁，更著风和雨。无意苦争春，一任群芳妒。零落成泥碾作尘，只有香如故。
（陆游《卜算子·咏梅》）

在小说、戏剧等叙事性作品中，中国作家的出色技艺表现在：善于以精到的笔墨、个性化的语言及鲁迅先生所称许的“白描”手法，历历在目地展示场景，生动逼真地刻画人物。在一些名家笔下，往往着墨不多，人物已个性毕现。正如金圣叹在评点《水浒传》的艺术成就时所推赏的：“叙一百八人，人有其性情，人有其气质，人有其形状，人有其声口。”（《序三》）另如在《红楼梦》中，不惟贾宝玉、林黛玉、王熙凤等主要人物栩栩如生，即使夏婆子、赵老嬷嬷这样一些不过闪现一鳞半爪的人物，也给读者留下了深刻的印象。司马迁的《史记》本系历史著作，之所以又被视为有着很高价值的文学作品，很大程度上也是与其在写人记事方面所达到的高妙境界有关。

（四）体式美

中国古典文学作品的审美品格，还表现为体式纷繁，风格多样。

以语体论，在诗歌领域，先后出现了以四言为主的《诗经》，以五言为主的乐府诗，也出现了句式自由灵活的“骚体”诗，又有取象用语、声调平仄有着严格要求的格律体；在小说领域，既有《聊斋志异》那样典雅的文言体，也有《三言二拍》《金瓶梅》那样的古代白话体。以语言风格论，既有高古的诸子散文，又有取范于民间的话本、散曲，还有雅俗共赏的《水浒传》《三侠五义》《三国演义》（见图 5-10）等。以文体论，在诗歌方面，既有汉代乐府体、五七言古体，又有格律严谨的近体；在小说方面，有笔记体、话本体，又有章回体；在散文方面，既有自由随意的小品体，也出现过整齐工整的骈文体；在戏剧方面，既有以歌舞讲唱为主的大曲、鼓子词，也有“曲白相生”、演唱与叙事相结合、适于舞台演出的元杂剧等。以作品的整体风格来看，既有重写实的《儒林外史》《老残游记》，又有以浪漫想象为主的《离骚》《洛神赋》《西游记》，亦有融写实、象征、夸张、幻想、神话传说为一体的《红楼梦》《窦娥冤》《长生殿》等。正是这样纷繁的体式与多样化的风格，使中国古代文学呈现出了千姿百态的繁荣景象。

图 5-10 《三国演义》插图（金陵万卷楼本）

在充分肯定中国古典文学辉煌艺术成就的同时，我们当然也应清醒地意识到，与西方文学相比，中国古典文学也存在着某些方面的不足。

由于过分注重格律、用典及字句的刻意经营等，中国古代的诗歌散文虽形成了言近旨远、精粹简约的审美风格，但同时也常见迂晦玄奥、艰涩费解、脱离大众等缺陷，此正系五四时代“白话文”运动的合理性之所在。另外，这类缺陷也抑制了中国古代汉语诗歌体式的进一步发展，使之没能像西方文学史那样出现如同惠特曼的《草叶集》一样气势磅礴的自由体，如同歌德的《浮士德》、拜伦的《恰尔德·哈洛尔德游记》和《唐璜》那样的长篇叙事诗体。

与“温柔敦厚”“怨而不怒”“哀而不伤”等儒家信条的影响有关，在中国古代小说与戏剧作品中，其内容的配置往往以美善为主体，以丑恶为陪衬，缺乏像西方文学史上的《神曲》《威尼斯商人》《伪君子》《名利场》那样一些以鞭挞丑恶为主体的作品；在情节结构中，亦常见“善人总有善终，恶人总有恶报”，落难公子往往状元及第，有情人终成眷属，冤案总会得以昭雪之类的“大团圆”结局。即如在《西厢记》《长生殿》《桃花扇》这类优秀作品中，竟也未能超越。甚至在伟大的《红楼梦》中，也出现了“兰桂齐芳”的“光明”尾巴。这样一种结构模式，不仅陈陈相因，缺乏创造性，同时也粉饰了现实，影响了中国文学中悲剧美的形成。此外，由于中国传统小说更多地受到了纪传体史书的影响，在人物刻画方面，也多以外在言行为主，缺少西方文学作品中常见的对人物内心世界的细致入微的开

掘；在叙述程序方面，也多以时间先后为序，正如一位当代学者曾经指出的：中国文言小说多以时间先后次第叙事，时空调度变化不大；少量倒叙、补叙等手法的运用也是源自史书，与西方小说深受戏剧影响形成的大幅度时空调度的叙事风格仍有质的区别。[①] 而这类不足也影响了中国小说叙事功能的拓展以及小说文体本身的发展。

三、古典文学对中国传统文化的影响

中国古典文学，是中国传统文化的重要组成部分，也是中华民族人文精神的集中体现。所谓人文精神，是与科学精神相对而言的，从根本上说，是指人生信念、社会理想、生存方式等方面的价值追求。与西方源起于古希腊时代的以主客对立、渴望征服自然为主导的文化视野不同，中国传统文化中更为丰富地蕴含着关于人的自我修养、人类社会本身的秩序建设、人与自然的关系等人文精神。正是这些方面的人文价值追求，影响了一代代中国诗人、作家的心灵，形成了中国古典文学鲜明的精神个性。

（一）积极影响

1. 刚正不屈的人格追求

恪守正义，坚持真理，刚正不屈，崇尚气节，是中国传统文化特别看重的人格风范。孔子所赞叹的“三军可夺帅也，匹夫不可夺志也”[②]，孟子曾标举的“富贵不能淫，贫贱不能移，威武不能屈”[③]，“说大人则藐之，勿视其巍巍然”[④] 等，推崇的便正是这样一种人格特征。据《左传·襄公二十五年》载，齐国大臣崔杼，杀死庄公，“大史书曰：‘崔杼弑其君。’崔子杀之。其弟嗣书，而死者二人，其弟又书，乃舍之。南史氏闻大史尽死，执简以往，闻既书矣，乃还”。这几位较早见于史册的齐国文人，即可谓中国知识分子的人格楷模，在他们身上表现出来的不畏强暴、刚烈不屈的精神，一直为后世所激赏，并构成了中国传统文化中旺盛的脉绪。在不同时代，大义凛然如齐史官那样的诗人、作家，纷涌迭现，不可胜数。遭到佞臣陷害而被放逐的屈原，不顾个人得失，仍在《离骚》中昂然宣称：“謇

① 参见杜贵晨《中国古代小说散论》，山东文艺出版社 1993 年版，第 28 页。

② 《论语·子罕》。

③ 《孟子·滕文公下》。

④ 《孟子·尽心下》。

吾法夫前修兮，非世俗之所服；虽不周于今之人兮，愿依彭咸之遗则。”司马迁尽管已因为李陵辩护而受宫刑，但在出狱后写作的《史记》中，仍如实记载了当朝开国皇帝刘邦的无赖言行与奸诈性格；对于同时代的汉武帝的奢侈浪费、迷信方士之类，也给予了大胆的讽刺与批判。不肯与黑暗官场同流合污的晋代诗人陶渊明，勇敢挑战世俗，决然归隐，当晚年陷入“偃卧瘠馁”之境时，仍不肯为五斗米折腰。柳宗元因积极参与当时撤办贪官污吏之类的政治改革而遭到迫害，贬逐永州之后，亦仍固守高洁，“独钓寒江”。此外，在面对强暴、愤然不屈的窦娥（关汉卿：《窦娥冤》），大义凛然的李香君（孔尚任：《桃花扇》），敢于反叛天庭的孙悟空（吴承恩：《西游记》）等这样一些文学形象身上，闪射出的也是有着铮铮铁骨的中国古代作家的人格光辉。

长太息以掩涕兮，哀民生之多艰；余虽好修姱以鞿羁兮，謇朝谇而夕替；既替余以蕙纕兮，又申之以揽茝；亦余心之所善兮，虽九死其尤未悔。

[《楚辞·九歌》(节选)]

在国难当头、外敌入侵的历史背景下，这种人格精神又常常化为“人生自古谁无死，留取丹心照汗青”（文天祥：《过零丁洋》）、“壮士未与年俱老，死去犹能作鬼雄”（陆游：《书愤》）、“今生已矣，来世为期；万岁千秋，不销义魄；九天八表，永厉英魂”（夏完淳：《土室余论》）这样一种精忠为国、不屈不挠的民族气节。这里特别值得提及的是，本以“婉约”风格著称的女词人李清照，也曾写下过“生当作人杰，死亦为鬼雄。至今思项羽，不肯过江东”（《乌江》）的雄健之作。

文学，是一种最富于个性气质与独立人格追求的精神创造活动，只有缘此产生的诗文，才能见出刘勰在《文心雕龙》中所推重的“风骨”，才能“刚健既实，辉光乃新”。在中国古典文学史上，虽亦不乏奉帝王之命而为之的点缀升平、歌功颂德、甚至阿谀奉迎的“应制”之作，如明初诗坛上出现的以杨士奇、杨荣等人为代表的台阁诗等，但毕竟为人所不齿；而真正代表了中国文学的伟大成就，时常回荡在历代读者心头的正是那些充分显示了刚正不屈之人格精神的作品。

2. 济时救世的道德信念

中国古代文人向以济时救世、安顿天下为己任，有着强烈的“天下兴亡，匹夫有责”的使命意识，他们常常向往一个没有压迫、没有剥削、自由平等的人间乐园。孟子所设想的“老吾老，以及人之老；幼吾幼，以及人之幼”，应使天下人“仰足以事父母，俯足以畜妻子，乐岁终身饱，凶年免于死亡”①；宋人范仲淹在《岳阳楼记》中所称颂的“不以物喜，不以己悲”“先天下之忧而忧，后天下之乐而乐”；杜甫所希冀的“致君尧舜上，再使风俗淳”（《奉赠韦左丞丈二十二韵》），“安得广厦千万间，大庇天下寒士俱欢颜”（《茅屋为秋风所破歌》）……体现的正是这样一种道德情怀。

正是出于匡正天下的动机，经世致用、文以载道成为中国古代文学创作的主导追求。早在汉代，桓谭就已在《新论》中提出了对“美而无采”的“丽文”的批判；唐代的陈子昂、李白等人亦曾标举“风雅”，痛恨六朝以来的浮艳诗风；白居易则明确主张“文章合为时而著，歌诗合为事而作”（《与元九书》）。从创作实践来看，中国诗人、作家们常以疾恶如仇的犀利笔触，抗拒着社会的不公，抨击着现实的黑暗，倾诉着民间的疾苦。在我国的第一部诗歌总集《诗经》中，已多见这类惊心动魄之作。如在《伐檀》《硕鼠》《鸨羽》《黄鸟》等篇章中，诗人尖锐地讥讽了疯狂掠夺的贵族，愤怒地控诉了奴隶社会的残酷与野蛮，发出了“悠悠苍天，曷其有所”的厉声斥问。在此后不同的历史时期，诸如控诉战乱的罪恶，对处于水深火热中的人民群众深表同情的作品，如王粲的《七哀诗》、杜甫的“三吏”“三别”、《北征》，张养浩的著名散曲《潼关怀古》；揭露统治者骄淫奢侈、横征暴敛的作品，如柳宗元的《捕蛇者说》、白居易的《卖炭翁》、关汉卿的《窦娥冤》、蒲松龄的《促织》《席方平》等。它们共同构成了中国古代文学史上震撼人心的一大序列。

> 肃肃鸨羽，集于苞栩。王事靡盬，不能蓺稷黍。父母何怙？悠悠苍天，曷其有所？
>
> 肃肃鸨翼，集于苞棘。王事靡盬，不能蓺黍稷。父母何食？悠悠苍天，曷其有极？
>
> 肃肃鸨行，集于苞桑，王事靡盬，不能蓺稻粱。父母何尝？悠悠苍天，曷其有常？
>
> （《诗经·鸨羽》）

正是出于对人间乐园的向往，中国古代的诗人、作家们或以豪迈的气势、赤诚的胸襟，写下了大量诸如“安得壮士挽天河，净洗甲兵常不用”（杜甫：《洗兵马》）、“我劝天公重抖擞，不拘一格降人材”（龚自珍：《己亥杂诗》）之类渴望战乱永弭、呼唤人间太平、向往自由平等的诗篇；或以浪漫主义的艺术手法，虚构出一个“土地平旷，屋舍俨然”“不知有汉，无论魏晋”，男女老少，怡然自乐的“桃花源”世界（陶渊明：《桃花源

① 《孟子·梁惠王上》。

记》）；或以丰富的想象，描绘出一个人们相互谦让、连官场人物亦和蔼可亲、清廉俭朴的“君子”之国（李汝珍：《镜花缘》）；或以粗犷的笔墨，塑造了武松、李逵、鲁智深（施耐庵：《水浒传》），黄天霸（《施公案》），十三妹（文康：《儿女英雄传》），白玉堂、蒋平（《三侠五义》）等众多“路见不平，拔刀相助”“解困济危，舍己为人”的英雄好汉、侠客义士的形象。

3. 自强不息的奋进精神

在中国古代诗人、作家中，虽亦不乏由于世事渺茫、生活困顿或仕途失意而生出人生无常的悲叹和梦幻破灭的哀怨之类，但构成文学史主调的则是高亢激越、自强不息的奋进精神，具体表现在以下几个方面：

> 文学能揭穿黑暗，迎接光明，使人们抛弃卑鄙和浅薄，趋向高尚和精深。
>
> （叶圣陶《侮辱人们的人》）

一是渴望建功立业的壮志豪情。曹操那首“老骥伏枥，志在千里；烈士暮年，壮心不已”的《龟虽寿》，千百年来，一直鼓舞着许多人的心怀。陈子昂的“感时思报国，拔剑起蒿莱”（《感遇诗》）、王维的“莫嫌旧日云中守，犹堪一战取功勋”（《老将行》）、陆游的“夜阑卧听风吹雨，铁马冰河入梦来”（《十一月四日风雨大作》）等诗句，至今读来，仍令人眼热心跳。尤其是在唐代大诗人李白笔下，那些“抚剑夜长啸，雄心日千里”（《赠何七判官昌浩》）、“气岸遥领豪士前，风流肯落他人后”（《流夜郎赠辛判官》）的狂放诗句，更是以其英姿逼人之状，激人奋发。这位杰出的浪漫主义诗人，直至逝世前，在其绝笔之作《临终歌》中，仍以大鹏自况，喷涌出来的仍是渴望“飞振兮八裔”“风流兮万世”这样一种豪气与雄风。

二是坚不可摧的英雄气概。从“精卫填海”“大禹治水”之类的神话故事中，即可见出中华民族早在创生之初就已形成的不屈不挠的奋进精神。后世的许多作品，亦常是缘于这样一种精神而为人所推赏。“我是个蒸不烂、煮不熟、捶不扁、炒不爆、响当当一粒铜豌豆”“你便是落了我牙，歪了我嘴，瘸了我腿，折了我手，天赐与我这般儿歹症候，尚兀自不肯休”，关汉卿的这一名曲《不伏老》，便正是缘于其中汹涌的刚烈决绝之气，而成为文学史上的

> 君不见走马川行雪海边，平沙莽莽黄入天。
> 轮台九月风夜吼，一川碎石大如斗，随风满地石乱走。
> 匈奴草黄马正肥，金山西见烟尘飞，汉家大将西出师。
> 将军金甲夜不脱，半夜军行戈相拨，风头如刀面如割。
> 马毛带雪汗气蒸，五花连钱旋作冰，幕中草檄砚水凝。
> 虏骑闻之应胆慑，料知短兵不敢接，车师西门伫献捷。
>
> （岑参《走马川行奉送封大夫出师西征》）

一个亮点。在司马迁笔下，那位兵败垓下的项羽，之所以千古为人传颂，亦正在于其虽然身陷绝境而决不气馁，毅然率部下“下马步行，持短兵接战”，一直战斗到最后一刻的英雄本色。另如《水浒传》《西游记》《三侠五义》等小说作品，之所以深为中国人所喜爱，重要原因也在于作家生动地刻画了一系列敢作敢为、大呼猛进的英雄豪杰形象。

三是积极乐观的人生态度。无论面对社会危局、时代忧患，还是人生挫折，中国诗人、作家常常表现出一种积极乐观的情绪。如：“初景革绪风，新阳改故阴。池塘生春草，园柳变鸣禽。”（《登池上楼》）在久卧病床且仕途失意的东晋诗人谢灵运笔下，仍透露出这样一种欣欣向荣的春之气息。唐代诗人刘禹锡在被贬官23年之后，仍如此豪迈地写道：“沉舟侧畔千帆过，病树前头万木春。”（《酬乐天扬州初逢席上见赠》）深谙多灾多难之中国历史的近代思想家梁启超，戊戌政变失败之后亡命日本时，犹写下了《少年中国说》这样一篇充满乐观主义激情的政论散文。文中写道：“天载其苍，地履其黄，纵有千古，横有八荒；前途似海，来日方长。美哉我少年中国，与天不老！壮哉我少年中国，与国无疆！”对祖国美好未来的憧憬，感人肺腑。

中国古典文学，正因这样一种不屈不挠的奋进精神，增强了刚劲的风骨与神韵；也正是这样一种自强不息的豪情，构成了中华民族不息的生机与活力。

4. 自由率真的生命向往

在中国古典文学理念中，虽然一直十分重视厚人伦、美教化、文以载道之类的功利目的，但与此同时，在文学史的长河中，反抗不合理的封建礼教束缚的呼声，也时成声势；鄙弃世俗名利、傲视权贵、自由放达、率真任性、敢爱敢恨的生命追求，亦震撼千古。中国最早的诗论典籍《毛诗序》就已指出，诗歌创作的特征是“情动于中而形于言。言之不足，故嗟叹之；嗟叹之不足，故咏歌之；咏歌之不足，不知手之舞之，足之蹈之也”；唐代诗人韩愈强调“物不得其平则鸣”（《送孟东野序》）；明代思想家李贽亦强调，好文章乃出自“绝假纯真”之“童心”（《童心说》），故应顺性而为；另一位明代学者洪应明在《菜根谭》中说得更为

花间一壶酒，独酌无相亲。
举杯邀明月，对影成三人。
月既不解饮，影徒随我身。
暂伴月将影，行乐须及春。
我歌月徘徊，我舞影零乱。
醒时同交欢，醉后各分散。
永结无情游，相期邈云汉。
（李白《月下独酌》）

明确："人心有一部真文章，都被残编断简封锢了；有一部真鼓吹，都被妖歌艳舞湮没了。学者须扫除万物，直觅本来，才有个真受用。"在这些文论主张中，体现出来的正是中国古代文学中更富于现代人性精神的生命渴望。

从具体文学作品来看，在诸如"被褐出阊阖，高步追许由；振衣千仞岗，濯足万里流"（左思：《咏史》第五首）、"我本楚狂人，凤歌笑孔丘"（李白：《庐山谣寄卢侍御虚舟》）、"安能摧眉折腰事权贵，使我不得开心颜"（李白：《梦游天姥吟留别》）、"两岸舟船各背驰，波痕交涉已难为。只余鸥鹭无拘管，北去南来自在飞"（杨万里：《初入淮河》）之类诗作中，涌动着的亦正是这样一种渴望自由之情。在蒲松龄笔下那个直言快语、敢笑敢闹、"狂而不损其媚"的婴宁，《红楼梦》中厌读"四书五经"、藐视功名利禄的贾宝玉、林黛玉，《儒林外史》中笑傲王侯、远避权要、不慕荣华、向往"天不收，地不管"之生活境界的杜少卿、王冕，《水浒传》中言行无羁、富有反抗精神的鲁智深、李逵等人物形象身上，也无一不体现了中国古代作家内在心性的自由放达。

这样一种生命追求，尤其见之于许多大胆追求男女之间纯真爱情的作品，如《诗经》中的《关雎》《将仲子》，唐诗中李商隐的《无题》，宋词中李清照的《醉花阴》（薄雾浓云愁永昼）、陆游的《钗头凤》（红酥手），元杂剧中的《拜月亭》《西厢记》及明清文坛上出现的汤显祖的《牡丹亭》、洪昇的《长生殿》等，亦正是其率真赤诚的人性追求，打动了历代无数读者。

5. 汇通天地的宇宙情怀

当今世界，随着人类自身物欲的无限膨胀和对生活资源的竞相掠夺，人类实际上已为自己制造了以及正在制造着许多令人触目惊心的灾难：森林面积与物种数量正在锐减，空气与水源严重污染，生态环境日趋恶化。我们赖以生存的"宇宙岛""地球村"已经惨不忍睹，岌岌可危。因此，早在20世纪初，不少西方学者就已将目光投向了对人与自然、人与生态环境之间关系的关注，提出了"生态伦理主义"之类的主张，强调人应与地球上的所有生物和平共处。值得注意的是，在这方面，我国的许多古圣先贤早就有着清醒的认识，体现出一种注重人与自然万物和谐并存的宇宙情怀。《易传·文言》中已有"与天地合其德"之说，老子的《道德经》中已有"人法地，地法天，天法道，道法自然"的著名论断。另如在庄子的"天地与我并生，

而万物与我为一”[①]、荀子的“谨其时禁”[②]以及宋人张载明确提出的“民吾同胞，物吾与也”（《西铭》）等哲学命题与人生主张中，分明就已包含着弥足珍贵的现代西方学者所倡导的“生态伦理主义”思想。

与之相关，在中国古典文学中，另一特别值得注意的现象是：早在南朝宋代，随着谢灵运、谢朓等著名山水诗人的出现，生机勃勃的大自然就已引人注目地进入了中国人的审美视野，正如朱光潜在《中西诗在情趣上的比较》一文中指出的，中国人在公元5世纪前后的晋宋之交就兴起了自然情趣，而西方人则在公元18世纪左右的浪漫运动初期才兴起，要晚于中国人1300多年。[③]此后，与西方文学相比，中国诗文中歌颂自然、田园风光、花鸟虫鱼之类生态美的作品一直异常突出。在诸如“落霞与孤鹜齐飞，秋水共长天一色”（王勃：《滕王阁序》）、“人闲桂花落，夜静春山空”（王维：《鸟鸣涧》）、“相看两不厌，唯有敬亭山”（李白：《独坐敬亭山》）、“细雨鱼儿出，微风燕子斜”（杜甫：《水槛遣心》）、“欲把西湖比西子，淡妆浓抹总相宜”（苏轼：《饮湖上初晴后雨》）等佳句中，在柳宗元的《永州八记》、张岱的《湖心亭看雪》等散文名篇中，以及在《水浒传》《红楼梦》《西游记》（见图5-11）等小说的景物描写中，均可以见出中国诗人、作家对自然美的钟情，以及“万物静观皆自得，四时佳兴与人同”这样一种关爱万物、主客化一、汇通天地的宇宙胸襟。在目前人类的生态伦理意识正在觉醒勃兴之时，中国古典文学中蕴含的这样一种宇宙精神，无疑是值得大加发掘、弘扬光大的。

图5-11 《西游记》插图

（二）消极影响

当然，我们也要意识到，以现代文化眼光来看，由于文化血缘、社会体制、生态环境等方面因素的制约，在我国古代文学所流露的文化观念中，

---

① 《庄子·齐物论》。

② 《荀子·王制》。

③ 参见北京大学比较文学研究所编《中国比较文学研究资料》，北京大学出版社1989年版，第210页。

也存在着某些方面的局限与需要分析、批判的糟粕。这些局限与糟粕也在多方面束缚了中国诗人、作家的手脚，压抑了其创造活力，影响了中国古典文学的价值。

1.“官本位”意识

与西方历史上有着久远传统的“王在法下”的政治诉求与政治体制以及贵族、教会、市民阶层与国王分割社会权力与利益的多元格局不同，在漫长的中国历史上，存在的一直是由权力至高无上的帝王统辖之下的单一梯级的官吏治国体制，形成的是“劳心者治人，劳力者治于人”① 的官贵民贱格局，故而中国古代文人心目中所向往的“功业”，以及奋勇进取的目标，往往是单一的，常常是与官位和权力相关联的，位列公卿、“学而优则仕”“朝为田舍郎，暮登天子堂”等等。于是，以官为上、以官为荣的“官本位”意识，以及与之相应的权力崇拜意识，也就成为中国传统文化中的精神病灶之一。

在中国古代许多诗人、作家心目中，常将“金榜题名”视为人生的最高荣耀。唐代诗人孟郊“春风得意马蹄疾，一路看尽长安花”（《登科后》）一诗中所见出的正是这种得意之情。中国古代文人所谓的鄙弃世俗、傲视权贵，在许多情况下，往往是因自己不是权贵，或无望成为权贵；而一旦自己成为权贵，甚或有望成为权贵，常常就会如同鲁迅所说的“一阔脸就变”（《赠邬其山》）。即如曾经宣称“安能摧眉折腰事权贵，使我不得开心颜”的李白，当接到让他赴朝廷做官的通知时，亦曾禁不住心花怒放：“仰天大笑出门去，我辈岂是蓬蒿人！”其自命不凡、自鸣得意之情溢于言表。

在中国古代许多诗人、作家的笔下，常见看似心态淡泊的超然物外之作，但实际上，在内心深处，很少有人能够彻底忘怀官位与权势。即如著名的田园诗人陶渊明，其归隐，除了厌恶官场污浊之外，亦与嫌其“参军”“县令”之类的官职过于卑微有关，这一点，他自己在《荣木》一诗中曾经说得很清楚：“四十无闻，斯不足畏。脂我名车，策我名骥，千里虽遥，孰敢不至！”曾在山中隐居多年、以闲适恬淡的山水诗著称的唐代诗人王维，当得到张九龄的赏识后，即曾趁机进一步表白“贱子跪自陈，可为帐下不”

① 《孟子·滕文公上》。

(《献始兴公》),亦可见其切切乞官之情。宋代诗人黄庭坚,7 岁时曾作《牧童》诗云:“骑牛远远过前村,吹笛风斜隔陇闻。多少长安名利客,机关用尽不如君。”但这位童年时代即生厌恶官场之意的诗人,后来不仅入仕做官,最终亦是因官场角逐失败,死于宜州贬所。

在一些宣泄不平、抗拒不公、富有反抗精神的作品中,也往往隐含着“王侯将相,宁有种乎”,渴望“取而代之”的心态。《西游记》中的孙悟空的梦想即是“皇帝轮流做,明年到我家”。《水浒传》中的李逵,念念不忘的亦是“杀去东京,夺了鸟位”;李逵甚至还这样设计出了“夺了鸟位”之后的安排:“晁盖哥哥便做了大宋皇帝,宋江哥哥便做了小宋皇帝;吴先生做个丞相,公孙道士便做个国师;我们都有做个将军。”在孙悟空、李逵这样一类人物的梦想中,透露出的亦分明正是作者对最高权力的向往心理。

与以官为上、以官为荣相关,中国古代文人常以科举落第为“耻”,以仕途失意为“穷”。欧阳修在《梅圣俞诗集序》中所说的“非诗之能穷人,殆穷者而后工”之“穷”,其意即指诗人虽“累举进士,辄抑于有司。困于州县十余年”。在中国古代许多诗人、作家心目中,失官或得不到官位,不仅是“穷”,而且是“耻”,是“羞”。如:孟浩然在“干谒诗”《望洞庭湖赠张丞相》中即谓“欲渡无舟楫,端居耻圣明”;才华横溢,在聊斋故事中极力揭露过八股取士的科举制度的罪恶和弊端的蒲松龄,亦曾将屡试不第视为自己平生的奇耻大辱,在《蒙朋赐贺》一诗中,有过如此痛切的表示:“落拓名场五十秋,不成一事雪盈头。腐儒也得宾朋贺,归对妻孥梦亦羞。”

在官吏等级严明、人生选择空间狭小的中国古代社会体制下,文人谋官,将其与建功立业或个人生活处境相联系,当然是可以理解的。但如果一个国家、一个时代充斥着官欲,其社会就难以全面发展了。如果“做官”成为文化精英的唯一追求或首要选择,其国家与时代大概也就会像古代中国那样,只能在改朝换代、权力争夺中踏步不前甚或是恶性循环了。故而在五四新文化运动中,这样一种“官本位”情结,曾深得抨击。陈独秀在 1916 年《新青年》发刊词中即曾严厉说道:“充满吾人之神经,填塞吾人之骨髓,虽尸解魂消,扬其灰,用显微镜点点验之,皆有‘做

官发财’四大字。做官以张其威，发财以逞其欲。一若做官发财为人生唯一之目的。人间种种善行，凡不利此目的者，一切牺牲之而无所顾惜；人间种种罪恶，凡有利此目的者，一切奉行之而无所忌惮。”并进而指出，此类恶习，此等卑劣思维，正“乃远祖以来历世遗传之缺点（孔门即有干禄之学）”。

2.“奴性”意识

与上述内容相关联，中国古代社会长期沿袭的是“溥天之下，莫非王土；率土之滨，莫非王臣”的君国一体的“家天下”体制；在作为中华民族精神支柱之一的儒家文化中，亦存在维护森严等级的封建宗法文化的糟粕。由此而形成的“帝王至上”“以官为本”“唯上是从”等意识也就一直深植于中国人心中。影响所及，中国古代许多诗人、作家的人格及具体作品中，也不时流露出“奴性”意识，甚或体现为赤裸裸的“奴性”人格。主要体现在以下几方面：

一是忠君。在中国历史上，虽早已不乏阮籍、鲍敬言、黄宗羲这样一些敢于大胆反叛君主专制的思想家，他们曾公然宣称“无君而庶物定，无臣而万事理”（阮籍：《大人先生传》），“古者无君，胜于今世”（葛洪：《抱朴子·诘鲍》），“臣之出仕，是为天下，非为君也；为万民，非为一姓也”（黄宗羲：《原君》），但在“君叫臣死，臣不敢不死”的封建时代，在大部分中国古代文人心目中更为普遍可见的是：将建功立业、报国意识与“忠君”意识联为一体。如由《离骚》等作品中可见，为历代传颂的伟大爱国主义诗人屈原，其爱国精神是感人的，但“岂余身之惮殃兮，恐皇舆之败绩”之类诗句中表现出来的对昏庸的楚怀王的痴心，甚至赌咒发誓似地“指九天以正”对怀王的愚忠，又不无可悲意味。在后来的历代中国诗人、作家那儿，这样一种“忠君”意识，几乎成为难以逾越的人格规范。或如鲍照所宣称的“投躯报明主，身死为国殇”（《代出自蓟北门行》），辛弃疾所表白的“了却君王天下事，赢得生前身后名”（《破阵子·为陈同甫赋壮词以寄之》）那样，径直将“为君”视作“为国”；或像杜甫“每饭不忘君”那样，将帝王视为最高层次的精神寄托；或如韩愈那样，即使蒙受不白之冤，已遭“夕贬潮阳路八千”，仍如同前辈诗人屈原那样忠心耿耿地表白“欲为圣明除弊事，肯将衰朽惜残年”（《左迁至蓝关示侄孙

湘》）。另如《三国演义》中的“拥刘反曹”，《水浒传》中借宋江之口所表白的“今皇上至圣至明，只被奸臣闭塞，暂时昏昧”，“宁可朝廷负我，我忠心不负朝廷”等，更系“愚忠”意识之表现。

二是向往清官。在漫长的中国历史上，“为民作主”，一直是统治阶级所标榜的官场守则。为民作主，实际上也意味着“官”手中掌握着对百姓的生杀予夺之权。在这样的社会体制中，无权之小民，当然也就只能期盼一个能够真正为民作主的“清官”了。在中国古代文学中，这样一种“清官意识”，最为集中地表现在诸如元代作家关汉卿的《鲁斋郎》、李潜夫的《灰阑记》、无名氏的《陈州粜米》，明代作家木石山人的《金环记》、冯梦龙的《三现身包龙图断冤》、李春芳的《海刚峰先生居官公案传》，清代作家朱素臣的《十五贯》等倾心塑造了除暴安良、清正廉洁、铁面无私的包公、海瑞、况钟等“清官”形象的戏剧、话本小说、公案小说中。在排解民间积怨、维护社会正义、消除人间不平等方面，中国古代的“清官”当然发挥了重要作用，是应该给予赞颂的，但一味将希望寄托于“清官”，也只能加剧时人的“奴性”意识，阻碍社会的进步。

三是奉迎权势。在中国古代文学史上，与傲视权贵、威武不屈之人格形成强烈对比的是，有不少诗人、作家又不乏奴颜婢膝之态。如晋代诗人潘岳，虽曾在《闲居赋》中把自己描绘成“身齐逸民，名缀下士”的清高形象，但据《晋书·潘岳传》载，当得到晋惠帝重用的贾谧权势熏天时，“岳性轻躁，趋世利，与石崇等谄事贾谧，每候其出，与崇辄望尘而拜”。金代诗人元好问曾有诗讽刺曰：“心画心声总失真，文章宁复见为人！高情千古《闲居赋》，争信安仁拜路尘。”即如以狂放著称、常在诗中宣称“且对一壶酒，澹然万事闲”（《春日独酌》其二）、“愿游名山去，学道飞丹砂”（《落日忆山中》）的唐代大诗人李白，实际上也不无奉迎权势之心。为了谋得官职，他曾多次上书和谒见高层官员，其《与韩荆州书》就是一篇不无媚态的毛遂自荐之作。至于在那些奉帝王之命而为之点缀升平、歌功颂德、阿谀奉迎的“应制”之作中，径直见出的更是诗人、作家的“奴性”人格了。

3.“杀伐”之气

中国古代文学中涌动着的匡世济时、疾恶如仇、狂放不羁、率性而为

的精神是可贵的，但面对天下纷争、人间邪恶或不平世事，中国古代诗人、作家，少有西方诗人、作家所拥有的那样一种设法制衡邪恶与强权的理性智慧，以及以人性关爱化解仇恨与罪恶的宗教情怀，常常表现出的是粗蛮之勇与以杀伐攻灭为快的意绪。

在西方文学史上，早在古希腊悲剧家埃斯库罗斯的《奥瑞斯特亚》中，我们就可以看到这样一种以现代文明方式平息人间恩怨的策略：当杀人凶手奥瑞斯特斯遭到复仇女神的追逐，躲进帕特农神殿寻求保护时，智慧女神雅典娜为了避免冤冤相报的恶性循环，组成了特别法庭，以公开审判表决的方式，赦免了奥瑞斯特斯的罪过。莎士比亚笔下的哈姆雷特，其悲剧性格的意蕴深度，亦正如有学者所分析的：“他高贵的天性容不得半点污秽，在他，任何非公开的行动都可能被视为卑鄙，威登堡大学里的人文主义教育使他高尚的志趣锦上添花，文明的种子已深植于纯洁的心田。说真的，复仇——避开法律以完全个人的方式，就像原始时代的野蛮人那样——太不符合哈姆雷特的教养和个性。”[①] 在坚信“绝对正确的革命之上，还有一个绝对正确的人道主义”（《九三年》）的法国作家雨果笔下，我们会看到，犯有“盗窃罪”的冉阿让，在米里哀主教的感化下，终于成为不计前嫌，能够以德报怨、乐施好善的道德化身。在狄更斯的《双城记》中，那位反对以恶抗恶、大度地接纳了仇人的后代为女婿、对于杀人者和被杀者能够一视同仁的梅尼特医生；在托尔斯泰的《复活》中，那位良心发现的聂赫留朵夫：让我们感受到的也是一种超越人间仇恨的博大情怀。

而在中国古代文学史上，更易见到的则是“握中铜匕首，粉锉楚山铁。义士频报仇，杀人不曾缺”（王昌龄：《杂兴》）、“赤丸杀公吏，白刃报私仇”（陈子昂：《感遇》三十四）、“笑尽一杯酒，杀人都市中”（李白：《结客少年场行》）、“十步杀一人，千里不留行”（李白：《侠客行》）之类流露着血腥气息与复仇意识的诗句。在小说、戏剧等文学作品中，那些敢作敢为、大呼猛进的英雄豪杰，亦往往是嗜杀之徒。如司马迁在《史记》中赞颂的那位“不欺其志，名垂后世”，只是出于义气，就为严仲子报仇，只身前往杀掉了与自己无冤无仇的韩国宰相韩傀及另外数十人，随后“自

① 王化学：《西方文学经典导论》，山东人民出版社2004年版，第111页。

皮面决眼，自屠出肠”而死的聂政，原本就是一个因杀人而潜逃的案犯。《三国演义》中的关羽、夏侯惇、典韦，《水浒传》（见图5-12）中的宋江、武松、鲁达、杨志、李逵等，也都是有命案在身的人物。这些好汉杀人，有时并非因了什么大事，如：夏侯惇只因“从师学武时，有人辱骂其师”，即怒而杀之；典韦在张邈军中时，仅因“与帐下人不和”，便“手杀数十人”。《水浒传》中的李逵，杀人时更是不分青红皂白，常常像三打祝家庄时那样，抡起板斧，乱杀一气，无辜的扈家老小也被一并杀个干干净净。连高度推赏《水游传》的金圣叹，在称颂“天下之文章，无有出《水浒》右者；天下之格物君子，无有出施耐庵先生右者”的同时，也禁不住责怨道：“《水浒》所叙，叙一百八人，其人不出绿林，其事不出劫杀，失教丧心，诚不可训。”（《序三》）在《红线传》《虬髯客传》《无双传》《聂隐娘》《儿女英雄传》等中国古代豪侠小说中，反复可见的也往往是“以眼还眼，以牙还牙”“父债子还，父仇子报”之类“快意恩仇”的主题。

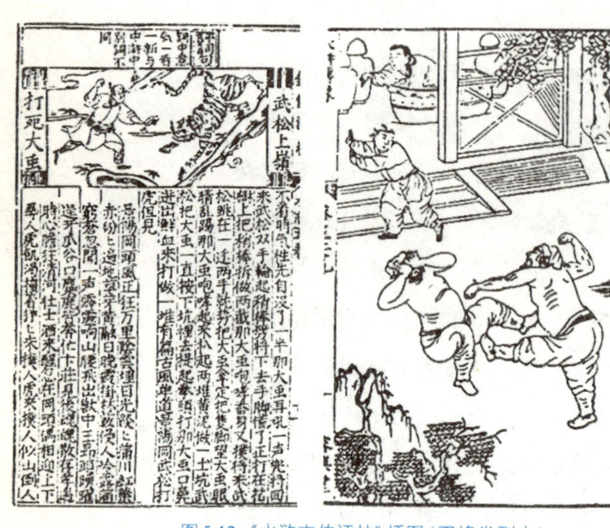

图5-12 《水浒志传评林》插图（双峰堂刊本）

此外，为儒家所推崇的“文以载道”之类的文学主张，虽加强了中国古典文学的救世精神，提高了文学的社会地位，但也致使其文学作品常常更偏重于政治与道德因素，而缺乏西方文学中那种对复杂人性的透视和对自我意识的深层开掘；虽然加强了古典文学中的现实责任感，但也致使古典文学常以道德判断代替审美判断，并因此而压抑了诗人、作家个性的张扬，束缚了其文学灵性与想象空间，造成了作品内容的简单肤浅，甚至导致说教性、理念化之类的弊端。

目前，我国正处于一个伟大的历史新时期，我们的民族文化正面临着新的挑战与转型的契机。丰富多彩的中国古典文学中，无疑包含着值得继承的宝贵遗产，也是中华民族现代文化建设的丰厚资源之一，但对于其中存在的缺陷与不足，也理应站在人类历史文明发展的新高度，进一步予以实事求是的分析与批判。

四、中国古典文学对世界文化的影响

与一般的物质产品不同，作为精神形态的文化产品，是人类共有的财富。中国古典文学正是这样一笔宝贵财富，其各类作品早已在世界上产生了广泛深远的影响。

早在秦汉时代，中国文学就已传及海外。至唐代，随着国势的强盛与对外文化交流的频繁，以诗歌为主的中国文学，已在日本、古代朝鲜及东南亚各国广为传播。尤其是在当时的日本，李白、杜甫、白居易、元稹等许多唐代诗人的作品，都深为日本人所喜爱。据《日本国见在书目》记载，仅白居易的诗文，在日本得以传播的就达 70 卷之多，其中的《长恨歌》《琵琶行》等名作，几乎到了家喻户晓的程度。白居易的作品，不仅在当时的日本民间广为流行，在宫廷中也大受欢迎，如宫廷女官紫式部在创作长篇小说《源氏物语》时，即受到过白居易的深刻影响。小说的第一章，就提到了《长恨歌》，就直接引用了白居易的诗句，并将桐壶天皇对桐壶更衣的宠幸比作唐玄宗与杨贵妃的关系。正如翻译过《源氏物语》的台湾学者林文月曾这样慨叹的："也许没有《长恨歌》就没有日本伟大的《源氏物语》。"① 另据历史记载，早在初唐至中唐期间，日本文坛上出现的《怀风藻》《文华秀丽集》《凌云集》等三部汉语诗集，亦完全是按照中国格律诗的特点创作而成的。由大约编定于公元 760 年的日本诗歌总集《万叶集》中出现的汉语俗语、比兴手法以及某些诗作的意境来看，也明显借鉴了中国的《诗经》及其他诗歌作品。在唐代，中日文人之间的交往最为密切。中国的鉴真大师曾历尽艰险，东渡日本，传播中国文化。不少日本僧人也曾先后来华学习，带回中国文化，如空海（即弘法大师，法号遍照金刚，774 ~ 835 年）就是作出重大贡献的高僧之一。空海来华留学归国时，曾带回了大量中国书籍，并写作了《文镜秘府论》一书，更为深入地向日本人介绍了中国的诗文及文学理论，进一步扩大了中国文学在日本的影响。

① 林文月：《没〈长恨歌〉就没日本名著〈源氏物语〉》，载 2009 年 1 月 19 日《广州日报》。

中国诗文在古代朝鲜的影响也引人注目，不仅直接引发了朝鲜文坛上的汉语诗歌创作，而且促成了后世不少用汉语写成的诗话。

自17世纪开始，随着西方一些传教士的来华，中国文学也逐渐在欧洲产生影响。1626年，法国人金尼阁首次将《诗经》《书经》等译为拉丁文刊行，此可谓中国文学正式走向欧洲的标志。1735年，法国人马若瑟进一步翻译了《诗经》《书经》及元杂剧《赵氏孤儿》的片断，在巴黎出版的法文刊物《中国通志》上发表。此后不久，又有瓦茨、凯夫等人英译全本的《赵氏孤儿》出版，并很快为哈切特等许多人争相改编。1761年，英国人浦塞、维尔金生等人又首次翻译出版了中国的长篇小说《好逑传》，继而又有中国其他一些作品的译本陆续在欧洲问世，并得到了很高的评价。18世纪的英国诗人威廉·琼斯爵士曾经赞叹由他亲手翻译的《诗经》中的《卫风·淇奥》说："这首诗非常庄严，又非常简洁，每行只有四个字，因此省略是常有的事，但是风格上的晦涩，却增加了它的壮丽。……这首诗，可以说是远古文明最有价值的宝贝。"①在1741年出版的第一个英语改编本《赵氏孤儿》的卷首献词中，改编者哈切特称赞道："异国的产品，地里长的也好，脑子里来的也好，只要有益或有趣，总能够得到人们的欣赏。多少年来，中国把它的农产品供给我们，把它的工艺品供给我们；这一次，中国诗歌也进口了，我相信，大家也一定会感到兴奋。"②伏尔泰看了《赵氏孤儿》的译本后，也曾深为其中的理性力量、智慧力量与道德力量所打动，认为："与法国或其他国家14世纪的戏剧相比，那又不知高明多少倍了，简直可以算是杰作了。就故事来谈，非常离奇，但又非常有趣；非常复杂，但又非常清楚。"③他曾亲自动手，又将其改编为《中国孤儿》。由爱克曼辑录的《歌德谈话录》可知，歌德亦曾为一部中国传奇（朱光潜先生分析可能是《风月好逑传》）深深吸引，对"故事里穿插着无数的典故，援用起来很像格言"的文体形式及作品中表现出来的明朗、纯洁的道德境界赞叹不已，且曾动过据此写部长诗的念头。正是这部中国传奇，激发歌德

① 北京大学比较文学研究所编：《中国比较文学研究资料》，第171页。

② 转引自张隆溪、温儒敏编《比较文学论文集》所收录范存忠文《〈赵氏孤儿〉杂剧在启蒙时期的英国》，北京大学出版社1984年版，第95～96、104～105页。

③ 朱光潜译：《歌德谈话录》，人民文学出版社1978年版，第111～113页。

发表了至今仍时常为人们引用的著名见解："民族文学在现代算不了很大的一回事，世界文学的时代已快来临了。"①

近现代以来，随着文化交往的加强，中国古代文学进一步引起了世界的关注。20世纪初，英美一些诗人在创建意象派诗歌时，其领袖人物庞德为意象派原则找到的最优秀的例证就是中国古典诗歌。庞德认为，在含蓄凝练、意象鲜明及情景交融等方面，中国诗歌均达到了高妙的境界。在他主编的第一本意象派诗集中收录的自己的6首作品中，竟有4首实际上是中国诗的意译，如《仿屈原》实际是《山鬼》的改作，《秋扇怨》即取材于班婕妤的《怨诗》。在20世纪，另有许多外国作家与理论家，曾经深受中国文学的影响。如阿根廷的著名小说家博尔赫斯，虽然不懂汉语，但对《红楼梦》《聊斋志异》等作品却一往情深，且曾反复研读过《道德经》的多种译本。在《交叉小径的花园》等作品中，即明显可见从中国文学中吸取的营养。在现代德国哲学家海德格尔的美学与文艺学思想中，也深隐着中国道家文化的影子。

当今时代，随着人类文明的发展和信息传播能力的提高，世界各国之间的文化交流与不同民族之间的文学影响正在进一步加强。可以相信，在未来，丰富的中国古典文学资源，必会得到全世界人民的进一步重视。同时，在广泛汲取世界各国文学精华的基础上，中国文学也必会更加辉煌。

【思考与讨论】

1. 中国古代文学经历了怎样的发展过程？

2. 与西方文学相比，中国古典文学形成了哪些独特的艺术品格？为什么？

3. 如何理解与评价中国古典文学中的人文精神？

4. 以现代文化眼光来看，中国古典文学中存在哪些方面的局限与糟粕？

5. 中国古典文学怎样影响了世界文学的发展？

① 赵毅衡：《意象派简介》，载《作品与争鸣》1982年第4期。

【参考文献导读】

1. 章培恒、骆玉明主编：《中国文学史》（共3卷），复旦大学出版社1996年版。该书是一部打破了新中国成立以来的文学研究模式，将人性的发展与文学艺术形式及美学特征的演变相结合，更为深入科学地阐述了中国文学的发展规律，开创了文学史研究新境界的著作。

2. 宁稼雨等编著：《中国文学通识》，河南人民出版社2003年版。本书以时间为纵线，从关注文化素质的角度，结合社会学、哲学和历史学等学科，梳理了中国诗歌、散文、词曲、小说、戏曲的脉络与历史，介绍了代表性诗人、作家的创作历程与创作成就。

3. 鲁洪生、赵敏俐主编：《中国古代文学名篇导读》，中华书局2003年版。本书是教育部规划的面向21世纪高校教材。其内容是：对我国古代文学史的许多诗文名篇予以注释，并从题旨、思想内容、艺术特色、历史研究概况等方面进行了解说。

4. 王树森：《中国文学500题》，辽宁人民出版社1986年版。本书以回答问题的形式，广泛地讲述了中国古典文学各种体式产生及兴盛的原因、特点，许多名篇的思想内涵、艺术特色、艺术技巧等。如"试述楚辞的来源""如何评价汉赋""《水浒传》的结构有什么特点"等等。

5. 袁行霈：《中国诗歌艺术研究》，北京大学出版社1987年版。该书是作者的一部诗歌研究文集，主要从语言、意境、风格等方面探讨了中国古代诗歌的艺术成就、创作规律及民族特色。作者注重考订校勘，探幽索微，史论结合，中西比较，使其研究成果扎实厚重，新意迭出。

6. 郭预衡：《中国散文史》（上、中、下），上海古籍出版社1986年版。该书是一部内容丰富的中国散文史研究专著。作者力避作品赏析及资料长编倾向，且注重从汉语文章的实际而不是一般文学理论出发进行论述，从而使本书更具史论价值。

7. 张稔穰：《中国古代小说艺术教程》，山东教育出版社2001年版。本书系统地介绍了中国古代小说的起源、发展轨迹，讲述了史传文学、儒家思想、佛教道教、说话艺术以及古典诗词对中国古代小说的影响以及中国古代小说的艺术技巧等。

8. 张少康：《中国文学理论批评史教程》，北京大学出版社1999年版。该书以简明的语言，深入系统地分析了中国历史上许多重要文学理论家、批评家的思想贡献，探讨了中国文学理论与文学批评发展演变的规律，是一部在体例、内容、观点评价等方面均有创新性的优秀学术著作。

9. 郭延礼主编：《中国文学精神》，山东教育出版社2003年版。本书分先秦、汉代、魏晋南北朝、唐代、宋元、明清、近代共7卷。各卷作者紧扣各个时代文学的总体特点，结合对作家、作品的分析，论述了中国古代文学精神的形成、内涵，以及在不同时代的发展变化等。

10. 罗小东：《古典文学与传统文化精神》，文化艺术出版社 2001 年版。本书结合具体作家作品，比较深入地论述了古典文学与中国传统文化精神之间的关系，如“陶渊明的归隐理想与人格实践”“元代前期士人的精神追求与元杂剧”“传统女性观的裂变与《红楼梦》”等。

11. 参考网站：

教育部：中国古代文学研究中心，http：//www.gdwx.fudan.edu.cn/

中国社会科学院：中国文学网，http：//www.literature.org.cn/

古典文学网，http：//gudian.hengyan.com/

中国古代小说网，http：//www.zggdxs.com/

古代文学论坛，http：//www.gdwenxue.cn/

第六章
传统艺术与传统审美文化

在世界历史上，作为四大文明古国之一，中国也是艺术产生最早、资源最为丰富的国度。由考古资料可知，在旧石器时代的石器造型以及研磨而成的装饰品中，中国先民的艺术审美观念已经萌芽，相应的艺术活动已经开始。如在出土于新石器时代的陶器上，已见有姿态生动的鱼、鹿、鸟、蛙之类动物与某些植物的彩色纹饰；在神话传说中，也早就有了《葛天氏之乐》之类音乐歌舞的记载。在有文字可考的五千年的历史长河中，中华民族进而创造了门类齐全、数量众多、意蕴丰富的传统艺术。其作品，既是炎黄子孙自强不息的生命精神的形象记录，也是中华民族向往真、善、美的理想追求的心灵写照。

一、传统艺术的基本形态

中国传统艺术的成就主要表现在书法、绘画、雕塑、音乐、戏曲等五个方面。与西方艺术相比，中国古代艺术中的大多门类，不仅有着更为久远的历史，而且在艺术视角、体式创制、媒介手段、表现技巧等方面亦独具风采，从而构成了中国传统艺术千姿百态的繁荣局面。

> 言，心声也；书，心画也。声画形，君子小人见矣。
> （扬雄《法言·问神》）

（一）书法

书法是中国特有的艺术形式之一，是以汉字为表现对象，以笔墨为基

本表现手段，以线条笔画及整体布局来表达作者思想感情的艺术形式。从现有资料来看，早在商代的甲骨文及青铜器上出现的古篆中，其线条及字体造型已具有明显的美术化与装饰化的倾向，已经体现出书法美的某些基本追求。战国时代出现的竹木简牍、帛书与石刻等，书法艺术的特征更为明显。大约见之于这一时代，字体介乎古文与秦篆之间的石鼓文（见图 6-1），已被视为中国书法史上传世最早的珍品。秦汉时代则是中国书法艺术得以正式形成的时期，后世长期并存、活跃至今的篆、隶、行、草、楷等主要字体中，不仅篆、隶已极一时之盛，草、行、楷等字体也已崭露头角。

图 6-1 战国石鼓文（局部）

篆书，又有大篆、小篆之分。大篆通常是指秦代文字统一之前出现的甲骨文、金文、籀文等所有篆体文字，其特征是笔画繁多，形体多变，难于辨识。小篆则是由秦代的李斯等人出于“书同文”的目的，改造、规范大篆而成，故又称“秦篆”。与大篆相比，小篆形体固定，用笔圆转，结体端严，古朴高雅，且较大篆易于辨识。现存据传系由李斯所书的《琅邪台刻石》《泰山刻石》（见图 6-2）等，即为秦小篆的范本。自汉代之后，篆书逐渐失去实用价值，遂影响了其进一步发展，但仍出现了一些以篆书名世的书家，如唐代的李阳冰、宋代的徐铉、明代的李东阳、清代的邓石如等。另如元代的赵孟頫，除楷书与行书尤为精绝之外，篆书造诣也为人称道。

图 6-2 秦・李斯《泰山刻石》（局部）

隶书是为书写方便，由篆书简化而成的一种字体，始自秦代，成熟于东汉。汉魏之际，由于在隶书基础上形成的楷书也被称为隶书，为示区别，时人据隶书“若八字分散”的特征，又将其称之为“八分书”。隶书与篆书的不同是：笔画更为简约，且有了粗细波磔之分；体式亦由长方变为扁方，由象形变为点线组合。隶书以汉代的成就为最高，现在能够见到的作品主要是碑文与简牍，如《张迁碑》《礼器碑》《石门颂》《曹全碑》《乙瑛碑》（见图 6-3）及《流沙坠简》《居延竹简》等。这些作品，或典雅朴拙，端庄平和；或雄浑刚劲，大气磅礴；或风神飘逸，而又法度谨严。也许是与汉碑、汉简的一度湮没有关，与篆书相类，汉之后的隶书长期未能得到发展，一直到清代，随着汉碑的不断

发现和碑学的日渐为人重视，隶书才再度辉煌，曾出现了擅长隶书的著名书家何绍基、伊秉绶等人。

图 6-3 东汉·《乙瑛碑》(局部)

草书起源于汉代，本是汉隶的草写法，故又称“隶草”，发展至成熟之后称为“章草”。章草之名的来历主要有三种说法：一是因兴起于东汉章帝时代；二是因主要用之于章奏；三是因为西汉史游的《急就章》是现在看到的最早的章草。章草的特征是：用笔灵活，笔画连属，结体简约，但又保留了隶书结体较扁、字与字之间不相连缀的特点。汉代善章草的书家有杜操、崔瑗等人。草书的体式，后来又进一步发展为今草与狂草。今草又称“小草”，相传为东汉张芝所创，后经东晋王羲之、王献之父子的进一步探索而臻于成熟。其特征是：笔画引带牵连，字字承接呼应，波折环转，体势妍美。狂草又称“大草”“醉草”，与小草相比，大草的结构更为简约，其笔力狂纵，灵动多变，通篇以意贯之，是最富有抒情意味的一种字体。大草是在小草基础上发展而成的，至唐代达到巅峰，代表其最高成就的书家有“颠张醉素”之称的张旭与怀素。张旭的草书，气势奔放，酣畅淋漓，传世之作有《古诗四帖》《草书心经》《肚痛帖》（见图 6-4）等；怀素的草书矫健有力，运笔奇异，传世之作有《大草千字文》《苦笋帖》《自叙帖》（见图 6-5）等。

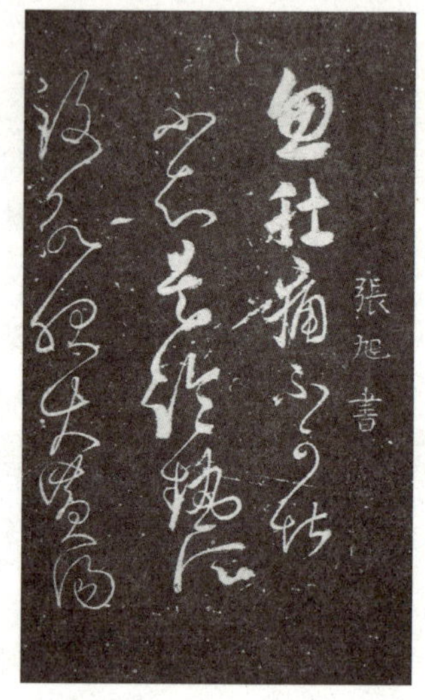

图 6-4 唐·张旭《肚痛贴》(局部)

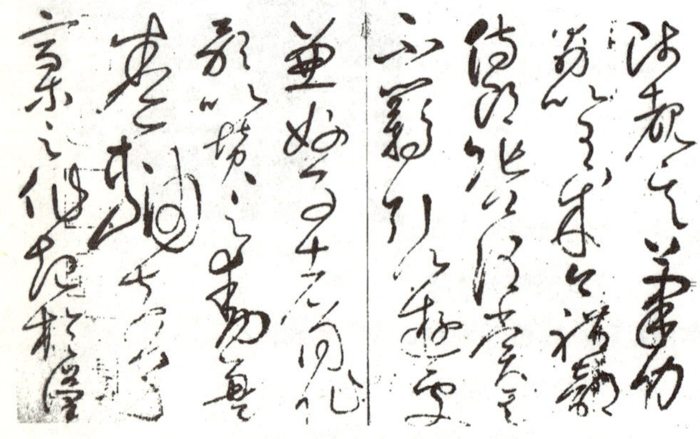
图 6-5 唐·怀素《自叙帖》(局部)

楷书，又称“真书”“正书”，是在隶书与章草基础上形成的一种字体。与其他字体相比，楷书横平竖直，笔画清楚，形体方正，易于辨识。汉隶中实际已含有楷书萌芽，至三国魏时，经著名书法家钟繇的进一步演练，终于自成一体，并开始了此后以楷代隶的局面。晋代书法大家王羲之、王献之父子的成就，楷书即是其重要方

面。至唐代，由于楷书进一步脱去隶意，艺术成就也最为突出，涌现出了欧阳询、虞世南、褚遂良、颜真卿、柳公权等风神各异的一流楷书大家。欧阳询劲拔平正的《九成宫醴泉铭》，虞世南遒美凝练的《孔子庙堂碑》，褚遂良清雅舒展的《孟法师碑》《雁塔圣教序》，颜真卿浑厚雄健的《多宝塔感应碑》《麻姑仙坛记》《颜勤礼碑》（见图 6-6），柳公权结体匀整的《玄秘塔碑》《神策军碑》等，均乃唐代楷书中的典范之作。此后，楷书虽有衰落之势，但卓有成就者仍代不乏人，如元代的赵孟頫，即因其突出的楷书成就，被后人将其与唐代的欧、颜、柳并称为“楷书四大家”。

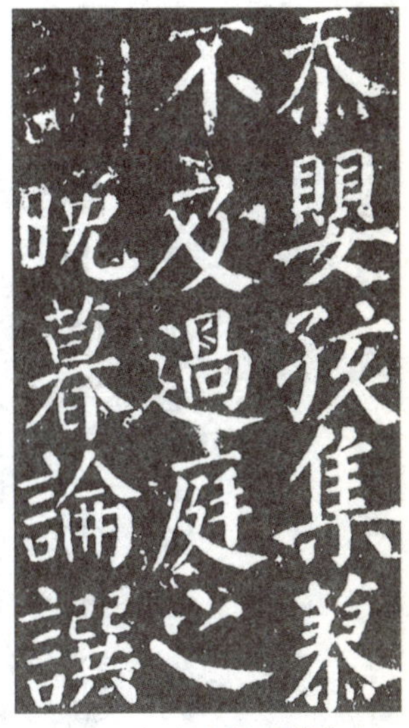

图 6-6 唐•颜真卿《颜勤礼碑》（局部）

行书，是中国古人为了书写时的快捷简便而创造的一种书体，其特征介于草书与楷书之间：字的偏旁及部分笔画简略，结体相对自由，形态多有变化，布局亦潇洒活泼。行书最初兴起于汉代民间，后经文人书家推重，始自成一体。东汉书法家刘德升，即是行书的重要开拓者之一，唐代张怀瓘曾在《书断》中称其书作“亦甚妍美，风流婉约，独步当时”。由于行书简便易识，富有实用价值，汉之后得以迅速发展，至晋代已大为精到，出现了被誉为“天下第一行书”的王羲之的《兰亭序》（见图 6-7）等一代名作。此后行书名家名作也不断出现。唐代颜真卿的《祭侄文稿》，亦因其挺拔苍劲，有“天下第二行书”之誉；北宋书坛四家苏轼、黄庭坚、米芾、蔡襄的书法成就，也主要在行书方面。另如元代的赵孟頫（见图 6-8）、清代的赵之谦、吴昌硕等人，亦在行书方面卓有创造。

图 6-7 东晋•王羲之《兰亭序》（局部）

（二）绘画

中国绘画，是用中国特有的笔、墨、颜料、纸帛等创造的一种艺术形式。中国绘画的历程，实际上从新石器时代的彩陶纹饰就已开始了，至奴隶制时代，随着生产力的发展，在青铜器上出现的纹饰已达到了相当精美的程度。而春秋战国时代出现的壁画、帛画、漆画等，则无疑已标志着中国绘画艺术的独立形成。如在湖南长沙出土的战国时代的《人物龙凤帛

画》与《人物御龙帛画》（见图 6-9、图 6-10）等，其画面布局的和谐、造型的准确生动、单线墨笔勾勒的技巧以及见之于《人物龙凤帛画》的平涂兼渲染的着色方法，已体现了后世中国绘画的若干基本特征。

图 6-8 元·赵孟頫《归去来辞》（局部）

自秦汉开始，由于统治者对绘画的政治、伦理教化功能的重视，绘画已被纳入官方的文化体制，如秦代咸阳宫遗址中，已发现有用黑、黄、朱红、石青等多种色彩绘制的壁画，汉代已有毛延寿、刘旦、杨鲁等众多专业宫廷画师出现。此后，不仅历代王朝大多设有宫廷画院，且不论得志官僚，还是失意文人，甚至连宋徽宗这样的一国之君，也每每喜弄丹青，或用以自娱，或寄托情怀。正是在这样的政治历史文化背景下，绘画一直是中国艺术中最为兴盛的门类之一，其突出成就主要表现在人物画、山水画与花鸟画三个方面。

人物画，是中国绘画史上最早形成的品类。现在能够见到的最早画作，便是以人物为主体的战国时代的《人物龙凤帛画》与《人物御龙帛画》；汉代的墓室壁画、画像石、画像砖等，也大多是以人物为描绘对象的。中国绘画史上最早闻名的一些画家，也多是以人物画显示其才华的。据西汉葛洪《西京杂记》载，汉代宫廷画师毛延寿的画人技艺已至“老少美恶，皆得其真”的程度。有“中国画家第一人”之称的三国时代东吴的曹不兴，就是以擅画人物与佛像而闻名的。从画家的影响及作品的成就来看，人物画也是中国绘画中最为突出的画类之一。最早享有“画圣”之誉的西晋画家卫协，有着“传神”高超技艺的东晋绘画大师顾恺之，都是因人物画方面的成就

图 6-9 战国·《人物龙凤帛画》（赵志方摹绘）

图 6-10 战国·《人物御龙帛画》（赵志方摹绘）

而彪炳史册的。唐代是中国绘画的兴盛期，而在唐代画坛上，人物画的成就亦最为突出，出现了阎立本的《步辇图》《历代帝王图》（见图 6-22），吴道子的《送子天王图》《钟馗捉鬼图》，张萱的《虢国夫人游春图》《捣练图》（见图 6-26），周昉的《挥扇仕女图》《簪花仕女图》（见图 6-11），以及新疆吐鲁番出土的《弈棋仕女图》（作者不详）等许多名家名作。唐代之后，人物画仍在兴盛发展中。诸如五代南唐顾闳中的《韩熙载夜宴图》（见图 6-12），明代唐寅的《王蜀宫伎图》（见图 6-13）、陈洪绶的《屈子行吟图》，清代任颐的《钟馗》《三友图》等，都是名垂史册之作。

图 6-11 唐 • 周昉《簪花仕女图》（局部）

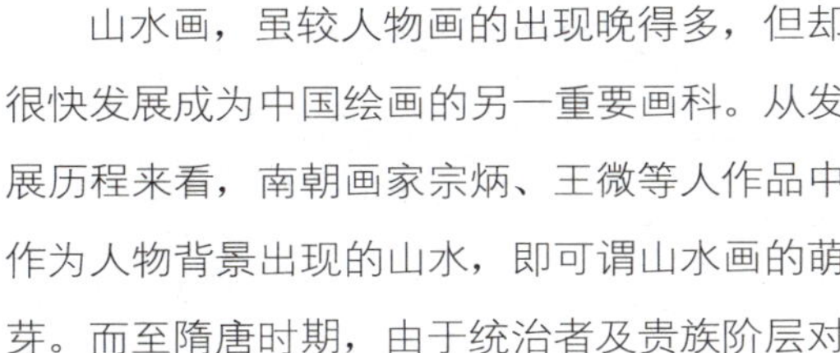

山水画，虽较人物画的出现晚得多，但却很快发展成为中国绘画的另一重要画科。从发展历程来看，南朝画家宗炳、王微等人作品中作为人物背景出现的山水，即可谓山水画的萌芽。而至隋唐时期，由于统治者及贵族阶层对装堂饰壁及寺庙中的山水描绘的重视，山水画亦随之大兴，并很快形成了渲染着色的“青绿山水”与以墨色为主的“水墨山水”两个基本类型。被唐代美术史家张彦远称之为“唐画之祖”的隋代画家展子虔，既是中国绘画史上的第一位山水画家，也是“青绿山水”的开创者。唐代的李思训，则以细笔勾描、重彩填色的技巧将“青绿山水”推向了一个新的高峰。“水墨山水”的特点是：不施色彩，而只以墨色的浓淡干湿表现景物。“水墨山水”的首创者为唐代吴道子，而使其崛起于画坛、自成一派的则是王维、张璪等人。唐之后的一千多年间，作为独立门类的山水画，一直是中国绘画

图 6-12 五代 • 顾闳中《韩熙载夜宴图》（局部）

图 6-13 明 • 唐寅《王蜀宫伎图》

史上最为引人注目的画科，且不断有所创新。五代时期，以全景式构图出之的荆浩的《匡庐图》，有“关家山水”之称的关仝的《关山行旅图》等，不论在意蕴气势还是在笔墨技巧方面，都远远超出了唐人。宋代范宽的《溪山行旅图》、郭熙的《早春图》，元代赵孟頫的《秋郊饮马图》和《鹊华秋色图》（见图 6-14）、黄公望的《富春山居图》、倪瓒的《渔庄秋霁图》、王蒙的《青卞隐居图》等，在画意开掘、艺术技巧方面，也都有新的创造。明代沈周的《庐山高图》、文徵明的《春深高树图》、董其昌的《昼锦堂图卷》，清代王翚的《平林散牧图》、石涛的《山水清音图》等，亦均是中国绘画史上的珍品。

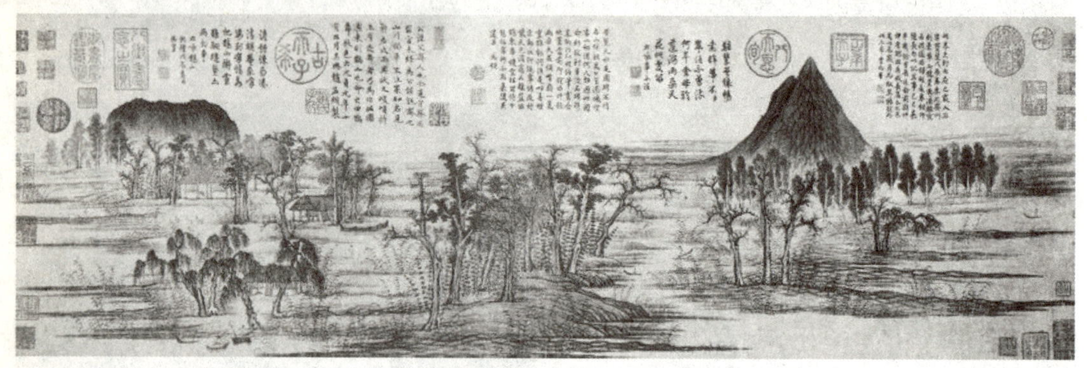

图 6-14 元•赵孟頫《鹊华秋色图》

花鸟画，其描绘对象主要是花卉草木、飞禽虫鱼之类，是中国绘画史上出现最晚的一个画类，始见于盛唐时期薛稷的六鹤屏风。但从绘画史来看，花鸟画似有后来居上之势，至中唐时期，在边鸾等人笔下出现的草木、蜂蝶、雀蝉等，其写形赋色已至妙境。至五代，则已出现了花鸟画大家黄筌，其所作之《珍禽图》，以细笔轻色，写鸟虫之神韵，为后人所称赏；同时代的另一位重要画家徐熙，虽无可靠传世作品印证，但从宋人“骨气风神，为古今之绝笔”的评价中，亦可想见其风采。宋元时代，是花鸟画的大盛期，涌现出了宋徽宗笔墨工致、色彩艳丽的《五色鹦鹉图》，文同以书法用笔的《墨竹图》以及元人郑思肖的《墨兰图》、王冕的《墨梅图》（见图 6-21）等众多名作。明清时代，花鸟画得到了进一步发展，如陈淳与徐渭，以各具韵致的水墨写意风格，卓立于明代画坛；八大山人、华嵒、金农、郑板桥、李鱓等人，也以不同的创作个性，汇成了清代花鸟画创作的又一个高潮。

中国传统绘画中，除人物、山水、花鸟三大门类之外，另在动物画、

风俗画等方面也取得了巨大成就。在动物画中，出现了以画牛著称的唐代画家韩滉、戴嵩，以画马著称的唐代画家韩幹（见图6-15）、宋代画家李公麟、元代画家任仁发等；在风俗画方面，宋代张择端的《清明上河图》（见图8-8），也以其内容的丰富与艺术表现能力的高超，构成了中国绘画史上一座不朽的丰碑。

图6-15 唐·韩幹《牧马图》

（三）雕塑

雕塑是一门用金属、石料、木材或黏土等物质材料塑造或雕刻形象的艺术。中国雕塑亦可上溯到新石器时代，从山东宁阳和胶县三里河出土的狗形陶鬶、浙江余姚河姆渡出土的陶猪、辽宁红山文化遗址发现的泥塑女神头像等作品中已可见出中国人悠久的雕塑历程。从奴隶制时代出现的青铜器上的兽面浮雕、独立造型的鸟兽器具及以青铜、玉石、木头为材料的人物、鸟兽之类作品中，可以看出中国雕塑早已达到的艺术高度。至秦汉时代，随着政权的统一、国势的强盛与宫室陵墓建筑的发达，中国雕塑得到了进一步发展。

图6-16 秦兵马俑

依据其功能，中国古代雕塑大致可分为四类，即建筑雕塑、陵墓雕塑、宗教雕塑与工艺雕塑。建筑雕塑主要体现为装饰或象征功能，如西汉都城长安甘泉宫柏梁台上立着的手捧承露盘的铜铸仙人，长安南昆明池东西两侧的牛郎织女雕像等；陵墓雕塑主要体现为祭祀、纪念、夸示功能，如秦始皇陵兵马俑（见图6-16）、汉代霍去病墓前的马踏匈奴石雕、唐代的“昭陵六骏”等；宗教雕塑主要出之于宗教崇拜目的，其成就主要集中在佛教造像方面，如云冈石窟（见图4-1）、龙门石窟（见图6-17）、敦煌莫高窟、

图6-17 河南龙门石窟造像（局部）

麦积山石窟造像以及河北曲阳修德寺石雕佛像、山东济南的千佛山石雕佛像、灵岩寺的罗汉塑像、青州龙兴寺石雕菩萨等；工艺雕塑主要体现为实用功能与观赏目的的结合，如西汉的羊形灯、唐代的青釉褐彩壶、明代的玉雕薰炉等。以艺术成就而论，中国古代雕塑中的许多作品是走在了世界前列的。如秦始皇兵马俑，缘其规模的宏大、形象的生动、气势的雄壮，早已有“世界第七大奇迹”之称；另如敦煌、云冈、龙门石窟造像等，也早已为世界各国艺术家所向往。

（四）音乐

音乐是以音符为媒介塑造艺术形象、表达思想感情的一种艺术。由出土文物中见到的新石器时代的石磬、骨哨、骨笛之类原始乐器来看，在我国，音乐大约已有八千年可考的历史。从编钟、铜鼓、钲、铃、琴、瑟、筑、竽等乐器已被普遍使用来看，至少在商代后期，中国人已经掌握了五声、七声音阶的乐律知识。另据有关史料，至春秋战国时代，十二律业已在我国形成并已在实践中广为应用；乐器的制作技术也已相当发达，如1978年于湖北随县战国曾侯乙墓出土的编钟（见图6-18），不仅音质优良，制作工艺也达到了异常精湛的程度。在春秋战国时代的社会生活中，音乐也已成为重要的组成部分。如《诗经》中的作品，本来就是各有曲式的唱词；“风”“雅”“颂”的区分，依据之一即是曲式的不同。在当时的教育体制中，甚至已有了音乐科目，如孔子在办学中就曾亲自教授音乐。自秦代之后，中国历代王朝也大都十分重视音乐事业的发展，且大都设立过专门的音乐机构，如秦汉时代的“太乐”“乐府”，魏晋两代的“清商署”，隋唐时代的“太乐署”“鼓吹署”，宋代的“教坊”，明清时代的“神乐观”与“教坊司”等等。这些机构的职责是：搜集整理民间音乐，培养乐工，扶持音乐发展，主办庆典、祭祀时的音乐活动。统治者的重视，自然也在客观上促进了中国音乐事业的发展。

图6-18 战国曾侯乙墓出土的编钟

中国传统音乐形态众多，流变复杂。汉代盛行的主要有用之于郊庙祭

祀、典礼的官方音乐鼓吹曲及用之于民间娱乐的相和歌两种形式。魏晋南北朝时期，在北方，以汉代相和歌为基础，吸收当时流行的民歌，形成了一种以角、商、宫为主调的新的音乐形式，谓之“清商三调”。南方盛行的则是“江南吴歌”和“荆楚西曲”等民歌形式。隋唐时代，是中国音乐开始步入辉煌的时期。隋朝统治者曾以开放性的文化眼光，采取措施，加强对外来音乐的吸收及民间散乐百戏的收集整理，从而促成了音乐形式的更加多样化。随着国势的强盛与稳定，唐代音乐展现出了更为宏大的规模与前所未有的水平，我们仅从《霓裳羽衣曲》之类由器乐、歌唱和舞蹈综合而成的歌舞大曲中，即可以感受到唐代乐坛的浩大气度。宋元音乐也以散曲、鼓子词、唱赚、诸宫调以及综合运用诸宫调及其他乐曲的杂剧等众多新形式的出现，显示了独特的成就。至明清时代，除了在牌子曲、各类民间戏曲等方面体现出的音乐成就之外，音乐理论研究亦成果卓著：明万历年间朱载堉写下的《乐律全书》中，不仅包括了大量乐律、乐谱、舞谱内容，且首次提出了具有重大意义的“新法密律”（即十二平均律）理论。清代乾隆年间，周祥玉等编成的《九宫大成南北词宫谱》，亦保存了中国古代的大量曲谱及音乐资料。

（五）戏曲

戏曲是一种“以歌舞演唱故事”的艺术形式，是文学、音乐、舞蹈、绘画等多种艺术功能综合的产物。从起源来看，在《尚书·舜典》中关于“击石拊石，百兽率舞”之类远古先民的生活史料中已可见其端倪。春秋以来，各诸侯国宫廷里常见的以滑稽说笑娱乐国君的优人表演，亦可谓戏曲演出的萌芽。但与中国的其他传统艺术门类相比，戏曲发展较为缓慢，至元代才真正得以形成。在元之前的唐代，虽已有“参军戏”流传，但故事情节尚比较简单，角色也只有两个：戏弄者与被戏弄者。在唐代“参军戏”基础上形成的宋杂剧，虽然剧中角色由原来的两个增加到五个，但戏曲的内容与形式仍然十分粗疏。元代的情况则大不同了，在特别喜好戏曲表演的元代统治阶层的影响下，戏曲表演艺术勃然兴盛。关汉卿、王实甫、纪君祥、马致远、白朴等一批戏剧大家以及《窦娥冤》《西厢记》《赵氏孤儿》《汉宫秋》《梧桐雨》等一大批戏曲名作，就是在这样的文化背景下产生的。正是在元代戏曲繁荣的基础上，至明清时代，又涌现出了汤显祖的《牡丹亭》、洪昇的《长生殿》、孔尚任的《桃花扇》等一批被称为“传奇”的

著名剧作。戏曲演唱形式也更为繁多，颇具声势者即有昆曲、徽剧、汉剧、川剧、秦腔、二黄腔等。其中，尤以昆曲的艺术成就最高，在清代戏曲舞台上也曾最为活跃。至今仍为许多中国人所喜爱的京剧，即是在18世纪末，由徽剧与汉剧结合，并吸收了昆曲及山西梆子的精华而形成的。

图 6-19 元杂剧人物（洪洞明应王殿壁画）

经过长期的探索总结，中国的戏曲艺术形成了自己独特的艺术范式与表演技巧。如在角色方面，有生、旦、净、丑四种基本类型之分，各类角色的性格、唱腔、念白、动作造型、着装、脸谱等也都有相应规定（见图 6-19）。如在京剧中，老生要用洪亮浑厚的本嗓，动作造型亦要求严肃庄重；旦角、小生则要用圆润甜美的小嗓，动作造型亦轻柔活泼等。在表演方面，主要有唱、念、做、打四种艺术技巧。唱、念是戏曲叙述故事情节、塑造人物的主要手段，也是戏曲表演的关键魅力所在。因此，中国传统戏曲表演不仅注重唱腔的优美，更注重吐字清晰，声声入耳。念也与日常口语不同，要讲究轻重徐疾、抑扬顿挫的音乐性，实际上也是一种吟唱形式，其艺术难度甚至不低于唱，正如清代戏剧家李渔在《闲情偶记》中指出的："唱曲难而易，说白易而难。"做，指的是借用胡须的抖动、水袖的挥舞、马鞭的晃动等动作展示人物心理、刻画人物性格、推动剧情发展的表演形式。打，主要是指戏曲表演中用以表现激烈的厮杀搏击场面的翻、打、跌、扑之类武打动作。上述做、打动作，均须按一定规范进行，而不得随意为之。正是这样一些艺术范式与表演技巧，使中国戏曲不同于西方的歌剧、话剧、舞剧等，而呈现出了鲜明的民族特色与独到的审美风格。

二、传统艺术的审美品格

与中华民族独特的人生态度、社会理想、心态意绪、文化渊源及艺术视角密切相关，中国的传统艺术在审美趋向与审美价值构成方面，也表现出自己独特而又鲜明的品格。

（一）宇宙精神之美

与西方人出于征服自然的目的而穷究恒定的"理式""理念"或"质料"

与“形式”相统一的思维指向不同，中国哲学从物我和谐的信念出发，更为重视对浑然一体的宇宙精神——也就是大自然生生不息的衍化运行规律的体认与把握。《易》之《乾·象传》中所说的“云行雨施，品物流形”，呈现的正是宇宙精神之象；老庄哲学中那个无端无倪、无始无终、难以言明，不可捉摸，却又惠及万物，无处不在，以其“有无”“阴阳”“盈虚”“大小”相反相成为本体特征的“道”，实际上也是宇宙精神的体现。中国传统艺术既建基于儒家“教化人伦”的功利观，也源自《周易》与老庄哲学的影响，有着超功利的对宇宙本体精神的追求。不论书法、绘画、雕塑还是音乐，在创作过程中，虽注重于摹形写照，取象自然，但其艺术表现的对象，却不局限于耳之所闻、目之所见，而是俯仰自得、游目骋怀，“以一管之笔，拟太虚之体”①，力图在有限的意象中表现出宏阔无垠的宇宙精神之美。

艺术是涵养人格至善之要素，足以振奋人们的精神，足以教育人们向上和前进，足以丰富、滋润人们的生活。

（刘海粟《海粟自传》）

中国传统艺术中的书法、山水画与花鸟画等，即是最富于宇宙精神之美的艺术样式。在书法艺术中，那些看似简单重复、色调单一的点线组合，之所以一直为中国人所迷恋，重要原因之一便是其中涌动的与宇宙本体相通的情趣意韵。正如唐人张怀瓘在《书议》中指出的：“一点一画，意态纵横，偃亚之间，绰有余裕。然字峻秀，类于生动，幽若深远，焕若神明，以不测为量者，书之妙也。”山水画的价值亦在于，在一片自然山水中，通玄达幽，见出宇宙真元之气象及大化流行之内蕴。以具体作品来看，中国山水画常以超尘出世、旷远高古、寥无人烟的“静”为特征。见之于画面的，常常是秋山寒林，荒村野渡；或静寂的水面，积雪的山头；或古拙的木桥，无人的小路；等等。在中国人的哲学理路中，大静即为大动，正是在这静寂的画境中，可以让人更为清晰地感知到水的呼吸、风的轻拂、自然节律的运转、生命活力的奔涌等，从而使人得以生命个体融入自然本体的精神抚慰，而这正是宇宙精神之美产生的心理根源。代表作如清代石涛的《双清阁之图》（见图 6-20）。另如在花鸟画中，画面中出现的虽常常不过是竹枝一梢，石榴一枚，小鸟一只，兰草一丛，但令人感受到的亦是宇宙万物的勃勃生机与气韵。元人王冕

① （南朝宋）王微：《叙画》。

的《墨梅图》即是代表作之一（见图 6-21）。中国古代的音乐作品有许多虽已不能直接领略，但我们从“昆山玉碎凤凰叫，芙蓉泣露香兰笑”“石破天惊逗秋雨”“老鱼跳波瘦蛟舞”①之类古代诗文中，亦不难体悟到其中的宇宙情怀。

图 6-20 清·石涛《双清阁之图》

中国古人认为，天下万物，无不有生气贯乎其间，故而南朝画家谢赫论画“六法”中首推“气韵生动”；其他大量书论中也常见“冥心玄照”“惟观神采”“居静治动”之语；音乐创作也追求“通神明之德，合天地之和”②之境界。所有这些，归根结底，强调的亦正是大化流行的宇宙精神之美。在中国古代艺术中，正是这样一种博大浩渺、幽深玄妙之美，构成了一种近乎宗教般的精神境界，抚慰了人的心灵，培育了中华民族含而不露、刚柔相济的人格内涵以及顽强不屈的生命活力。

图 6-21 元·王冕《墨梅图》

（二）自然天趣之美

与中国人由来已久的追寻宇宙精神的思维指向相谐，中国传统艺术中充满了力避斧凿之痕、心师造化、巧夺天工的自然天趣之美。秦代李斯在《论用笔》中论书即曰：“送脚，若游鱼得水，舞笔，如景山兴云。”东汉蔡邕《九势》也认为书法艺术是“肇于自然，自然既立，阴阳生焉；

① （唐）李贺：《李凭箜篌引》。
② （汉）桓谭：《新论·琴道》。

阴阳既生，形势出矣。藏头护尾，力在字中，下笔用力，肌肤之丽”（《九势》）。王羲之也说过，书法用笔要“飘飘骋巧，其若自然”（《用笔赋》）。中国书家在论用笔之状时，亦常喜用“悬针”“垂露”“蚕头”“燕尾”“锥划沙”“屋漏痕”“高峰坠石”“万岁枯藤”之类与自然相关的比喻。此中可见的正是中国书法对自然天趣的追求。在绘画艺术中，南齐谢赫“六论”中开列的“应物象形”“随类赋彩”，宋罗大经所主张的“信意落笔，自然超妙”（《鹤林玉露·论画》），清代华琳在《南宗抉秘》中指出的“画到无痕时候，直似纸上自然应有此画，直似纸上生出此画”等，也是以自然美为准则的。另如在中国古代的书画评判标准中，有为历代公认的逸、神、妙、能“四格说”，其中以逸格为最高境界，而逸格的主要特征亦正在于自然。最早提出“品级说”的唐人张彦远在《历代名画记》中即曾明确强调“自然者为上品之上”；最早确立“四格说”的北宋画家黄休复说得更为具体：“画之逸格，最难其俦。拙规矩于方圆，鄙精研于彩绘，笔简形具，得之自然，莫可楷模。”（《益州名画录》）以实际作品来看，那些一气呵成、笔断意连、布局和谐的书法名篇，那些浓墨重彩或泼墨写意的山水，那些线条灵动、呼之欲出的游鱼鸟兽，那些意趣盎然、生机勃发的花草树木，无不呈现出令人欣悦的自然美的妙境。正如英国现代画家、美术评论家弗赖曾经高度评价的：

> *夫画，天下变通之大法也，山川形势之精英也，古今造物之陶冶也，阴阳气度之流行也，借笔墨以写天地万物而陶泳乎我也。（《石涛画语录·变化章》）*
>
> *图绘者，莫不明劝戒，著升沉，千载寂寥，披图可鉴。（谢赫《古画品录·序》）*

> 中国的艺术似乎在最遥远的古代就已经达到高级阶段了。……中国艺术的线条韵律尤其富于连续性和流动性。它从没有像印度的韵律那样平淡，也没有像欧洲人所熟悉的韵律那样急剧跳动、剧烈扭曲和断续。①

北宋沈括在《梦溪笔谈·乐律》中曾批评当时的乐坛上“哀声而歌乐词，乐声而歌怨词，故语虽切而不能感动人情”；元人燕南芝庵在《唱论》中也曾以自然和谐为尺度，批评过一些人歌唱技巧方面存在的缺陷：

> 有唱得雄壮的，失之村沙；唱得蕴拭的，失之乜斜；唱得轻巧的，失之闲贱；唱得本分的，失之老实；唱得用意的，失之穿凿；唱得打掐的，失之本调。

① 何兆武、柳御林主编：《中国印象》下册，广西师范大学出版社 2001 年版，第 56 页。

可见，中国古代的音乐艺术也是以自然和谐之美为重要标准的。

正是为了达到自然天趣的审美境界，许多有成就的中国艺术家常常设法打破成规，崇尚“无法之法”。傅山所谓“宁拙毋巧，宁丑毋媚”，石涛所谓“随笔一落，随意一发”“自脱天地牢笼之手，归于自然”，意正在此。张旭、怀素之所以常于酒酣兴发之时挥笔作书，也无非是力图借助酒力进入一种天然无拘的创作状态。与自然天趣的追求相关，中国艺术家不仅注重对事物的潜心观察，更注重对事物的精神个性与内在意蕴的体验与把握，以求画出事物的自然神韵，以达笔夺造化之功。在具体创作过程中，或如清代画家邹一桂《小山画谱》所说的：“以万物为师，以生机为运，见一花一萼，谛视而熟察之，以得其所以然，则韵致丰采，自然生动，而造物在我矣。”或如宋人罗大经《鹤林玉露》中记叙的工画草虫的曾云巢那样：“方其落笔之际，不知我之为草虫耶？草虫之为我耶？”

（三）传神写意之美

与亚里士多德“摹仿说”的巨大影响相关，西方艺术理论中虽也出现过绘画要表现“精神方面的特质”（苏格拉底）、绘画要通过面部和眼睛去表现对象的“神韵”（彼特拉克）、“艺术的目的不在模写，而在传神”（米勒）之类主张[①]，但实际上，长期以来，不论在绘画、雕塑还是在戏剧艺术中，西方人更为重视的还是在三维空间中真实客观地表现事物的面貌，占据主导地位的还是达·芬奇在《画论》中所推崇的“形似”原则。直至19世纪，法国画家安格尔仍在强调“一个画家要像奴隶那样样老老实实地把眼睛看到的画出来”。而中国的传统艺术，在创作过程中，虽也重视“仰观俯察”“外师造化”，但更强调的是“中得心源”“以形写神”“传神写意”等，而不追求生活本身的真实。

夫画者，成教化，助人伦，穷神变，测幽微，与六籍同功。（张彦远《历代名画记》）

在绘画方面，晋代顾恺之“传神写照”的艺术能力，一直为后人所称道；苏东坡“作画以形似，见与儿童邻”（《书鄢陵王主簿所画折枝二首》之一）的论断，也一直被中国画界奉为至理箴言。在具体的创作实践中，主要体现为：一是中国画家常常可以不顾事理，只以心意为之。如王维竟将不同季节的桃、杏、芙蓉、莲花纳于一景，将寒带雪景与热

① 参见樊波《中国书画美学史纲》，吉林美术出版社1998年版，第140页。

带芭蕉融为一体（《袁安卧雪图》）。二是可以不讲透视。如同宗白华先生曾经指出的："中国人画兰竹，不像西洋人写静物，须站在固定地位，依据透视法画出。他是临空地从四面八方抽取那迎风映日偃仰婀娜的姿态，舍弃一切背景，甚至于捐弃色相，参考月下映窗的影子，融会于心，胸有成竹，然后拿点线的纵横，写字的笔法，描出它的生命神韵。"[①]三是可以不及事物的细节与全貌，只以传情达意为重。如在写意画中，花鸟虫鱼，往往点染数笔而已。

图 6-22 唐·阎立本《历代帝王图》（局部）

在戏曲表演方面，也体现出与书画艺术相通的"传神写意"性。与重再现的审美原则相关，在西方戏剧表演舞台上，往往要设置与剧情一致的真实背景画面，以制造立体空间的幻觉。而在中国的戏曲舞台上，不论时间流程、空间布局还是景物，不论人物造型、动作设计还是服饰化妆，都呈现出以虚代实、以形传神的特征。其环境构成主要靠演员的传神演技，暗示环境的存在。如演员手中一支桨的划动，即令人仿佛看到了江河。人物动作也不拘泥于生活真实。比如演武松打虎，武松挥拳时，理应全神注视老虎，但表演时，演员却要抬起头，面向观众，着力显示武松将要下拳时的神态。用身体或穿戴的程式化动作表现人物的心理活动，如用撕髯口表示愤怒，捻髯口表示思考，用挥鞭动作表示跃马前行等。生、旦、净、丑的不同脸谱、不同花色图案的服饰等，也是写意性的。

与重传神写意相关，中国传统艺术崇尚"大象无形，大音希声"[②]、咫尺千里、惜墨如金、计白当黑、虚实相生的简约空灵之美。如南宋马麟的《层叠冰绡图》和《台榭夜月图》、贾师古的《岩关古寺图》、梁楷的《秋柳双鸦图》等，均给人清空无垠、遐思不尽之感。在明代张灵的《朝仙图》中，伫立石桥边的那位女子与左上方的明月之间，也是大片空白，从而创造出一种寥廓清旷、苍茫无际的画境。清代八大山人的《鳊鱼》，在整个画面中，除了上方的题词之外，也只有一只鱼孤零零地游动在右下侧，但

① 《宗白华学术文化随笔》，中国青年出版社 1996 年版，第 217 页。
② 《老子》第四十一章。

令人感到的却是大千世界的勃勃生机。中国山水画由金碧山水发展到五色之水墨，由状物图形发展为大小写意，中国书法由笔画繁多的篆书发展出笔画简约的隶书、楷书及更为简约的草书，中国戏曲程式中由四个龙套象征千军万马，亦正是这种美学精神的必然结果。

（四）技巧形式之美

在几千年的发展历程中，中国艺术家以独特的聪明才智创造了许多艺术形式。在绘画方面，与西方基于科学精神的单一焦点透视不同，中国画则有“鸟瞰透视”“散点透视”，如东晋顾恺之的《洛神赋图卷》等；有“游动透视”，如北宋张择端的《清明上河图》等。在笔法方面，北齐的曹仲达，因能以其细劲的线条表现紧贴在身的衣纹，而被人赞之为“曹衣出水”。唐代的吴道子，也因其以线描表现物象时能够呈现出风扬飞动的效果，而被人誉之为“吴带当风”。吴道子的真迹虽已无法见到，但从前人“唯观吴道玄之迹，可谓六法俱全，万象必尽，神人假手，穷极造化”①评判中，即可想见其绝妙。由吴道子等人所创造的上述“白描”笔法，在后世画家中也不乏圣手。明代陈老莲亦能“振笔白描无粉本，自顶至踵，衣褶盘旋，一笔构成，不稍停属，有游鹍独立，乘风万里之势”②。在画技方面，中国画家亦常表现得高超绝伦，令人叹为观止，如唐代画家张藻作画时“尝以手握双管，一时齐下，一为生枝，一为枯枝。气傲烟霞，势凌风雨。槎枒之形，鳞皴之状，随意纵横，应手间出”③。

在戏曲方面，不像西方戏剧那样，要受到出于真实性目的而形成的“三一律”之类的限制，而是可以借助于象征性道具、动作化程式之类，自由转换场景，灵活调度时空，这就使得中国戏曲能够更大限度地展示丰富复杂的社会生活。中国传统的戏曲表演，还特别重视器乐的作用。在表演过程中鸣响的器乐，或如狂风暴雨、霹雳电闪，或如小桥流水、花间莺啼，随故事情节与环境气氛而变化，与人物动作及人物心理相契合，从而创造出一种动人心弦、令人迷醉的艺术氛围。我国戏剧理论家陈幼韩先生曾用精彩的笔墨描述过这一艺术美的特征：

---

① （唐）张彦远：《历代名画记》。

② 陈老莲：《玉几山房画外录》卷上，施闰章《书陈章侯白描罗汉卷》，转引自林木《明清文人画新潮》，上海人民出版社 1991 年版，第 218 ～ 219 页。

③ （唐）朱景玄：《唐朝名画录》。

如果戏曲声乐的句句唱腔是一颗颗晶莹圆润的珍珠，那么，戏曲器乐就是那穿珠缀玉，使它成为艺术珍品的闪闪金线；如果把戏曲声乐比作戏曲表演体系的“女皇”，那么，戏曲器乐不仅是她秀发上光芒四射的珠宝皇冠、颈项上五彩缤纷的瑰丽花环和装扮她的翠镯玉佩、遍体绮罗；而更重要的是流通在她雪肤冰肌里的血管脉搏，是洋溢着她的生命的呼吸吞吐、明眸顾盼，是她翩翩起舞的秀发飘拂、裙带窸窣、环珮玎珰、万千神态。[①]

另如人物“自报家门”“旁白”之类的道白方式，不仅增加了中国戏曲的艺术表演性，也因其有助于观众理解剧情，而增加了其喜闻乐见性。

> 一民族之艺术，即为一民族精神之结晶。故振兴民族艺术，与振兴民族精神有密切关系。（潘天寿《听天阁画谈随笔》）

在独特的民族文化与民族心理基础上形成的中国传统艺术，展现了中华民族的美好情操及聪明才智，极大地丰富了整个人类的艺术宝库。但由于传统文化与艺术观念的局限，与西方相比，在审美创造方面，中国传统艺术也存在着某些方面的不足。

英国现代艺术理论家迈克尔·苏立文指出：中国传统绘画更看重程式化的表现技法，“独创性往往不被视为重要的标准”[②]。这种看法是有一定道理的。在我们的绘画史上，崇古守旧之风确实一直十分强盛，有不少画家常以效法前人为能事。如明代颇有影响的董其昌也曾以“画平原师赵大年，重山叠嶂师江贯道，皴法用董源麻皮皴及《潇湘图》点子皴，树用北苑、子昂二家法，石用大小将军《秋江待渡图》及郭忠恕雪景”（《画旨》）而自诩。正是由于这种崇古守旧心理，致使某些绘画技法往往陈陈相因，渐成僵死的信条；某些画风亦往往流贯千年而不变，正如鲁迅先生曾经批评的：

我们的绘画，从宋以来就盛行“写意”，两点是眼，不知是长是圆，一画是鸟，不知是鹰是燕，竞尚高简，变成空虚，这弊病还常见于现在的青年木刻家的作品里。[③]

---

① 陈幼韩：《戏曲表演美学探索》，中国戏剧出版社 1985 年版，第 140 页。

② ［英］迈克尔·苏立文著，陈瑞林译：《东西方美术的交流》，江苏美术出版社 1998 年版，第 320 页。

③ 鲁迅：《且介亭杂文末编》，人民文学出版社 1973 年版，第 13 页。

在其他艺术门类中，亦同样存在缺乏创新意识的局限。如传统戏曲，虽有南戏、杂剧、传奇、昆腔、京剧这样的历史演进及体式之分，但集诗、歌、舞为一体的基本表演形式及唱、念、做、打的科范，长期没有什么新的变化，更没有像西方那样生成具有不同审美特质的舞剧、话剧、歌剧等独立剧种。

图 6-23 法·米勒《拾穗者》（1857 年）

在取材及审美趣味方面，中国传统艺术亦显褊狭。如人物画中，除菩萨、罗汉、天王之类宗教形象外，描绘的多是帝王、官吏、仕女、书生，而少见像西方的《室内的农夫一家》（安托万·勒南）、《拾穗者》（米勒）（见图 6-23）、《筛麦的姑娘》（库尔贝）、《捆干草者》（让·弗朗索瓦·米莱）那样一些直接表现普通劳动者生活的名作。在我们的历史上，虽也有过难以尽数的人民对压迫者的反抗以及“扬州十日”“嘉定三屠”之类的残酷场景，却没有出现如法国画家欧仁·德拉克洛瓦的《希阿岛的屠杀》《自由指引人民》和西班牙画家弗兰西斯科·戈雅的《战争的灾难》《五月三日的枪杀》那样一些充满悲壮美的作品。中国的戏曲舞台上，出现的也主要是帝王将相、才子佳人，这也在一定程度上束缚了中国艺术的发展。

三、传统艺术对中国传统文化的影响

文艺是国民精神所发的火光，同时也是引导国民精神前途的灯火。（鲁迅《论睁了眼睛看》）

中国传统艺术，是中华民族的生产生活及内心世界的反映，既体现了中国人向往自由、热爱生活，积极进取、豪迈乐观的人生境界，也在艺术功能、社会理想、宇宙感悟等方面，表现了与其他民族不同的人文精神，最为突出的是以下三个方面：

（一）教化人伦，经世致用

艺术，就其本质功能来说，是为了满足人们的消遣娱乐需要，但中国传统艺术自创生之初，就充分体现出注重人伦教化、经世致用的人文精神。《尚书·舜典》中即有这样的记载：“帝曰：夔，命汝典乐，教胄子。直而温，宽而栗，刚而无虐，简而无傲。诗言志，歌永言，声依永，律和声。八音克谐，无相夺伦，神人以和。”虽然史实难考，但有一点是可信的，即中华远古先民早就意识到了音乐与人性培育之间的密切关系。孔子早就明确提出过“兴

于诗，立于礼，成于乐”① 的主张，并将其作为评价音乐价值高低的重要准则。据《论语·八佾》记载：孔子在齐国听到《韶》乐时，曾赞为“尽美矣，又尽善矣”，而对《武》乐的评价则是“尽美矣，未尽善矣”。究其原因便是：《韶》乐歌颂了以美德得尧禅让的舜，有利于化育人心；而《武》乐歌颂的则是武力征服天下的周武王，有违仁政，不利于人格培养。在相传出于孔子再传弟子公孙尼子之手的《乐记》中，亦将“乐”与“礼”相提并论，认为：“礼乐刑政，其极一也，所以同民心而出治道也。”“声音之道，与政通矣”，音乐“可以善民心，其感人深，其移风易俗”，故而反对不利于人伦教化的“桑间、濮上之音”等。中国历代王朝之所以大都设有专门的音乐机构，积极扶持音乐事业的发展，看重的也是音乐在陶冶人性、纯化世风、维持社会稳定方面的功能。

在书画方面，教化人伦、经世致用也一直为历代书画家与理论家所看重。南朝谢赫在《古画品录》中就已明确提出：“图绘者，莫不明劝戒，著升沉，千载寂寥，披图可览。”张彦远在《历代名画记》中也认为：“图画者，有国之鸿宝，理乱之纪纲。”明代书法理论家项穆亦在《书法雅言》中进一步强调：“书之作也，帝王之经伦，圣贤之学术。”“书之为功，同流天地，翼卫教经者也。”这类主张，虽然有着应予批判的维护封建道统的一面，但也促成了中国书画家心忧天下、积极入世、反抗邪恶、同情民间疾苦、向往社会公正与实现人间太平的责任感。有许多书画家，不仅以此为创作宗旨，在实际生活中亦能身体力行。如唐代著名书法家颜真卿，在安史之乱中曾不顾个人安危，挺身而出，率众抗击。另有不少书画家，如明末的陈老莲、清代的八大山人、石涛等，虽有出家人之名，实际上却不曾真正遁入空门，而是一直在哀思故国，忧心时世。

以具体作品来看，如在南宋李唐那幅表现不食周粟的伯夷、叔齐隐居生活的《采薇图》中，表现的正是画家对高亢不屈之气节的赞美；在明代周臣的《流民图》中，透过那25个贫穷可怜的乞丐形象，更可充分见出作者对社会不公的愤慨。另有许多山水花鸟之作，其中也常常别有寄托。比如宋代苏轼笔下枝干虬屈、气势雄强的《枯木竹石图》（见图6-24），元代倪瓒以萧散简远的笔墨绘就的由松、柏、樟、楠、槐、榆组成的《六

① 《论语·泰伯》。

君子图》，清代八大山人笔下那白眼看天的怪鸟，郑板桥笔下那“一枝一叶总关情”的竹石兰草等，无一不隐含着画家疾恶如仇、讽喻现实以及纯正亮洁的人格精神。即如在唐代周昉表现贵族女性生活的《挥扇仕女图》《簪花仕女图》等作品中，透过人物无聊冷漠的面部表情刻画，亦可让人隐隐感到画家对这些生活虽然富贵而心理却处于压抑状态的女性的同情。当我们欣赏颜真卿的《颜勤礼碑》（见图6-6）、米芾的《蜀素帖》等书法名作时，也极易为其含而不露的人格风韵所触动，或为其浩然磅礴之气所震撼，或为其清正刚健之态所感染。

图6-24 北宋·苏轼《枯木竹石图》

与注重教化人伦、经世致用的文化精神相关，在中国的传统艺术理论中，特别强调艺术家的艺品与人品之间的密切关联。汉代的扬雄在《法言·问神》中即曾明确强调：“言，心声也；书，心画也。声画形，君子小人见矣。”宋代著名书画鉴赏家与评论家郭若虚在《图画见闻志》卷一中也曾指出：“窃观自古奇迹，多是轩冕才贤，岩穴上士；依仁游艺，探赜钩深，高雅之情，一寄于画。人品既已高矣，气韵不得不高，气韵既已高矣，生动不得不至，所谓神之又神而能精焉。”清代书法家傅山在《作字示儿孙》中说得更为直截了当：“作字先作人，人奇字自古，纲常叛周孔，文章不可补。”

在中国古代书画史上，诸如王羲之、颜真卿、徐渭、傅山、郑板桥等这样一些书家或画家，之所以备受后人景仰，除了其艺术成就之外，亦正与他们刚正不阿、洁身自好的高尚品行有关。相反，另如宋代的蔡京、明代的严嵩等，虽在书法方面亦有相当造诣，只因大节有亏，而遭后人唾弃。即如元代的赵孟頫、明代的董其昌这样的书画大家，也因其人格有失，而不时为后人所讥。将艺品与人品完全等同划一，也许不尽科学，但对艺术家高尚人格的要求，则又正是中国传统艺术中值得大力弘扬的文化精神。

> 志于道，据于德，依于仁，游于艺。
> （《论语·述而》）

（二）自由放达，洒脱无羁

中国传统艺术中的这样一种人文精神，首先表现为许多艺术家不畏权

势、不从流俗、自由潇洒、敢于抗争的处世态度与人格风范。如有“米颠”之称的宋代书画家米芾，个性不羁，行为狂放，在皇帝面前亦敢无所顾忌；元代大画家倪瓒，本系无锡大族，却厌于家产之累，而于中年之后，竟毅然将其分散于亲友，只身四处游历，以作画自娱。在这样的艺术家身上，体现出来的正是一种向往自由、追求平等、反叛世俗、放达不羁的情怀。另有许多书画家，为了生命的自由呈现，或如明代的沈周、清代的傅山那样，不应科举，远离仕途，而优游林下，啸傲山泉；或如元代的王蒙、明代的文徵明、清代的吴昌硕那样，辞官归乡，寄情山水。在个人生活方面，他们也往往率性而为。如沈周曾不顾别人非议，坦然与妓女来往；唐伯虎亦公然自称“江南第一风流才子”；徐渭也不乏画船载妓醉游的风流艳事；郑板桥亦曾在《自叙》中坦承“酷嗜山水，又好色”。在这些书画家恣情任性的言谈举止中，亦可见出其反叛封建礼教、向往人性自由的一面。

其次表现为自由洒脱的创作心态。汉代学者蔡邕在《笔论》中指出：

> 书者，散也。欲书先散怀抱，任情恣性，然后书之；若迫于事，虽中山兔豪不能佳也。夫书，先默坐静思，随意所适，言不出口，气不盈息，沉密神彩，如对至尊，则无不善矣。

蔡邕的这番见解，既是对书法艺术规律的科学揭示，实际上也包含着对个性自由的人文精神的张扬。正是为了张扬自由个性，清代著名书法家傅山在《作字示儿孙》中甚至主张：“宁拙毋巧，宁丑毋媚，宁支离毋轻滑，宁直率毋安排。”庄子在《田子方》中曾虚构过一位旁若无人的“真画者”，极力推赏其“解衣般礴”的创作风范，而实际上，在后世画坛上，这样洒脱不羁的“真画者”并不少见。如元代画家倪云林画竹子，即可以不管“为芦为麻”，只求表现“胸中逸气”。明代作家周亮工曾在《赖古堂集》中记录了陈老莲的创作过程：“急命绢素，或拈黄叶菜，佐绍兴黑酿，或令萧叔青倚槛歌，然不数声辄令止。或以一手爬头垢，或以双指搔脚爪，或瞪目不语，或手持不聿，口戏顽童，率无半刻定静。”[①]一派狂气逼人之状。清代画家恽南田则这样谈过自己的创作经验：“作画须有解衣盘礴旁若无人之意，然后化机在手，元气狼籍，不为先匠所拘，而游于法度之外矣。”[②]

---

① 参见林木《明清文人画新潮》，上海人民美术出版社 1991 年版，第 190 页。

② （清）恽南田：《画论丛刊·南田画跋》。

再次，见之于人格结晶的作品。在东晋壁画中那凌空飘升的飞天图，在唐代韩幹笔下那仰首嘶鸣的《骏马图》，在北宋刘寀笔下那浮沉腾跃的《落花游鱼图》，在元代王冕笔下那迎着风刀霜剑怒放的《满枝繁梅图》，在明代唐寅笔下那昂首枝头鸣叫的《八哥图》，在清代八大山人笔下于浩渺烟波中竞逐畅游的《鱼鸭图》等作品中，透过其潇洒的笔触、活泼的构图、灵动的意境，令人感到的正是一种不满于尘世束缚、渴望自由解放的人性精神。在顾恺之表现人神之恋的《洛神赋图卷》中，在明代郭诩表现东晋名士谢安狂放风流生活的《东山携妓图》中，在唐寅充满怜花惜春之意的《牡丹仕女图》中，在清代崔错的《秋闺思妇图》等作品中，也充分可见画家们对人性自由的向往。此外，在诸如徐渭"半生落魄已成翁，独立书斋啸晚风。笔底明珠无处去，闲抛闲掷野藤中"及郑板桥"秋风昨夜渡潇湘，触石穿林惯作狂。唯有竹枝浑不怕，挺然相斗一千场"这样的一些题画诗中，可以更为直接地感受到画家们狂放不羁、愤世嫉俗的人格精神。另如张旭、怀素等人的狂草作品，尽管字意难以辨析，也能动人情怀，为人喜爱，便正是因为在那汪洋恣肆的线条律动中，散射出一种不可遏止的自由冲动。据有关资料可知，在《广陵散》《酒狂》《渔舟唱晚》《平沙落雁》等许多古代音乐作品中，也往往喷涌着一种凌空高蹈之情。正如清人唐彝铭在《天闻阁琴谱》中阐释古琴曲《平沙落雁》所指出的："盖取其秋高气爽，风静沙平，云程万里，天际飞鸣。借鸿鹄之远志，写逸士心胸者也。"

人品既已高矣，气韵不得不高；气韵既已高矣，生动不得不至。

（郭若虚《图画见闻志》）

在人类的生活中，艺术是最富于自由精神的活动，艺术成就的高低，亦往往与创作主体向往自由的程度有关。宗白华先生在《论〈世说新语〉和晋人的美》一文中曾经指出，魏晋时代的书法之所以达到了很高的艺术成就，重要原因便是："魏晋的玄学使晋人得到空前绝后的精神解放，晋人的书法是这自由的精神人格最具体最适当的艺术表现。……而只有晋人萧散超脱的心灵，才能心手相应，登峰造极。"[①] 事实上，不论在什么时代，只有那些富于反叛精神、崇尚个性自由的人格，才能在创作实践中不断突破成规，形成自己的个性，创造艺术的辉煌。相反，在中国艺术史上，我们也会看到，有不少如明代永乐年间出现的被称为"台阁体"的沈度等人

① 《宗白华学术文化随笔》，第136页。

的书法作品那样，虽亦有深厚功力，法度谨严，但因心灵拘谨，而致其板结乏神，缺乏个性光彩。

（三）热爱自然，向往和平

在对自然的态度方面，中西文化有着根本的区别。西方人强调的是主客对立，征服自然，而中国文化则强调物我化一，亲和自然。早在春秋时代，中国先哲孔子即已有过“仁者乐山，智者乐水”之类涉及人与自然和谐关系的论述。老庄哲学更是以崇尚自然为纲领。在此后的中国哲学史上，以人与自然和谐相处为主旨的“天人合一”思想，也一直占据着重要地位。显然，正是与这样的文化背景相关，与西方大不同的是，中国古代艺术中充满了热爱自然、向往和平的人文精神。

以创作实际来看，在相当长的历史时期内，西方艺术家很少顾及自然美，直到文艺复兴时期，自然风景在绘画中还仅仅是作为背景出现的。至19世纪，当英国画家特纳首次从大自然中取材画了一幅海洋风景画《加莱防波堤》时，尚因题材新颖而引起过轰动。而我国早在新石器时代的陶器上，就已出现了鱼、鸟之类动物图案及取之于水的旋涡纹、波状纹等等。在后来的中国绘画史上，山水与花鸟画的创作也一直兴盛不衰。值得注意的是，在中国绘画史上大量出现的诸如展子虔的《游春图》（见图6-25）、郭熙的《早春图》、黄筌的《珍禽图》、朱瞻基的《鼠石图》、吕纪的《桂菊山禽图》、金农的《玉壶春色图》之类山水花鸟之作，有的并不一定别有寄托，而主要是通过对赏心悦目的湖光山色或生机勃勃的花鸟虫鱼的描绘，表达对大自然的喜爱与赞美之情。在这类作品中，令人体味到的正是人与自然共生的“天人合一”之妙境。在中国古代的其他艺术门类中，崇尚自然这一特征也很明显。如在书法艺术中，其点、线与结体之状，也常以逼近自然为追求的目标。唐人孙过庭在《书谱》中，正是以自然物态为范式描述了书法艺术的审美特征：

图6-25 隋•展子虔《游春图》

悬针垂露之异，奔雷坠石之奇，鸿飞兽骇之姿，鸾舞蛇惊之态，绝岩颓峰之势，临危据槁之形；或重若崩云，或轻若蝉翼，导之则泉注，顿之则山安；纤纤乎似初月之出天涯，落落乎犹众星之列河汉。

另如在《梅花三弄》《流水》《潇湘水云》等古代音乐作品中，也常以音符幻化出一个个远离尘嚣的自然世界。中国传统艺术中体现出来的这样一种对自然美的钟情与热爱，从更深层次上来看，又正是中华民族厌恶人间纷争、反抗不合理的社会现实、向往和平的美好人文精神的体现。

图 6-26 唐·张萱《捣练图》（局部）

在中国传统艺术中，这样一种人文精神，除了含蓄表现在山水花鸟画、音乐、书法等作品中之外，还直接表现在许多以人的现实生活为题材的作品中。例如在东汉画像砖中的《弋猎收获图》和《纺织图》、壁画中的《夫妻宴饮图》，唐代张萱的《捣练图》（见图 6-26），南宋苏汉臣的《冬日婴戏图》（见图 6-27），清代木刻连环画《耕织图》之类人物画作品中，那些欢快、温馨、安逸的生活图景，也都给人以热爱生活、向往和平的美好情操的感染。

图 6-27 南宋·苏汉臣《冬日婴戏图》

中国传统艺术中的人文精神，是中国儒、道及外来佛教文化综合影响的产物。儒家文化赋予了中国艺术家关心现实、积极入世的情怀；道家文化赋予了中国艺术家超尘脱俗、热爱自然、自由旷达的人格；佛教文化经由中国化之后而形成的禅宗学说，则赋予了中国艺术家体悟人生与观照自然万物时的内在灵性（见图 4-1、图 4-2）。正是这样深厚的文化土壤，育成了王羲之、张旭、颜真卿、傅山、朱耷、郑板桥等众多德艺双馨的艺术大师。

与西方人的艺术实践与艺术追求相比，我们自然也不难发现中国传统文化中也存在着某些不利于艺术发展的因素，尤其是对于人伦教化及经世致用功能的过分强调，在一定程度上导致了某些艺术家创作视野的窄狭，以及“松树不见根，

喻君子在野；杂树喻小人峥嵘之意”[1]之类肤浅的意蕴追求。这类局限，也在一定程度上束缚了中国艺术家的思维与想象空间，制约了某些艺术门类的发展。如中国的雕塑艺术，由于一直未能脱离实用功利目的，基本上没有形成独立的创作格局。除了宋代的泥塑婴孩，清代的苏州、无锡泥人，以及牙雕《月曼清游》等个别作品之外，真正独立意义的雕塑作品并不多见，更没有出现如同西方的米开朗基罗、罗丹那样的雕塑大师。此外，由于道家思想的影响，许多艺术家过于忘乎世情，导致了心理内缩，从而抑制了创作活力，影响了其创作视野的开放。也许正是与之有关，中国绘画中缺乏如西方大卫的《苏格拉底之死》（见图 6-28）、杜勒的《武士、死亡与恶魔》、柯布雷的《华生与鲨鱼》、杜米埃的《三等车厢》之类作品中体现出来的浑阔的历史感、奋进的生命力度以及对人性、人与自然关系的深度沉思等等；中国古代音乐中，也未能出现如贝多芬的《命运交响乐》那样更为震撼人心的伟大作品。

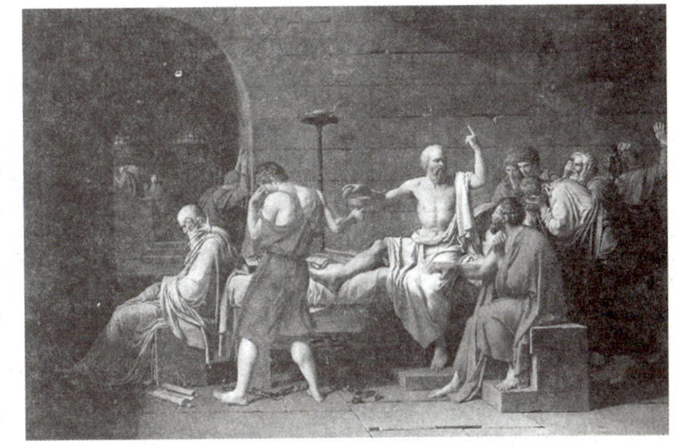
图 6-28 法・大卫《苏格拉底之死》（1787 年）

四、中国传统艺术对世界文化的影响

在历史上，中国传统艺术的独特个性早就吸引了其他民族的注意。公元 9 世纪，一位到过中国的阿拉伯商人曾经高度评价说：“中国人有着绘画和工艺技术的天赋才能。”14 世纪，一位著名外国旅行家伊本・巴图塔也曾在日记中写道：“中国人的艺术是世界上最优秀的……尤其是绘画，技法精湛，趣味高超，事实上任何一个国家，无论在西方基督教国家还是其他国家，都远远不能达到中国的水平。他们的艺术才能是非凡的。”[2]中国传统艺术正是以其独有的风采，至少自汉代开始，就已不断向外传播，为促进人类艺术的发展作出了重要贡献。

① （元）黄公望：《辍耕录》卷八《写山水诀》。
② ［英］迈克尔・苏立文著，陈瑞林译：《东西方美术的交流》，第 41、42 页。

中国的音乐及书画艺术，很早就传入日本、朝鲜、越南诸国。隋唐时期，在日本，见于著录的中国乐曲就已有150多首。其中曾被日本皇室确立为佛教祭仪的“吴乐”，即源于中国的乐舞。明清时代，在日本民间流行的“明清乐”，也是经由中国音乐家魏之琰等人东渡日本传授的。在朝鲜音乐史上，曾有“唐乐”与“乡乐”之分，其中“唐乐”亦系中国音乐。15世纪，朝鲜李朝的礼仪用乐，不仅歌词采自中国的《诗经》，乐曲也都是自中国传去的。越南古代的戏剧，在音乐、服装、表演形式等方面，也都是对中国传统戏曲的模仿。自隋唐时代开始，中国书画艺术也日渐在日本、朝鲜等国产生广泛影响。据日本的出土文物证实，早在公元5世纪，汉字书法已出现于日本贵族的生活中。至6世纪，日本已有制墨、制砚技术。日本书法史上的第一位书法名家空海（即唐代曾来中国求法的名僧遍照金刚），其风格亦是在精研中国二王书法的基础上形成的。在绘画方面，日本著名的法隆寺与东大寺的壁画，体现的亦是中国绘画艺术的娴熟技巧。唐代画论家朱景玄曾在《唐朝名画录》中提到：贞元末，新罗国（古朝鲜）有人在江淮等地“以善价收市数十卷”周昉的画带走。[①] 可见唐代绘画当时已在朝鲜产生广泛的影响。至明清时代，有更多中国书画家的作品传入日本、朝鲜、波斯等国。当时日本、朝鲜出现的“南画”画派，就是学习中国南宗派的结果。日本浮世绘中的美人画，也与中国画家唐寅、仇英等人的影响有关。

从13世纪开始，随着中国文化对外交流的扩大，中国艺术也逐渐传至阿拉伯及西欧各国。在13～17世纪，波斯文化圈内曾流行一种类似中国工笔重彩的细密画，由其线条的工细、色彩的富丽以及画面中不时可见的龙、凤、麒麟等中国传统图像可见，显然是借鉴了中国绘画的产物。在16～18世纪，随着欧洲与中国之间贸易交流的加强，欧洲诸国曾出现过“中国热”，中国艺术自然也随之受到了西方人的重视。由西方绘画史可知，当时荷兰画家的某些风俗画与静物画，便明显体现出中国绘画的艺术风格。法国18世纪兴盛一时的罗可可绘画艺术中，那优美的曲线、华丽的色彩及装饰风格，也是直接受到了中国绘画及工艺品的影响。当时的一些欧洲画家，不仅潜心于模仿中国的绘画技法，而且常常喜欢以中国人的生活或相关内容为创作题材。如荷兰画家奥西亚斯·贝尔特（Osias Beert，

---

① 参见何志明、潘运告《唐五代画论》，湖南美术出版社1997年版，第86页。

1580～1624年）曾创作过《盛在中国碗里的草莓和樱桃等静物》之类作品，法国罗可可画派的代表人物华托曾创作过《中国和鞑靼的人物系列》，另一位罗可可派画家布歇也创作过壁毯组画《中国婚礼》《中国渔情》《中国市场》等。18世纪的德国画家韦格尔，也是中国绘画艺术的迷恋者之一，并曾以中国特色构成了自己的艺术风格。在音乐方面，据有关学者研究，为欧洲近代音乐奠定了基础的巴赫的十二平均律理论，在创立过程中，也曾受到过我国明代朱载堉的“新法密律”理论的启迪。

在19世纪以来的西方现代艺术发展史上，中国传统艺术的影响也是卓然可见的。尤其在绘画与戏剧方面，有不少西方现代艺术家曾学习借鉴过中国的艺术风格与技巧。俄国的康定斯基即曾采用中国人的用笔方法，创作过写意画；纽约画派的大师波洛克，亦曾学习使用过中国的笔墨纸张；毕加索在看了张大千的作品之后，曾经感叹说：“与中国绘画艺术比较，我的画甚至算不上艺术，真正的艺术在东方。”德国现代戏剧大师布莱希特，因不满于西方片面强调体验的戏剧表演原则，提出了“间离效果”、废除“第四堵墙”之类的见解，主张在表演过程中，要通过不同于实际生活的“陌生化”形式，让生活真实与艺术真实拉开距离，以防止观众与剧中人物在感情上完全融合为一；要让观众消除是在透过一道围墙偷窥他人真实生活的幻觉，以唤起理性的思考。布莱希特的这些见解，亦与中国传统戏曲对他的启发有关。1935年，布莱希特在莫斯科看了梅兰芳（见图6-29）的京剧表演之后，惊叹之余，曾专门写下了《论中国戏曲与间离效果》一文，认为中国传统戏曲体现的正是他所向往的审美境界。

图6-29 梅兰芳《贵妃醉酒》剧照

在人类的艺术发展史上，中华民族有过辉煌的历程，作出过卓越的贡献，但历史毕竟已属于历史。在21世纪的今天，我们需要的已不仅仅是历史的自豪感，而更应是新的创造。况且，无论哪一个民族、哪一个国家的文化，都不可能是完美无缺的，而只有相互交流、取长补短，才能相互促进。因此，在开辟未来、振兴民族文化、再创艺术辉煌的道路上，我们既要立足于自己的伟大传统，继承与弘扬独具个性的审美精神，又要正视其中的局限，同时更要放开手脚，进一步广泛吸取世界各民族的文化及艺术营养。

【思考与讨论】

1. 如何理解中国传统艺术中的宇宙精神？
2. 中国古代许多书画家为什么视逸格为最高境界？
3. 谈谈你对“外师造化，中得心源”这一艺术创作主张的理解。
4. 传统艺术对中华民族的文化精神产生了怎样的影响？
5. 中国传统艺术在世界艺术史上的地位如何？

【参考文献导读】

1. 宗白华：《美学散步》，上海人民出版社 1981 年版，1997 年重版。该书是作者的 22 篇美学论文的结集，也是作者生前出版的唯一的一部美学著作。在这部著作中，作者对中国诗歌、绘画、书法等艺术门类的创作规律、审美特征以及中国美学史的内在机制等，均有深刻独到的见解。该书问世以来，一直深受读者喜爱，至今仍在中国文化界产生着重大影响。

2. 李泽厚：《美的历程》，文物出版社 1981 年出版，后又为多家出版社重版。该书虽仅十几万字的篇幅，但其内容却博大深厚，是中国当代美学界卓有影响的著作之一。在这部著作中，作者以昂扬的激情、雄辩的思维、宏阔的视野，论述了中国历史上不同时代的审美风范，并据此提出了著名的“历史积淀”说。

3. 金开诚、王岳川：《中国书法文化大观》，北京大学出版社 1995 年版。本书分 5 编。第一编探讨了中国书法的艺术特征、文化品格、审美构成及书法美学思想的发展历程。第二编探讨了书法在中国传统文化中的意义及其与其他文化形态的联系。第三编探讨了自商、周、秦到近现代的书法艺术精华。第四编探讨了中国现代书法艺术精神及其与海外现代书法的相互影响。第五编探讨了金石篆刻的历史嬗变和篆刻艺术的审美境界。通过本书，读者可以更为全面地了解中国书法艺术的特点、价值与文化精神。

4. 刘正成:《书法艺术概论》，北京大学出版社 2008 年版。全书共分 5 个章节，具体内容是：第一章讲述了书法形象的审美特征；第二章讲述了书法的用笔与结字；第三章讲述了书法作品的空间构筑；第四章讲述了书法作品的内容与形式；第五章讲述了书法家创作与境界追求。这是一部既有理论深度又有可读性的书论之作。

5. 薄松年主编：《中国美术史教程》，陕西人民美术出版社 2001 年版。该书是一部为高校美术专业学生编写的参考教材，也适于业余美术爱好者研读。其突出特点是：纲目清晰，图文并茂，资料精当，论述亦简明扼要。

6. 乔伊：《你应该读懂的100幅中国名画》，陕西师范大学出版社2006年版。本书作者以其深厚的专业素养，从艺术特征、艺术价值、作品意蕴等方面，对阎立本的《步辇图》、张萱的《捣练图》、周昉的《簪花仕女图》等100幅历代名画进行了评述介绍，可引领读者体验中国美术的独特审美韵致。

7. 王子云编著：《中国古代雕塑百图》，人民美术出版社1981年版。本书精选了中国古代历史上出现的“陶兽形壶”“马踏匈奴”“云岗石窟大石像”“居庸关浮雕”等100件有影响的雕塑作品，从艺术价值、审美特征、文化意义等方面进行了解说，读者可从中更为切实地了解中国古代雕塑艺术的发展与成就。

8. 孙继南、周柱铨主编：《中国音乐通史简编》，山东教育出版社1993年版。该书概述了我国自原始社会至中华人民共和国建立以来不同时代的音乐成就及特征，附有130多幅图片及85个谱例分析，是一部资料翔实、论述深入浅出、颇宜于非专业读者阅读的音乐通史。

9. 陈幼韩：《戏曲表演美学探索》，中国戏剧出版社1985年版。该书对中国戏曲的表演程式及审美特征进行了深入系统的探讨，是我国戏曲表演美学体系研究领域的一部重要专著，曾被中国戏曲志总部列为戏曲界“十大必读书之一”。

10. 徐复观：《中国艺术精神》，广西师范大学出版社2007年版。本书从美学理论出发，结合对传统文化的理解、历史考据及具体作品解读，主要论述了中国古代音乐与绘画艺术中所蕴含的中国艺术精神。书中义理明晰，颇多启人思考的真知灼见。

11. 参考网站：

中国艺术网：http：//www.chnart.com/

艺术中国：http：//art.china.cn/

中国国家艺术网：http：//www.zggjysw.com/

中国书法网：http：//www.freehead.com/forum.php

人民美术网：http：//www.peopleart.tv/

第七章
传统科学技术与科技文化

传统科学技术与科技文化是传统文化的重要组成部分，它一方面连接着人与自然的关系，直接影响着经济进步与社会的发展；另一方面，它又受到了传统文化中其他因素的制约与影响，走着一条与它所依存的传统文化相适应的科学技术之路。

一、中国古代自然科学的发展

在中国古代社会，自然科学取得了重大成就，对人类社会发展作出了巨大贡献，为世界所瞩目。英国著名科学家、科学技术史研究专家李约瑟博士在他主持编写的《中国科学技术史》中以大量的事实证明：在13世纪以前，中国的科学知识水平领先于欧洲；在15世纪以前，中国的科学发明与发现远远超过欧洲；近代科学赖以发展的重大发明与发现，约有半数源起于中国。正如习近平同志所指出的：

> 在5000多年文明发展进程中，中华民族创造了高度发达的文明，我们的先人发明了造纸术、火药、印刷术、指南针，在天文、算学、医学、农学等多个领域创造了累累硕果，为世界贡献了无数科技创新成果，

对世界文明进步影响深远、贡献巨大。[①]

（一）中国古代科学技术发展的第一个高峰

早在远古时代，中国各地先民在生产、生活中已有高超的技能。如山东龙山文化（距今4500～4000年）的典型器物“蛋壳陶”（见图7-1），黑亮如漆，薄如蛋壳，厚度一般在1毫米左右，有的盘口部位薄至0.2毫米。“蛋壳陶”的制作需要经过选料、轮制、磨光、镂刻、黏接、烧制几个程序，显示了高超的技能。如轮制，陶轮的转速应保持在每分钟200转左右，其波动、摆动幅度应控制在0.3毫米以内；再如烧制，“蛋壳陶”的烧成温度需在1000℃左右。夏、商朝的科学技术进一步发展。如《左传·昭公十七年》引《夏书》，记载了夏朝发生的一次日食，此为世界上最早的日食记录。商代甲骨文中也有关于日食、月食等天文现象的记载。

图7-1 蛋壳陶（山东日照龙山文化遗址出土）

春秋战国时代，中国社会进入一个大变革时代。在这场社会大变革中，天人关系、人神关系被颠倒了过来，这并非是一二有识之士的认识，而是一种强劲的社会思潮。从先秦文献中，我们可以看到一系列重人事而轻鬼神的记载。如《左传》载，随国人季梁说：“夫民，神之主也。”（《桓公六年》）鲁国大夫申繻说：“妖由人兴也。人无衅焉，妖不自作。”（《庄公十四年》）郑国大夫子产说：“天道远，人道迩，非所及也。”（《昭公十八年》）人不再是天命鬼神可以任意摆布的玩偶。如果说商周之际只是发现了人的作用不可忽视的话，那么现在人已开始从天命鬼神的阴影中摆脱出来了。

与此同时，人们改造自然的能力也进一步增强，这突出表现在铁器的使用上。

铁何时出现在华夏大地上？1972年在河北藁城台西出土了一件铁刃铜钺。五年后，在北京平谷刘家河又出土一件。这两件铁刃铜钺都是商代遗物，在相当长一个时期，人们把它们奉为中国铁器的鼻祖。然而，后来经过科学鉴定，那铜钺上的铁刃系用陨铁锻造而成。迄今为止，还没有商、西周冶铁的证据。入春秋后，文献中出现了铁的影子。《诗经·秦风》中有《驷驖》一篇，有人说“驖”即“铁”字。不过，“驖”是否就是“铁”，还没有确凿的证据。《左传·昭公二十九年》正式提到了“铁”：“冬，晋

① 习近平：《在中国科学院第十七次院士大会、中国工程院第十二次院士大会上的讲话》，载2014年6月10日《光明日报》。

赵鞅、荀寅帅师城汝滨，遂赋晋国一鼓铁，以铸刑鼎，著范宣子所为《刑书》焉。”意思是说，这年冬，晋国的赵鞅、荀寅领兵在汝水岸边筑城，向晋国的百姓征收“一鼓”（480斤）铁，铸了一个大鼎，上面铭刻着范宣子制定的《刑书》。据此，当时晋国民间已经有铁，因为铸刑鼎的铁是以赋（人头税）的形式从民间征收的。时为昭公二十九年，即公元前513年。至今考古发现的最早的铁器，出现在2001年新疆天山南麓尼勒克县喀什河南岸穷科克台地墓葬中，该墓地的墓葬大多出土铁器，器形以铁刀居多。该墓地的年代，上限在公元前1000年前后，下限为公元前400年左右。① 1978年在甘肃灵台景家庄秦墓中出土的一把铜柄铁剑，相对年代被断为春秋前期。② 到春秋后期，特别是入战国以后，中国内地考古发现的铁器大增，且生产工具占了绝大部分。此时，冶铁技术也已达到了较高水平，人们在不断的实践中逐渐掌握了对生铁的热处理脱碳技术，以改善白口铁性脆、易断等弱点，增强了铁的强度和韧性。欧洲直到18世纪才掌握这种技术。冶铁术特别是生铁冶铸和柔化技术以及块炼铁渗碳钢技术的出现，开始了生产工具铁器化的进程，对社会生产力的发展产生了深远的影响。

中国从此进入铁器时代。与前一个青铜器时代相比，铁器比青铜器更坚硬、锋利。当时铁被目为“恶金”，用来铸造工具；而青铜被称为“美金”，用来铸造礼器。生产力在青铜时代并没有提高多少，进入铁器时代才有一个大的飞跃。

人之作用的发现与铁器的使用，使得人们改造自然的信心倍增，人们不再畏惧自然，产生出一股人定胜天的勇气。如楚人申包胥有言：“吾闻之，人众者胜天。”③ 从“吾闻之”一语来看，“人众者胜天”已是一句流行语。这种思想在《荀子·天论》中有更为哲理化的阐述：

> 大天而思之，孰与物畜而裁之？从天而颂之，孰与制天命而用之？望时而待之，孰与应时而使之？因物而多之，孰与骋能而化之？思物而物之，孰与理而勿失之也？愿于物之所以生，孰与有物之所以成？故错人而思天，则失万物之情。

---

① 参见刘学堂、阮秋荣《尼勒克穷科克台地考古发掘发现早期铁器》，载2001年12月14日《中国文物报》。

② 参见刘得祯、朱建唐《甘肃灵台县景家庄春秋墓》，载《考古》1981年第4期。

③ 《史记·伍子胥列传》。

这段话集中体现了当时人们改造自然、征服自然的豪情壮志，而且这种思想决非一两个思想精英的言论，因为我们在流传至今的文献典籍中发现其他人也有类似的思想。譬如《列子·汤问》载“愚公移山”，其中有愚公反驳“河曲智叟”一段话：

汝心之固，固不可彻，曾不若孀妻弱子。虽我之死，有子存焉；子又生孙，孙又生子；子又有子，子又有孙；子子孙孙，无穷匮也，而山不加增，何苦而不平？

这种豪迈气概鼓舞了一代又一代人。当然，从现代社会人与自然的关系来看，“人定胜天”与“愚公移山”的思想与行动并不理性。但是，在那个时代，这种思想是一种激发人们改造自然、探索世界的强大动力。正是在这种动力的驱动下，人们讴歌发明创造，赞美发明创造。于是，传说中的远古英雄人物无一例外地成了发明家。最为典型的是黄帝。黄帝被奉为中国文明的创始人，在他及其臣子名下有一系列的发明创造：井、冠冕、鞋、衣裳、钻燧生火、灶、陶器、蒸谷为饭、舟楫、宫室、指南车、弓矢、算术、律历、文字、鼓磬、镜、舂臼、蚕桑、纺织……中国神话与希腊神话有一个明显的差别，就是中国神话中的英雄人物大多是发明创造之文化超人，希腊神话中的英雄人物大多是战神。中国神话的成型是在战国时期，那些发明创造大多是春秋战国时人追加给远古英雄人物的。

当时人并没有沉浸在往日的辉煌之中，他们更注重现实的发明、创造，更注重对自然科学的探索。

都江堰和郑国渠等大规模水利工程的兴修，显示了工程设计和施工技术的进步。李冰主持修筑的都江堰是世界史上伟大的水利工程。都江堰分为分鱼嘴、宝瓶口和飞沙堰三大工程。分鱼嘴是在岷江的天然脊滩上用装满鹅卵石的竹笼筑成一个形如鱼嘴状的分水工程，其把岷江分为内江和外江。内江流至玉垒山，被一块砾石挡住，李冰在此开凿了一个人工口道，叫“宝瓶口”，使内江顺利通过，并由此开出若干水渠，用于灌溉。被开凿的砾石孤立于内江、外江之间，叫“离堆”。在分鱼嘴和宝瓶口之间，修建了飞沙堰，这是一项溢洪工程。当洪水来时，分鱼嘴失去分水作用，岷江水漫过飞沙堰而下。这时，离堆便起着第二道分水的作用。都江堰是一项融灌溉、防洪为一体的水利工程，经过不断兴修，直到现在还在发挥着重大作用。

中国历史上第一部手工艺专著《考工记》著录的“六齐”，即关于青

铜冶炼技术过程中的铜、锡等六种原料的不同比例配量，是世界上最早的金属合金成分规律。《考工记》则是手工业生产技术规范化的标志，是手工业生产发展到一定阶段的产物。

《墨经》显示了初始的实验科学对深化人们认识的重要作用。例如，《经说下》记载了一种光学实验：在一间黑暗的小屋朝南的墙上开一小孔，人对着小孔站在屋外，在阳光照射下，屋里相对的墙上就出现一个倒立的人影。这是墨家所进行的著名实验之一，既明确地阐述了光的直线传播原理，又科学地解释了小孔成像的现象。《墨经》对力学、几何学等也有较深入的探索。

《考工记》和《墨经》是我国古代经验科学出现的标志，是当时人们把生产实践中取得的丰富经验加以抽象概括的成果。

天文学已从原始的定性描述向着定量化的目标前进。《左传・文公十四年》记载："有星孛入于北斗。"鲁文公十四年，即公元前 613 年。这是世界史上关于哈雷彗星的第一个记录。战国时齐人甘德的《天文星占》、魏人石申的《天文》——后人合编为《甘石星经》，记录了 80 个恒星名称，测定了 120 颗恒星的方位，乃世界史上最早的恒星表。

数学也因农业、手工业、各种工程以及天文学提出的计算要求发展起来，十进位值制和筹算制度不断得到完善，为后世计算数学体系的形成打下了基础。

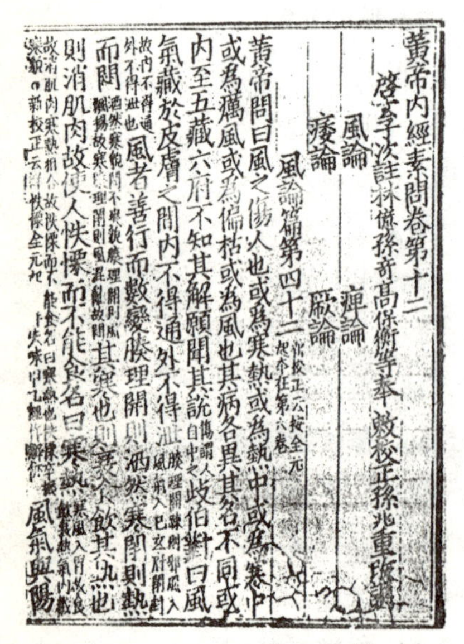
黃帝內經素問卷第十二
啓玄子次註林億孫奇高保衡等奉敕校正孫兆重改誤
風論 痺論
痿論 厥論
風論篇第四十二
黃帝問曰風之傷人也或爲寒熱或爲熱中或爲寒中
或爲癘風或爲偏枯或爲風也其病各異其名不同或
內至五藏六府不知其解願聞其說岐伯對曰風
氣藏於皮膚之間內不得通外不得泄
風者善行而數變腠理開則洒然寒閉則熱
而悶其寒也則衰食飲其熱也
則消肌肉故使人怢慄而不能食名曰寒熱
風氣與陽

图 7-2《黄帝内经》书影

《黄帝内经》出现在战国晚期，是中国第一部医学著作（见图 7-2），包括《素问》和《灵枢》两部分，共 28 卷，162 篇。它总结了生理、病理、诊断、预防、药性、施治等方面的知识，奠定了中国医学的理论基础。公元前 5 世纪的扁鹊代表了这个时代中国医学的最高成就。他擅长妇科、小儿科、五官科，在诊断上采用望色、闻声、问病、切脉，在治疗上采用针灸、砭石、手术、导引、汤药、按摩等手法，成为中医传统的诊治方法。《黄帝内经》和扁鹊都竭力反对、批驳风行于医学中的巫术迷信，在中医脱离巫术的窠臼、走向科学的过程中，作出了大令后人称颂的贡献。

还有人类历史上最早的磁性指南工具——司南（见图 7-3），至迟也在战国时出现。司南形如瓢勺，放置在一种叫作“地盘”的铜板上。旋转司南，勺柄始终指向南方。司南的发明，对后世影响深远。

图 7-3 司南复原模型

总之，春秋战国是中国古代史上科学技术发展的第一个高峰。德国人卡尔·雅斯贝斯把春秋战国视为中国历史的“轴心时代”，后世中国思想文化的主题是在这个时期确立的。① 他所说的“轴心时代”主要是指思想史方面。实际上，在中国科学技术史特别是科学技术思想史方面，春秋战国也可谓古代中国的“轴心时代”。

（二）四大发明时代的科学技术

春秋战国以后，中国古代科学技术不断发展，发明创造不断涌现。自秦汉到宋元时代是中国科学技术史上一个极其重要的时代，以四大发明为代表的中国古代科学技术在若干方面都取得了新的进展。

文字的载体最初是陶器、骨器、石器等。夏朝，特别是商代，文字大多书写在龟甲、兽骨、铜器上。入春秋战国以后，竹简、木牍、缣帛以取材、使用较为方便而逐渐占据主流。但是，在竹简、木牍上写字也不是一件容易的事。一枚竹简、一片木牍，写不了几个字；一篇诗赋、一道奏章，需要大批简牍。平原厌次（今山东惠民，一说今山东陵县）人东方朔第一次去长安给汉武帝上书，用了整整3000多片木牍，两个人才能抬动。缣帛轻便，但价格昂贵。这种“简重而缣贵”的状况极大地限制了文字的传播和文化的发展。于是，人们开始寻求新的书写材料，纸被发明了。

1934 年，“中国西北科学考察团”的黄文弼在新疆罗布淖尔一座烽燧遗址中发现了一片 10 厘米 4 厘米大小的残纸。由于同时同地又发现了汉宣帝黄龙元年（前 49 年）的木简，考古学家认为这片残纸应是西汉遗物。自此之后，西汉和东汉初年的古纸屡有发现，其中年代最早的实物，是 1957 年在陕西西安灞桥一座汉墓中出土的数十片碎纸。该墓年代不晚于汉武帝元狩五年（前 118 年）。有人认为，汉武帝时期已经发明了纸。但是，学术界对于“灞桥纸”还有不同意见。

习惯上，人们把纸的发明归功于蔡伦，中国造纸业一直供奉蔡伦为祖师。蔡伦，字敬仲，桂阳（郡治郴县，今湖南郴州）人。汉明帝时入宫做

---

① 参见［德］卡尔·雅斯贝斯著，柯锦华等译《智慧之路》，第 68 ～ 70 页。

了宦官，到汉和帝坐天下时，官至中常侍兼尚方令，主管皇帝御用器物的制作。蔡伦才学过人，他用树皮、麻头、破布、渔网等为原料，造出了一种纸。元兴元年（105 年），蔡伦将他的发明奏报和帝，受到和帝的赞誉。后来，蔡伦被封为龙亭侯，人们把他发明的纸称为“蔡侯纸”。纸虽然不是蔡伦最早发明的，但他在纸的发展史上占有重要地位：他扩大了造纸的原料，改进了造纸工艺。

在造纸术发明的时代，中国古代科学技术的其他方面也有明显进步，取得了若干项历史第一：第一次准确记载太阳黑子，第一次记载一颗新星，第一次提出以没有中气（即雨水、春分等十二节气）的月份为闰月，发明世界史上第一架地震仪——张衡的地动仪，出现第一部农书——氾胜之的《氾胜之书》、最早的药物学巨著——《神农本草经》、第一部论述伤寒一类的急性传染病的专著——张仲景的《伤寒杂病论》，发明世界上最早的麻醉药——华佗的“麻沸散”。

魏晋南北朝时期，社会动荡不安，但科学技术也有所进展，涌现出了著名数学家祖冲之、著名医学家陶弘景、著名地理学家郦道元、著名农学家贾思勰等。唐宋时期，在数学、天文学、医学、建筑学、农学等方面都有新的进展，其中最为后人称颂的是中国“四大发明”中的印刷术、火药、指南针三项（见图 7-4、图 7-5）。印刷术的发明是为了大规模复制副本的需要，而佛教的盛行是直接的推动力。佛教入唐后大盛，佛经需求量大增，手工抄写难以满足需要，于是雕版印刷术应运而生。目前发现的最早的雕版印刷品是 1974 年在西安出土的《陀罗尼经咒》，考其时代，为公元 7 世纪初叶之物。雕版印刷虽然比手工抄写快便，但印一页就得雕一版。印一部篇幅浩繁的书，雕版就得数以万计。改造印刷术，成为人们探索的新课题。终于，北宋时的布衣百姓毕昇发明了活字印刷术。火药是从炼丹术中发明的，文献记载的第一次将火药应用于战争，是在唐昭宗天祐元年（904 年）。最早记载指南针的文献，是北宋沈括的《梦溪笔谈》。中国“四大发明”有两项见于沈括此书，一是毕昇的活字印刷术，二是指南针。沈括写道：“方家以磁石磨

图 7-4 元代铜铳（铳上有“射穿百札，声动九天”和“神飞”等铭文）

图 7-5 清·木活字制作工序

针锋，则能指南，然常微偏东，不全南也。”①“方家”就是风水先生，他们用磁石磨针锋的人工磁化方法制成指南针。“常微偏东”是指地磁偏角的作用。从北宋起，指南针用于航海。

夏辽金元时期，科学技术的发展进入低潮，但也有一些重大发明创造。如郭守敬编制的《授时历》，以 365.2425 天为一回归年，比地球绕太阳公转一周的实际时间仅差 26 秒，同目前国际通用的公历即“格雷果里历”一年的周期相同，但比“格雷果里历”早 300 多年。《授时历》于 1281 年颁行，使用了 364 年，是中国历史上使用时间最长的一部历法。再如金末元初李治的《测圆海镜》12 卷和《益古演段》3 卷，是迄今见到的最早的解高次方程方法的著作。

（三）古代科学技术的总汇与近代自然科学的传入

中国社会发展到明朝中叶，在封建社会内部出现了资本主义萌芽，从行业来看，主要发生在手工业特别是纺织业上；从地区来看，主要发生在江南特别是江浙一带。虽然这种萌芽还十分稀疏、脆弱，但仍然给沉闷、

① （宋）沈括：《梦溪笔谈》卷二四。

专制的封建社会吹进了一股清新的空气，带来了一系列新的变化：在思想界，出现了以顾炎武、黄宗羲、王夫之为代表的具有一定启蒙色彩的新思潮；在社会风气上，从正德年间（1506～1521）开始，拜金主义、奢侈享乐主义、僭礼越制等现象由城市发展到乡村；在文学艺术上，从“载道文学”发展到“谴责文学”。这场社会变革所带来的是人性的某些复原，使自然科学攀上了古代中国的顶峰。

徐光启，崇祯一朝官至内阁大学士，跻身宰臣行列，但使他名垂青史的还是他在天文、历算、水利，特别是在农业学科上的高深造诣。他的60卷本《农政全书》，是中国农学史上最辉煌的巨著。小徐光启25岁的宋应星，官位不显，却以一部《天工开物》扬名海内外，这部总结明代农业与手工业的科学巨著被誉为“中国17世纪的工艺百科全书”。不过，他的朋友涂伯聚第一次刊行此书，后又经一个叫杨素卿的再次刊印，但在国内都没有引起太大的关注，只是流传到海外才引起轰动。

图 7-6 徐霞客像

徐霞客名弘祖，字振之，“霞客”是他的号（见图 7-6）。生逢科举时代，聪颖好学，足以金榜题名，他却愤世嫉俗，誓不应举，走出书斋，到大自然中去寻源探脉、披奇抉奥，在古代中国的士大夫中实在是难能可贵的。从22岁到56岁，即逝世前一年，徐霞客以身许山水，行程9万里，直至两足俱坏为止。34年间，他昼攀险峰，跋涉危涧；夜燃松枝，走笔为记，未曾间断。这部由他的族孙徐镇刊印的手记，定名为《徐霞客游记》。这是中国历史上的一部地理学、旅游学巨著，内容涉及地理、地貌、地质、水文、植物、民风、古迹等。他对喀斯特地貌的考察，比西方早110多年。他考定金沙江为长江上源，纠正了长期以来以岷江为江源之误。

然而，英国人李约瑟博士说，明朝最伟大的科学成就还是李时珍的《本草纲目》。李时珍出身于一个中医世家，但父亲却希望他走科举入仕之路。待第三次乡试落第后，李时珍遂闭门读书，潜心医学。鉴于历代本草多舛误，他立志重修，历27个春秋，终于在他60岁时（即1578年）完成了皇皇巨著《本草纲目》。全书收录中药1892种，附图1109幅，方剂11096首，内容丰富，取材精审，编辑条理，是古代中国一部集大成的药物学巨著。在此后300年间，该书一版再版，不下60次，并引发了一股研究本草的热潮，以《本草纲目》为蓝本而加以节选、改编、阐释、补订的各种简编本、续编本达50余种。

徐光启、宋应星、徐霞客是同时代的人，李时珍是他们父辈，他60岁写成《本草纲目》时，徐光启年方16岁，过了9年，宋应星、徐霞客才来到人世。在两代人中先后涌现出四位科学巨匠，可谓时代杰作，也使中国古代自然科学技术步入辉煌期。

然而，16世纪又是中国逐渐落后于西方、中西方历史地位发生转折的时期。

16世纪，即明末清初，近代科学在西欧诞生。这种科学致力于运用严密的逻辑方法进行科学推理，运用系统的实验方法检验假说，探索自然现象之间的因果关系，并力图运用数学对自然现象及其规律进行定量描述。当此之时，中国虽然也出现了一个科学技术发展的高峰，涌现出徐光启、宋应星、徐霞客、李时珍等一批科学巨匠，但是近代科学并没有在中国诞生。他们的研究方法与先前中国的科学家没有大的区别，仍然是传统的。

从16世纪起，西方的传教士陆续把西方的科学著作带到中国。例如利玛窦带来的就有《几何原本》前6卷、《测量法义》1卷、《测量异同》1卷、《同文算指前编》2卷、《勾股义》1卷、《寰容较义》1卷、《浑盖通宪图说》2卷、《乾坤体义》《两仪玄览图》《万国舆图》《坤舆万国全图》《舆地全图》《山海舆地全图》等，这些著作由利玛窦与徐光启、李之藻等翻译成中文。西方重要的科学著作大都陆续被介绍到中国，并翻译成中文。这些西方科学开阔了中国科学家的眼界，增长了他们的知识，但没有带来中国科研方式、方法的根本转变。封建政府也利用西方科学进行了一些科学研究，如康熙时期举行了一次当时世界上规模最大的大地测量，这次测量邀请了法国传教士雷孝思、杜德美、白晋等参加，采用了当时世界上最先进的经纬度测绘方法。康熙五十七年（1718年），将实测结果绘制成全国地图——《皇舆全览图》，绘制方法采用了梯形投影法，比例尺为1∶1400000。这是运用近代科学方法经过实地测量而绘制成的第一幅中国地图。但是，这样一项重要成果却深藏于内府，秘不示人，对中国社会的发展没有起到应有的作用。

二、中国传统科学技术的缺憾与原因

古代中国在科学技术方面取得了辉煌的成就，在若干方面走在世界的前列，为世人所赞誉。英国著名科学技术史研究专家李约瑟博士主持编写

的多卷本《中国科学技术史》，不仅向世界全面介绍了中国古代灿烂的科技成就，同时也为比较科学技术史的研究开拓了一个全新的领域。（见图7-7）1979 年，李约瑟博士在香港中文大学新亚书院举办的第二届“钱宾四先生学术文化讲座”上又以“中国古代科学”为题作了演讲，这是对《中国科学技术史》提纲挈领的说明。在这次演讲中，李约瑟博士再次由衷地赞叹古代中国在科学技术方面取得的伟大成就：

图 7-7 李约瑟和他的合作者（左侧上起：罗宾逊、李大斐、何丙郁。中下：席文。右侧上起：钱存训、鲁桂珍、王静宁）

中国科学的滚滚洪流尚未像其他文化河流一样，汇入当代科学的海洋之前，我们已经目睹了中国人在各领域取得的卓越成就。且以数学为例，黄河流域早于世界各地就已开始使用十进位，并用空位表示零，于是出现了十进制计量法。早在公元前 1 世纪以前，中国工匠已经运用十进制刻度的游标卡尺来检测自己的工作了。在中国数学领域，根深蒂固的始终是代数思维而非几何概念，宋元时代中国人就已率先找到了等式的解法，因此以布莱斯·巴斯卡（Blaise Pascal）的名字命名的三角，1300 年时在中国已不是什么新鲜事物了。类似的例子俯拾皆是。被我们当作卡当悬置（Cardan suspension）的一连串绕枢轴旋转的圆环 [为纪念杰罗姆·卡当（Jerome Cardan）而得名] 其实应当命名为丁缓悬置，因为中国使用这种悬置的时间可比卡当生活的年代早了整整一千年。谈到天文学，我们只须说明，在文艺复兴时期以前没有一位天文学家像中国的天文现象观测者那样执著而精确。尽管他们并未推出天文物理理论，他们还是怀有进步的宇宙论，能够运用现代坐标图（而非希腊坐标图）——标注天体位置，并记录日月食、彗星、新星、流星、太阳黑子等等诸如此类的天文现象，直至今日射电天文学家们还在利用这些记载。此外，中国人在天文观测仪器方面也取得辉煌成就，发明了包括赤道仪和钟表传动装置在内的许多仪器，这一

进步与当时的中国工程师们的聪明才智密不可分。此前为了证明这一论点，我曾提到过地震仪，因为众所周知，世界上第一台地震仪是由张衡制造的，其年代约可回溯到130年。①

中国古代的科学技术未能使中国封建社会发生质的变革，也没有造就近代科学，却推进了西方社会的发展，加速了西方进入资本主义社会的步伐。西方人首先意识到中国的三项发明——印刷术、火药和指南针——在西方社会变革中起了巨大的、难以替代的作用。弗兰西斯·培根，英国唯物主义和现代实验科学的鼻祖，在他的代表作《新工具》中写道：

> 这三种发明已经在世界范围内把事物的全部面貌和情况都改变了：第一种是在学术方面，第二种是在战事方面，第三种是在航行方面；并由此又引起难以数计的变化来；竟至任何帝国、任何教派、任何星辰对人类事务的力量和影响都仿佛无过于这些机械性的发现了。②

马克思在《机器。自然力和科学的运用》中进行了更明确的阐述：

> 火药、指南针、印刷术——这是预告资产阶级社会到来的三大发明。火药把骑士阶层炸得粉碎，指南针打开了世界市场并建立了殖民地，而印刷术则变成新教的工具，总的来说变成科学复兴的手段，变成对精神发展创造必要前提的最强大的杠杆。③

何以中国的三大发明未能在其故乡引发革命性的变革，传入西方以后却发挥了如此巨大的作用？这是一个引人深思的话题。

中国古代有着发达的科学技术，为什么未能产生近代自然科学？这就是著名的"李约瑟之谜"。破解这一谜团，只能从中国社会内部去寻找答案。

（一）天人关系与传统科学技术

古代把人与自然的关系表述为"天"与"人"的关系。在"天人关系"上存在两种认识：一种是人与自然不分，可以谓之"天人合一"；另一种是人与自然相分，可以谓之"天人相分"。古代中国与西方在"天人关系"上形成两种不同的认识，这两种不同的认识对自然科学的发展产生了不同

---

① ［英］李约瑟著，李彦译：《中国古代科学》，上海书店出版社2001年版，第14～15页。

② ［英］弗兰西斯·培根著，许宝骙译：《新工具》，商务印书馆2008年版，第112～113页。

③ 马克思：《机器。自然力和科学的应用》，人民出版社1978年版，第67页。

的影响。

最初，西方在人与自然关系的认识上，把人与自然混为一体。西方文化的源头是古希腊文化。在古希腊文化中，人与自然不分，当时的“物活论”就是把人与自然、思维与存在合为一体。柏拉图的“理念论”中依然存在人与自然不分的因素，但是他更多地从认识论的角度讲理念是“知识”的目标，是真理，而不是“意见”的对象，从而开西方“天人相分”思想之先河。明确地把人与自然对立起来，确立“天人相分”原则的是笛卡儿。黑格尔是西方“天人相分”思想的集大成者。此后，“天人相分”成为西方在人与自然关系认识上的主流思想。

在中国传统文化中，起初也把人与自然混为一体。及至春秋战国，出现了“天人相分”的思想，代表人物是荀子，他的后学韩非、李斯进一步发扬了这种思想。但是，“天人相分”的思想并没有取代“天人合一”的思想而成为思想界的主流。例如，老庄道家便把人融入自然之中。儒家的孟子也主张天与人相通，但他的“天”与道家所谓自然的天不同，是有道德的，人禀受“天道”，人性才有道德意义。到汉武帝时，罢黜百家，独尊儒术，董仲舒的“天人感应”成为占据统治地位的人与自然关系理论。尽管在以后的历史进程中也曾出现过王充的“天道自然”，贾思勰的“人定胜天”，柳宗元、刘禹锡的“天人交相胜”等思想理论，但是，“天人合一”的主流地位没有被撼动，到宋明理学时代，“天人合一”理论发展到高峰。

“天人相分”思想激励人们探索自然的奥妙，从而促进自然科学的发展。“天人合一”的思想追求是人与自然的和谐，而这种和谐是人消极地适应自然。老子说：“人法地，地法天，天法道，道法自然。”[①] 他主张人只能顺从自然，反对探索自然：“为学日益，为道日损；损之又损，以至于无为。”[②] 他的后学庄子同样消极无为：“吾生也有涯，而知也无涯，以有涯随无涯，殆矣！”[③] 在中国古代史上更为重视的是自然的“谴告”作用。对此，董仲舒作了系统的论述：

凡灾异之本，尽生国家之失，国家之失乃始萌芽，而天出灾异以

① 《老子》第二十五章。
② 《老子》第四十八章。
③ 《庄子·养生主》。

谴告之，谴告之而不知变，乃见怪异以惊骇之，惊骇之乃不知畏恐，其殃咎乃至。①

在这种观念之下，人们对自然的探索重在观察，把自然的变化归根于人事，特别是君主的言行得失，而不注重探索自然界自身的原因。所以，中国古代的天文观测特别发达，殷墟出土的甲骨文就已记录了5次日食现象，中国古代关于日食、彗星、流星、太阳黑子、新星、超新星等天象的观测与记录未曾间断。例如，到1638年，关于太阳黑子的记录共107条；到1910年，关于彗星的记录多达500次，关于流星雨的记录多达180次；到1700年，记录的新星、超新星达90颗。② 这些观测、记录有的比西方早一两千年，而如此连续不断的观测、记录也是西方所无法比拟的。然而，中国古代对这些天象进行观测、记录的目的是“谴告”人间的统治者，并没有对这些天象进行深入的分析、研究，以求发现其中的规律。著名的哈雷彗星从春秋到1910年共出现31次，中国古代的天文学家都观测到了，并作了记录，但是没有一人去认真分析、研究哈雷彗星出现的规律——平均每76年出现一次，却把这个发明权留给了英国天文学家哈雷（1656～1742年）。不仅如此，古代中国人对太空的奥妙只是一些比较粗浅的感性认识，对天体运行的规律所知甚少。意大利传教士利玛窦（见图7-8）是“西学东渐”的开创者。1598年，利玛窦到达北京。他怀着崇敬的心情来到中国，却吃惊地发现中国在天文学等学科方面极其幼稚：

图7-8 利玛窦与徐光启像

直到利玛窦来华时，他们还不知道月食是因为地球运行到太阳和月亮之间引起的。他们对月食作荒谬的解释：月食是月亮的心变暗了，不是我们所说的月亮得不到太阳光照射的原因。某些中国先哲说，当月亮和太阳运行在一块，面对面时，因为月亮害羞而发不出光来；也有说，太阳有一个洞，当月亮走到这个洞前，光被它全部吸收。他们听说太阳比地球大，感到奇怪。然而，他们当中有人确信这一点，因

① （汉）董仲舒：《春秋繁露·必仁且智》。

② 参见中国科学院自然科学史研究所《中国古代科技成就》，中国青年出版社1978年版，第6～16页。

为在中国古代算经里，记载古人曾用某些仪器测量太阳，测量结果发现太阳有一千多英里宽。他们把我们所说的某些我们肉眼看不到的星星，实际比地球还要大的看法，视为荒诞不稽。他们从来不知道，实际上也没有听说过天是由固体物质组成的，星辰是固定的，而不是漫无边际地游离，天有十重，一重包着一重，天体运动是靠它们之间的吸力。中国原始天文学不知道天体运行的轨道和本轮是一个偏心圆。①

中国古代的天文学不是对自然的探索，而是为政治服务的；中国古代关于“天人关系”的理论，也不是自然科学家、哲学家创立的，而是政治思想家构建的。实际上不独天文学，中国古代其他自然科学的发展也都受政治体制所造成的思想文化观念的制约，天文学只是其中的一个典型事例。就君主个人来讲，有些君主关心自然科学，究其目的也无非是强化君主专制主义中央集权。康熙皇帝就是一个例子。康熙皇帝对西方科学技术很感兴趣，他通过南怀仁致函耶稣会，要求多派一些擅长天文学、光学、动力学等方面的传教士到中国。他不仅要求大臣多学一些西方科学技术，且身体力行，向南怀仁、白晋、张诚、安多、徐日升、巴多明等传教士学习天文、数学、物理、解剖等方面的知识，即使出巡之时，也命传教士随行，以便随时学习。然而，康熙皇帝所关心的只是如何利用西方科学技术来维护、巩固封建统治，正如他晚年对大臣李光地所说：“汝等知西洋人渐作怪乎，将孔夫子亦骂了。予所以好待他者，不过是用其技艺耳。”②

（二）政治文化与传统科学技术

政治文化的范围十分宽泛，它对科学技术的影响是多方面的，在此，我们以选人用人为例加以说明。从总体上看，中国古代人才的选拔标准较大地制约了自然科学的发展。

夏商周三代实行“世卿世禄”，占据统治地位并且权力世袭的是君主的同姓子弟和异姓功臣。入春秋战国以后，“世卿世禄”制度逐渐退出了历史舞台，被选举制度所代替。但是，不论是两汉的“察举”“征辟”，还是魏晋南北朝的“九品中正制”，抑或是始于隋终于清的科举制度，皆以忠孝、廉正为选举标准，选举出来的几乎是清一色的政治人才，自然科

① 转引自林金水《利玛窦与中国》，中国社会科学出版社 1996 年版，第 147 ～ 148 页。
② （清）李光地：《榕村语录续集》卷七。

学是不登大雅之堂的。

科举制度最为典型（见图 7-9、图 7-10）。从隋文帝开皇三年（583 年）分科举人到光绪三十年（1904 年）废科举，科举制度在中国实行了 1321 年，共选拔出进士约 11 万人。唐宋特别是明清的官僚队伍基本上是通过科举制度选拔出来的。唐代科举考试的科目有进士、明经、明法、明字、明算、一史、二史、三史等等，只有明算属于自然科学。北宋王安石变法以后，只保留一个进士科，考试以经义为主，唐代仅有的明算也退出了历史舞台。宋元迄明清，学子只要精通经书就可以金榜题名，对自然科学大多一窍不通。沈括对此曾举例说：“皇佑中，礼部试《玑衡正天文之器赋》，举人皆杂用浑象事，试官亦自不晓，第为高等。”① 到八股盛行的明清，更谈不到对自然科学知识的学习了。明代郎瑛也举例说：“本朝尝以记里鼓出题试士，多有不知为何物者，知者又不知始于何时、何人创也。”② 顾炎武在《日知录》中说：“八股之害等于焚书，而败坏人材有甚于咸阳之郊所坑者。”③

图 7-9 宋代科举考试图

图 7-10 清代公布殿试名次的“大金殿”

以上所举仅是选举方面的例子。中国古代君主专制主义中央集权制度所造成的政治文化对科学技术发展的制约是多方面的。

（三）经济文化与传统科学技术

中国古代以农为本的经济文化也制约了科学技术的正常发展。

“劳动首先是人和自然之间的过程，是人以自身的活动来引起、调整和控制人和自然之间的物质变换的过程。”④ 自然环境作为劳动对象和物质生产的前提，对居处其间的人类经济行为之选择有巨大的制约力。中国基本上是个大陆国家，在戈壁沙漠、崇山峻岭和茫茫大海的环抱中，是一

① （宋）沈括：《梦溪笔谈》卷七。

② （明）郎瑛：《七修类稿》卷二四《记里鼓》。

③ （清）顾炎武：《日知录》卷十六《拟题》。

④ 《马克思恩格斯全集》第 23 卷，人民出版社 1972 年版，第 201 ～ 202 页。

片广袤、肥沃的土地，发展农业有天然的优势。“一定的环境类型可以制约但却不能决定文化的内容和形式。”[1]中国原本不是单一的农业经济，雄踞东方的齐国在公元前 11 世纪就走向了外向型的“工商文明”。还是齐国这片土地，自公元前 3 世纪起，工商文明衰颓，农业文明勃兴，并最终发展成文明的主体。这一变化是地理环境决定不了的。促成中国农业文明畸形发展的根本原因，不在国人脚下的这片土地，而在于国人自身。

把重农推向极端的是商鞅，他以“霸道之术”进说秦孝公，并被委以改革大任。商鞅改革的直接动机是增强国力，争雄诸侯。这一要有充足的粮秣，二需足够的战士。基乎此，商鞅改革的主题是农与战。“国之所以兴者，农战也。”[2]为使秦国有限的人手更多地从事粮饷生产，为疆场提供更多的战士，商鞅把肇始于李悝的重农思想推向极端：重农而抑商。在他看来，商人无非买贱卖贵，无益于农业生产，所谓“金生而粟死”[3]，因此，必须抑制商业的发展，驱民归农。中国传统的重农抑商就是这样出笼的。但是，经济行为不是孤立存在的，每每受道德规范的制约。农耕使人们自食其力，割断了人与人之间的物质联系。一个小农，耕而食，织而衣，自给自足，绝少与他人发生物质上的交易。这样，人际关系只剩下了一条纽带：道德规范。倘若不割断人与人之间的物质关系，道德规范将受到来自物质方面的冲击、破坏，使人见利而忘义。商鞅变法，在呐喊“农战”的同时，就已兼顾到了重农抑商的道德性。他三番五次地告诫秦孝公：“圣人知治国之要，故令民归心于农。归心于农，则民朴而可正也。”[4]重农抑商，不只是为争霸战争提供更多的粮秣，还在于纯净人际关系，使民返璞归真，便于控制。重农抑商的这种属性在吕不韦主编、他的门客分头撰写的《吕氏春秋·上农》中有更明确的阐述：

> 民农，非徒为地利也，贵其志也。民农则朴，朴则易用，易用则边境治，主位尊；民农则重，重则小私义，小私义则公法立，力专一。

重农抑商在道德上的功用越来越受到当政者的青睐，他们把这种极端的

---

① ［美］莱普利·A·怀特著，曹锦清等译：《文化科学》，浙江人民出版社 1988 年版，第 2 页。

② 《商君书·农战》。

③ 《商君书·去强》。

④ 《商君书·农战》。

经济行为作为“德教”的手段之一。号为“中兴之主”的汉宣帝在一道诏令中称：“农者，兴德之本也。”[①]自塞外入主中原的清代皇帝也一再强调：重农抑商，乃是为了“崇尚朴实，不为华巧”[②]。显而易见，中国古代统治者以农为本，不但是基于农业乃创造生活资料的行业的观念，还是出于道德教化、巩固统治的需要。

图 7-11 汉代陶水田模（广东佛山大松岗汉墓出土）

在各种科学技术上，中国古代最重视的是农业科学技术和与农业生产有关的其他科学技术。中国古代农业科学技术特别发达，在农业生产经验总结方面有著名的四大农书：西汉氾胜之的《氾胜之书》，在研究各种农作物生长的特殊规律和特定的生长条件的基础上，从整地、播种、田间管理到收获各个环节，均作了较为深入的总结、探讨。北魏贾思勰的《齐民要术》，分为10卷92篇，系统总结了当时北方地区农业生产的经验和农业科学技术的成就，内容十分丰富，“起自农耕，终于醯醢，资生之业，靡不毕书”[③]。元朝王祯的《农桑通诀》6集、《农器图谱》20集、《谷谱》10集，总称《农书》，是对当时农业生产经验和农业科学技术的一次系统的总结。还有一部重要的农书，是我们前面已谈及的徐光启的《农政全书》。同时，与农业生产相关的历法、水利、土壤等方面的科技也特别发达，其他自然科学技术也大多是为农业生产服务的。

人们在赞叹中国古代农业科学技术成就的同时，也不无遗憾地看到：过分重视农业生产也限制了其他自然科学的正常发展。例如，中国古代数学较为发达，但它往往是为解决农业生产中的实际应用问题服务的。《九章算术》就是一个典型的例子。根据现有资料，《九章算术》之名最早见于东汉光和二年（179年）制造的大司农斛、权之铭文中。这只是说明至此《九章算术》已被官方奉为经典，其成书的时间历来有不同的说法，或云为黄帝所作，或云系黄帝之臣隶首所著，或云出自周公之手。日本学者堀毅从《九章算术》中罗列的物价入手，考证《九章算术》成书于战国至秦代。

① 《汉书·宣帝纪》。
② 《清世宗实录》卷五七。
③ （北魏）贾思勰：《齐民要术·序》。

秦始皇焚书，《九章算术》遭到厄运，汉人张苍、耿寿昌等对残卷作了收集、整理。《九章算术》分为方田、粟米、衰分、少广、商功、均输、盈不足、方程、勾股等9章，计有246个应用题，都是有关当时生产生活特别是农业生产中的实际问题的。

（四）技术文化与传统科学技术

在中国古代政治、经济体制下，最受重视的是技术而非科学，也影响了中国科学技术的发展。

自然科学是人们关于自然现象和自然规律的知识体系，技术一般被理解为关于工具、物质产品以及它们被用来达到实用目的的方式。科学回答“为什么”，技术解决“怎么做”。中国古代科学的一个显著的特点，是具有很强的实用性。古代流传下来的科学技术著作，大多属于当时生产特别是农业生产经验的直接记载或对自然现象的直接描述，极少进行科学理论的探讨。贾思勰在《齐民要术·序》中说，此书的写作方法是：“采据经传，爰及歌谣，询之老成，验之行事。”中国古代的发明、发现也大多属于技术类。在技术上，古人又特别重视实用技术。超出实用范围的发明创造往往被目为“奇技淫巧”。中国古代一部军事经典著作《六韬·文韬·上贤》云：“雕文刻镂，技巧华饰，而伤农事，王者必禁之。”所谓的“雕文刻镂”，是指在工艺上精雕细刻，精益求精。如果说《六韬》还只是呼吁、建议的话，那么我们在“二十四史”中可以发现若干禁止、指斥在工艺上精益求精的诏书，如汉景帝在一道诏书中说：“雕文刻镂，伤农事者也；锦绣纂组，害女红者也。农事伤则饥之本也，女红害则寒之原也。”① 晋武帝在位，“禁雕文绮组非法之物”②。周武帝为政，“雕文刻镂，锦绣纂组，一皆禁断”③。在世界上享有盛誉的中医，用近代科学的要求衡量，亦非科学，正如中国科学技术协会主席韩启德所说：

> 我们讲的科学是一科一科的学问，现代的学问必须包含要素，必须是可质疑的，不断地靠向真理，不断地纠错，必须是能实证的、量化的，必须用逻辑的方法等等，科学的要素，中医有很多是达不到的。中医凭感觉、凭经验，但是说有没有经过实证？有。经过两三千年绵

① 《汉书·景帝纪》。
② 《晋书·武帝纪》。
③ 《周书·武帝纪》。

延不绝，中华民族繁荣昌盛，大量的病都看好了，这是事实。但它并没有符合科学里面的很多要素。①

重技术而轻科学，不仅使科学发展受阻，最终也影响了技术的发展。没有深厚的科学作为基础，技术的根基是肤浅的。

以上所举仅是中国古代思想文化观念对中国传统科技文化的几点主要影响。中国古代科学技术的成就是辉煌的，其缺憾也是多方面的。需要特别指出的是，在文化发展中，“缺憾”只是一个历史性概念，昨日的文化缺憾，今日不一定就是缺憾，明日甚至有可能就是新的方向。因而，在辉煌与缺憾之间，留给我们的是一个又一个值得思考的问题。

【思考与讨论】

1. 一种观点认为，中国古代没有科学，仅有技术。请谈一下你的认识。

2. 阻碍中国古代科学技术发展的主要因素是什么？

【参考文献导读】

1.［英］李约瑟著，何兆武等译：《中国科学技术史》，科学出版社、上海古籍出版社 1990 年版。李约瑟（Joseph Needham，1900 ~ 1995 年），英国著名科学家、科学技术史研究专家。该书是研究中国科学技术史的代表作。全书分为 7 卷，31 分册。

2.［英］李约瑟著，李彦译：《中国古代科学》，上海书店出版社 2001 年版。该书是 1979 年李约瑟在香港中文大学新亚书院举办的第二届“钱宾四先生学术文化讲座”上所作的讲演稿。这些讲演的内容，简要地概括了他对中国科学技术史长期研究的成果，可以看作是对《中国科学技术史》有关卷册内容的提纲挈领式的说明。

3.［英］李约瑟原著，柯林・罗南改编：《中华科学文明史》，上海人民出版社 2002 年版。李约瑟的《中国科学技术史》卷帙浩繁，一般读者阅读不易。英国

① 韩启德：《科学并不意味着“绝对正确”》，载 2014 年 6 月 5 日《光明日报》。

剑桥大学出版社和李约瑟生前为便于一般读者阅读，请柯林·罗南将《中国科学技术史》改编成一种简编本，名为《中华科学文明史》，从1978年起陆续出版，出版5卷后，因柯林·罗南逝世而中断。

4. 卢嘉锡总主编：《中国科学技术史》（共30卷），由科学出版社1998年至2001年陆续出版。全书分为三大类：综合类，分为通史、科学思想、中外交流、人物、教育机构及管理5卷；专史类，分为数学、物理、化学、天文学、地学、生物学、农学、医学、水利、机械、建筑、桥梁、矿冶、纺织、陶瓷、造纸与印刷、交通、军事技术、度量衡19卷；工具类，分为辞典、典籍一、典籍二、图录、年表、论著索引6卷。该著通过丰富的史料、深入的分析和精彩的东西方比较研究，全面、系统地论述了中国古代科学技术的辉煌成就和对世界的伟大贡献。

5. 路甬祥主编:《走进殿堂的中国古代科技史》,上海交通大学出版社2009年版。该书重点阐述了中国古代科技各个门类的发明创造，分析了知识体系的演进与特征，探讨了科技与社会、文化的互动，考察了中外科技交流。

6. 常秉义：《中国古代发明》，中国友谊出版公司2002年版。该书分门别类地介绍了中国古代的发明创造，图文并茂，融知识性、趣味性于一体。

第八章
民俗传承与传统民间文化

社会的主体是民众。民俗是由民众所创造、享用和传承的文化。民俗文化有自己生成、发展的规律，有区别于其他文化事象的特征。民俗文化不仅塑造着民众的思维与行为，规范着民众的发展方向，而且对中国传统文化的其他方面也产生了巨大影响。

一、民俗的生成与地域差异

民俗，中国历史文献中也称之为“风俗”“习俗”“谣俗”等，其中犹以“风俗”最为流行。钟敬文主编的《民俗学概论》定义“民俗”云：

> 民俗，即民间风俗，指一个国家或民族中广大民众所创造、享用和传承的生活文化。民俗起源于人类社会群体生活的需要，在特定的民族、时代和地域中不断形成、扩布和演变，为民众日常生活服务。民俗一旦形成，就成为规范人们的行为、语言和心理的一种基本力量，同时也是民众习得、传承和积累文化创造成果的一种重要方式。①

民俗作为一门学科，起源于西方。1846年，一个名叫威廉·汤姆斯（William John Thoms）的英国人给《雅典娜神庙》（*The Athenaeum*）杂志写了一封信，提议以撒克逊语Folk（民众、民间）和Lore（知识、

① 钟敬文主编：《民俗学概论》，高等教育出版社2010年版，第3页。

学问）合成的一个新词 Folklore，既用来指民俗文化事象，也用来指研究这种事象的学问。这个名词渐为各国学人所认同，这样世界学术之林中又多了一门学科——民俗学。[①] 在中国，第一个使用“民俗学”一词的是周作人，时间是在 1913 年 12 月[②]。1918 年 2 月 1 日，刘半农拟定的《北京大学征集全国近世歌谣简章》在《北京大学日刊》第 61 号上发表。中国民俗学界把此日此事定为中国民俗学的发端。从西周到 1918 年，漫漫三千余载，钟敬文先生称之为中国民俗学的“史前史”。[③]从 1918 年以来，特别是从 20 世纪 80 年代以来，民俗学已成为我国学术界的一门“显学”，民俗学研究在我国方兴未艾。中国古代民俗研究也取得了丰硕的成果。

图 8-1 汉代庖厨图（山东诸城前凉台出土汉画像石刻）

民俗的内容丰富多彩，研究者或将其划分为物质民俗、社会民俗、精神民俗和语言民俗 4 个方面[④]；或将其划分为人生礼仪民俗、衣食住行民俗、生产贸易民俗、岁时节令民俗、家族乡社民俗、游艺竞技民俗、信仰禁忌民俗 7 个方面[⑤]；或将其划分为物质生产民俗、物质流通民俗、物质消费民俗、社会群落民俗、人生仪礼民俗、信仰崇拜民俗、传统节会民俗、民间艺术民俗、民间游戏竞技民俗、口头散文民俗、口头韵文民俗、惯用语民俗 12 个方面[⑥]；美国著名民俗学家阿兰・邓迪斯则把民俗细分为 50 余目[⑦]。实际上，如果再细分，可以开列出更多的名目。这些民俗事象编织在一起，就构成

---

① 近年来，鉴于 Folklore 一词既指“民俗”，又指“民俗学”，容易混淆，国际学术界又以 Folkloristics 一词指“民俗学”，Folklore 一词仅指“民俗”。

② 参见王文宝《中国民俗学史》，巴蜀书社 1995 年版，第 2 ～ 3 页。

③ 参见钟敬文《建立中国民俗学派刍议》，载《中国民俗学会会刊》1999 年第 9 ～ 10 期。

④ 参见钟敬文主编《民俗学概论》，第 5 页。

⑤ 参见山曼等《山东民俗》，山东友谊出版社 1988 年版。

⑥ 参见乌丙安《民俗学原理》，辽宁教育出版社 2001 年版，第 29 页。

⑦ 参见［美］阿兰・邓迪斯著，陈建宪、彭海斌译：《世界民俗学・前言》，上海文艺出版社 1990 年版，第 2 页。

了一幅绚丽多彩的民众文化画面。

（一）民俗的生成

缤纷复杂的民俗是怎么生成的？古人早就注意到这个问题，如班固在《汉书·地理志》中写道：

> 凡民函五常之性，而其刚柔缓急，音声不同，系水土之风气，故谓之风；好恶取舍，动静亡常，随君上之情欲，故谓之俗。

而比他小 26 岁的文字学家许慎说，“风”就是天天刮的南风、北风，“俗”就是各地人的习惯。[①]就字义来说，当是许慎正确。班固定义“风俗”，不是说文解字，而是指明了风俗的两个成因：第一，自然环境的影响——“系水土之风气”；第二，社会环境的影响——“随君上之情欲”。

人猿揖别之初，人们基本上是被动地适应自然环境。进入新石器时代以后，人们改造自然的能力逐渐提高。但是，从新石器时代到现代社会，人们的生产与生活一直受自然环境的制约。一个地区的民俗或者一种民俗事象，往往是由自然环境造就的。考古发现的中国新石器时代的文化，分为若干类型区，各类型区之间的民俗有很大的不同，其差异主要是由各地不同的自然环境造成的。再如《史记·货殖列传》记载：

> 楚越之地，地广人希，饭稻羹鱼，或火耕而水耨，果隋蠃蛤，不待贾而足，地埶饶食，无饥馑之患，以故呰窳偷生，无积聚而多贫。是故江、淮以南，无冻饿之人，亦无千金之家。沂、泗水以北，宜五谷桑麻六畜，地小人众，数被水旱之害，民好畜藏，故秦、夏、梁、鲁好农而重民。三河、宛、陈亦然，加以商贾。齐、赵设智巧，仰机利。燕、代田畜而事蚕。

司马迁《史记·货殖列传》描述的汉代各地民俗的差异，很大程度上是由各地自然环境的不同造成的。渔樵耕牧，习俗不同，往往都与他们所处的自然环境有关。

东北的“三大怪”、云南的“十八怪”等等，也是自然环境使然。“窗户纸糊在外，养活孩子吊起来，十八九姑娘叼着旱烟袋”为东北“三大怪”（见图 8-2）。窗纸糊在外，是因为东北雪大，以此避免窗棂积雪。东北人称摇篮为“悠车子”，将其悬挂于房梁上，轻轻一推，“悠车子”就晃悠起来，

---

① 参见（汉）许慎《说文解字·虫部》“风”条，同书《人部》“俗”条。

可以免除父母的劳累，这是一方面；另一方面，从前东北多狼虫虎豹，“悠车子”悬挂在房梁上，可以避免狼虫虎豹的袭击。以前东北的成年人，无论男女都抽烟。原因是多方面的：东北多毒蛇、蚊虫，浓烈的烟味可使蛇、蚊不敢靠近；在深山老林里挖参、狩猎、伐木、淘金，常常需要长时间地待在山上，火种十分宝贵，抽烟可以保存火种。①

图 8-2 东北“三大怪”剪纸
（作者王光、汪秀霞）

在探讨民俗的成因时，自然环境往往是第一个进入人们视野的对象。若干独特的民俗现象，都可以从自然环境入手来寻找答案。但是，在论述自然环境对民俗的塑造力时，有一种过分夸大这种力量的倾向，近人刘师培便是其中之一。他在《南北学派不同论》之《南北诸子学不同论》中写道：

> 山国之地，地土跷瘠，阻于交通，故民之生其间者，崇尚实际，修身力行，有坚忍不拔之风；泽国之地，土壤膏腴，便于交通，故民之生其间者，崇尚虚无，活泼进取，有遗世特立之风。

人毕竟先进于消极地适应自然的低级动物，在人面前，自然环境的塑力不是万能的。“自然环境决定论”的错误，还在于它忽视了社会环境对民俗的整塑力。

就某个地区的民俗来看，自然环境与社会环境的塑力不是均等的。有的地区受自然环境的影响较大，社会环境的作用较小。这样的地方，主要是那些天高皇帝远因而统治力量较为薄弱的地区，如：

> 安福（今属江西——引者）既僻处山隅，交通隔绝，几如世外桃源，故民智暗陋，盲于时势。②

在这样的地方，社会环境的影响是不大的，民俗的特征主要为自然环境所塑造。也有些地区的民俗较多地受社会环境的影响，自然环境的作用较小。这样的地方，多是那些统治力量较强、社会化程度较高的地区，如：

> 颍川，韩都。士有申子、韩非刻害余烈，高仕宦，好文法，民以贪遴争讼生分为失。③

① 参见曹保明《乌拉手记——东北民俗田野考察》，学苑出版社 2001 年版。
② 胡朴安：《中华全国风俗志》下册，河北人民出版社 1986 年版，第 294 页。
③ 《汉书·地理志》。

颍川（郡治阳翟，今河南禹县）曾是韩国的国都，在这里，民俗的特征主要是受韩国法治的影响，自然环境的影响是微不足道的。

（二）民俗的地域性

各地自然环境与社会环境的差异，使民俗呈现出强烈的地域性。对此，古人早有深刻的认识。“百里不同风，千里不同俗。”① 这是汉代民众的一句口头禅。这种地域性，就是今人常说的“民俗区”或“民俗圈”。汉代的民俗圈是列国诸侯民俗圈的延续。在先秦时期，各个诸侯国的民俗都不尽相同，形成了一个个特色各异的民俗圈。尽管从公元前221年起，天下一统，列国时代画上了句号，但到西汉时期，列国时代民俗圈的格局还没有被打破。从汉宣帝起，一些号称“循吏”的郡国守相致力于移风易俗，收到了一定的成效，后人给予了高度评价，如周振鹤先生云：

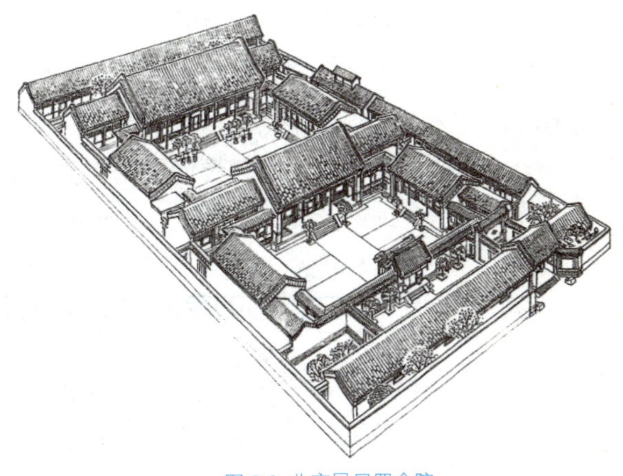

图 8-3 北京民居四合院

> 经过两百年的移风易俗的过程，使西汉后期原有的八方殊俗异彩纷呈的风俗渐渐地趋于六合同风的单一化形态，因此密集的多元的风俗文化区已经消失，尤其中原地区的那种百里不同风、千里不同俗的面貌已不再现。在东汉后期，我们已没有足够的材料来划分新的风俗区。当然这也和文献的缺佚有关，《续汉书·郡国志》没有留下像《汉书·地理志》那样精彩的风俗地理资料。但可以肯定地说，东汉后期的风俗地域差异是显著地削弱了，尤其是在生产方式与婚姻制度方面，基本上已经是达到六合同风的状态了。②

图 8-4 浙江民居

① 《汉书·王吉传》，又见（汉）应劭《风俗通义·序》。

② 周振鹤：《从“九州异俗”至“六合同风”》，载《中国文化研究》1997年第4期。

移风易俗的确使“九州异俗”的局面有所改观，但是，并没有也不可能改变民俗的地域性。西汉以降，各个民俗圈的差别有所削弱，但民俗的地域性一直存在。

各地民俗的差异最终造就了民众的地域性。从文化上说，“中国人”是由若干地域性的人群组成的。民俗研究的核心内容是在复原全部民俗事象的基础上，总结、把握该地人的群体性格。

一种群体性格，左右着他们的行为方向，制约着他们的能量指向。一个地区发展的步伐，往往受群体性格的制约。不仅如此，具体地把握各个地区的群体性格，也有助于我们从整体上去把握国民性。

二、中国民俗的历史演变

清宣统二年（1910 年），张亮采完成了《中国风俗史》一书，他把中国民俗史划分为四个时代：从黄帝到西周，为浑朴时代；从东周至两汉，为驳杂时代；自魏晋到五代，为浮靡时代；自宋至明，为由浮靡而趋敦朴时代。这是关于中国民俗史分期的第一家观点，只是过于粗疏，且论述也不尽妥当，未为后人所认同。有人又提出了新的分期法，譬如张紫晨先生在 1985 年出版的《中国民俗与民俗学》一书中把中国民俗史分为远古、古代、中古、近古、现代五个历史时期，这种分期法较多地考虑到中国社会的性质问题，没有跳出历史分期的窠臼。在中国民俗史分期上，这是一种共同的趋向，钟敬文先生主编的《民俗学概论》一书也从社会性质出发，把中国民俗史划分为“史前民俗”“古代民俗”和“近现代民俗”三个阶段。诚然，一种社会性质对一个社会的民俗有巨大影响，早在公元纪年第一个世纪，班固《汉书・地理志》在定义“民俗”时就已注意到了这一点。但是，民俗又是一个传承性极强的文化事象，并不与社会的变革亦步亦趋。因而，中国民俗史的分期不能套用中国社会的分期。1999 年 1 月 29 日，何兹全先生在《光明日报》上发表《争论历史分期不如退而研究历史发展的自然段》一文，提出鉴于“中国古史分期”难以达成共识，目前可以撇开社会性质问题，划分中国历史的“自然段”。这种“自然段”的观点特别适合中国民俗史的分期。远古至清代的中国民俗史可以划分为10个“自然段”[①]。从远古到殷商，为巫术垄断时代。自西周以后可以划分为9个自然段。

（一）礼乐民俗时代：西周

从西周开始，进入“礼乐民俗时代”。周礼的种类、名目众多，向有“三百”“三千”之说[②]。《周礼·春官宗伯》从性质、作用上把各种礼仪归纳为五类：“以吉礼事邦国之鬼神祇”；“以凶礼哀邦国之忧”；“以宾礼亲邦国”；“以军礼同邦国”；“以嘉礼亲万民”。《仪礼》《周礼》《礼记》中记载了约90项礼仪。虽然种类、名目繁多，但是为人们所注重的仅有冠礼、婚礼、丧礼、祭礼、乡饮酒礼、宾主礼、朝礼、聘礼、军礼几种。西周一代，礼乐支配着整个社会，也支配着整个民俗事象。宋人欧阳修说：

> 由三代而上，治出于一，而礼乐达于天下。……其岁时聚会以为朝觐、聘问，欢欣交接以为射乡、食飨，合众兴事以为师田、学校，下至里闾田亩，吉凶哀乐，凡民之事，莫不一出于礼。[③]

当此之时，人们生活的各个方面都被纳入礼乐的规范之中。

（二）列国民俗圈时代：从周平王到汉武帝

列国诸侯的自然环境不同，实行的治国方式也不完全相同。入春秋战国后，礼崩乐坏，天下无序，周礼失去了“经国家，定社稷”[④]的政治功能，其规范作用大不如前。周天子的地位也一落千丈，无力号令诸侯，列国割据的局势进一步强化，出现了《淮南子·要略训》所说的：“溪异谷别，水绝山隔，各自治其境内，守其分地，握其权柄，擅其政令。”不同的自然环境与不同的治国方针造就了不同的民俗，从而形成了一个个特色各异的民俗圈。在民俗圈的划分上，我们可以依据《史记·货殖列传》和《汉书·地理志》两篇文献。

图 8-5 秦代漆绘木篦上的角抵图（湖北江陵凤凰山秦墓出土）

司马迁对全国的民俗作了调查研究以后，把全国划为9个民俗圈。到汉成帝君临天下时，谏议大夫刘向又把全

---

① 参见齐涛、刘德增《中国民俗的历史分期》，载《民俗研究》2000年第2期。

② 如《礼记·礼器》：“经礼三百，曲礼三千。”《礼记·中庸》：“礼仪三百，威仪三千。”

③ 《新唐书·礼乐志一》。

④ 《左传·僖公十一年》。

国界定为13个民俗圈，丞相张禹命僚属朱赣逐一条陈其民俗特征。班固著《汉书》，把刘向、朱赣的研究成果加以整理，收入《地理志》中。检视《史记·货殖列传》《汉书·地理志》可以看出，司马迁、刘向都是按列国疆域来划分民俗圈的。综合他们的意见，可以确定秦、魏、韩、赵、周、燕、齐、鲁、卫、宋、楚、吴越12个民俗圈。

从《货殖列传》和《地理志》中可知，司马迁、刘向、朱赣和班固不是作民俗史的研究，而是从当时的民俗现状入手来划分民俗圈。这表明：尽管秦汉时代天下一统，但战国时代的遗风遗俗依然浓烈，各地民俗的基本特征没有什么太大的变化，战国时代民俗圈的格局还没有被打破。

（三）中原民俗南下时代：从汉武帝到南朝

武帝君临天下，黄老无为的历史时代结束，儒家思想登上“独尊”地位。从此以后，儒家思想成为整齐各地民俗的一把利刃。不过，武帝忙于南征北伐，无暇顾及移风易俗之事，到他的曾孙宣帝刘询时，才由那些“循吏”在各地实施。我们从《汉书》《后汉书》中检索出24位郡国守相在他们任职的郡国搞过各种各样的移风易俗活动。其中，西汉自宣帝以下仅有8位，东汉独占16位。这些郡国守相移风易俗的内容主要有两项：一是推行中原汉族的婚丧等礼仪；二是劝民农桑。从地区来看，西汉时大多发生在黄河流域；从东汉起，移风易俗的重心移到江淮以南。

图8-6 汉瓦当纹

两汉之际还有一件大事发生：中原人南下。此前中原人也有南下者，但大规模南下是从两汉之际拉开序幕的。此后又有两次，一次是东汉末年，另一次是西晋末年“永嘉之乱”以后。这三次人口大迁移，南下的人口一次比一次多。人是民俗事象的“综合载体”，一个人或是少数几个人进入一个新的民俗圈，往往被当地的民俗所同化，这便是所谓的“入乡随俗”。但是，当大批的成群结队的男女不断涌入某一地区时，当地民俗就很难把他们一口吃掉，中原人南下就属于后一类。谭其骧先生以《宋书·州郡志》所载侨置州郡户口数为依据，考证南朝刘宋时，北方人及其后裔有90万，占当时刘宋人口的1/6。[①] 而据葛剑雄教授考证，刘宋时，北方移民及其后裔在200万人以上。[②] 他们南下以后，顽强地保持着自己的风俗习惯，

① 参见谭其骧《晋永嘉丧乱后之民族迁徙》，载《燕京学报》第15期，1934年6月。又收入谭其骧《长水集》（上），人民出版社2009年版，第206～229页。

② 参见葛剑雄主编《中国移民史》第2卷，福建人民出版社1997年版，第412页。

世代传承，形成独具特色的“客家人”。当时中原民俗先进，也为南方人所仰慕、仿效。晋人葛洪指责说，南方人不仅临摹中原人的行书，还学说中原人的语音；更有甚者，连哭丧也学中原人。[①] 但南方人并没有因葛洪等人的指斥而回归传统。

中原民俗的南下没有、也不可能使南方民俗“中原化”。不过，中原民俗的某些内容也确实融入了南方民俗之中，并使南方民俗发生了某些变化。

（四）“胡俗”弥漫时代：从北朝到隋唐五代

居住在塞外的少数民族，古时统称“胡”。胡俗南下中原地区，商周以来一直不绝如缕，其中最著名的是赵武灵王“胡服骑射”。入秦汉，特别是张骞通西域以后，胡俗更多地传入中原一带，如胡服、胡床、胡饼、胡瓜、胡笳等等，一时走俏中原。汉末战乱，塞外游牧部族乘机向内地渗透，到三国时代，缘边诸郡已是穹庐相望了。从西晋建兴四年（316 年）匈奴人攻入长安，直到开皇元年（581 年）杨坚建立隋朝，主宰北国大地的是匈奴、鲜卑、氐、羯、羌等少数民族。虽然他们都不同程度地汉化了，但他们固有的习俗也或多或少地渗透到中原民俗中。

入隋唐以后，胡俗在中原更为时髦。从世系上看，建立隋朝的杨坚是

1. 唐·周昉《簪花仕女图》（局部）

2. 弈棋仕女图（新疆吐鲁番阿斯塔那187号墓出土）

3. 唐宫女画像（陕西乾县出土）

图 8-7 唐代妇女服饰

① 参见（晋）葛洪《抱朴子·讥惑》。

汉魏望族弘农杨氏之后；李唐皇室自称出自陇西李氏。但是，杨、李两家祖上都长期在鲜卑人的朝廷里做官，连姓都曾改为鲜卑姓普六茹氏、大野氏。他们视胡、汉为一家。于是，胡俗弥漫开来，唐代尤甚，胡服、胡语、胡乐等等，风靡一时，上自帝王，下至百姓，无不热衷。

一方面，远隔千山万水的西方民俗，特别是物质方面的民俗事象，也于此时大量地传入中土。另一方面，唐朝民俗不仅沿着“丝绸之路”西传，而且大规模地传入朝鲜半岛和日本列岛，对这些地区的民俗产生了深远的影响，一个“东亚中国民俗圈”开始形成。

（五）市井民俗兴起时代：两宋

唐宋之际，中国社会又经历了一场深刻的变革。引发社会变革的一个重要因素，是商业的繁荣。这个自战国以来就被抑为“末业”的行业经过长期的积累，如同火山一样迸发，并由此引发一场剧烈的社会变革，民俗也不例外。城市是商业中心，在商品经济刺激下的两宋民俗的变化，以城

图 8-8 宋•张择端《清明上河图》（局部）

市特别是两京——汴梁和临安——表现得最为显著。

城市的特点写在街面上，汴梁的特点表现在张择端的《清明上河图》（见图 8-8）上。这幅珍贵的城市风俗画通过一条街一道河，形象地展示了汴梁的城市风情。若与瓦肆相比，街市的热闹犹有所不及。那里是当时的娱乐场所，有各种各样的娱乐活动；还有卖零食的、卖药品的。这样的瓦肆，汴梁有若干处，临安不下 20 处。大的瓦肆可容数千人，里面分为一个个专业演出场所，叫作“勾栏”，一个瓦肆有 50 多个勾栏。白日喧阗，夜晚亦难宁静。苏东坡《牛口见月》诗云：“新秋忽已晴，九陌尚汪洋。龙津观夜市，灯火亦煌煌。”龙津桥在汴梁城朱雀门外，是一处著名的夜市。此外，汴梁城内还有好几处夜市。临安的夜生活更加丰富多样，夜市分类更细，以吃、玩为主，更多地具有娱乐性、消遣性。

在商品经济的影响下，两宋时期的生活节奏明显加快，趋时、多变成为两宋民俗的一个显著的特征。过去那些烦琐的礼仪越来越不适应人们的需要。于是，简化礼仪成为一种新的民俗发展趋势，如古时的婚姻六礼至此已简化为三礼：纳彩、纳币、亲迎。在丧葬礼仪上也发生了类似的变革。

一方面，商品经济的发展冲决了伦理道德这道堤防，拜金主义泛滥，并渗透到民俗生活的各个方面。婚姻问财，成为两宋婚俗中的一个显著特征。另一方面，两宋时期对人性特别是女性的束缚也趋强化。两宋民俗中一个引人瞩目的现象是节妇烈女骤增；肇始于南唐李后主的妇女缠足，入宋以后也流行开来。对妇女束缚的程度是测试一个社会开放程度的重要标准之一。

由此可见，两宋民俗向着两个相反的方向发展：一方面，在商品经济的刺激下，民俗生活日渐丰富多彩，人欲也日益膨胀；另一方面，在理学家的说教下，礼教又趋严厉，对人性特别是妇女的束缚越来越重。

（六）对抗与融合时代：夏辽金元

从五代起，在长城塞外又崛起了党项、契丹、女真和蒙古四个部族，他们分别建立了夏、辽、金和元四个政治实体。这四个部族虽然都有一些自己特有的习俗，但也有三个大致相同的民俗特征：一是游牧性。他们有着北方游牧民族共有的习俗，如髡头辫发、皮毛为衣、饮酪食肉、穹庐为家、以马代步等等。二是寒地性。他们都生活在长城及其以北地区，气候寒冷，形成了一些特有的习俗，如东向开门、崇拜日与火、穿皮衣、睡火炕等等。

三是落后性。他们在立国之初，刚刚跨入奴隶社会的门槛，原始习俗大量遗存，远较汉族为落后，如婚俗中的收继婚等等。（见图 8-9）

图 8-9 元人的服饰（内蒙古赤峰元宝山宁家营元墓壁画）

一个少数民族用强弓铁骑征服了汉族，惊喜之余，他们马上就面临一次新的被征服：被汉族的文化所征服。鉴于此，夏、辽、金和元代不约而同地把维系本民族的民俗作为一项基本国策。契丹人的做法是："以国制治契丹，以汉制待汉人。"[①]党项和女真则强迫汉族皈依他们的民俗。相比之下，蒙古较为大度，尊重各民族的风俗习惯，如元朝至元八年（1271 年）颁布的一道尊重各民族婚俗的法令说："诸色目人同类相婚者，各从本俗。"[②]不过，最后的结果不是契丹、党项、女真和蒙古同化了汉族，而是汉族逐渐同化了他们。另一方面，契丹、党项、女真和蒙古的民俗对汉族人也有影响，汉族民俗中融进了一些少数民族的习俗。至元八年（1271 年），户部一份文件中就提到女真婚俗对汉族的影响。还有，女真人的火炕也在中原地区流传开来。

（七）传统蜕变时代：明代

明朝建立，百废待兴，朱元璋颁布了很多政令法规，重整民俗是其中重要的一项，目的有二：一是清除契丹、党项、女真、特别是蒙古人的习俗，恢复汉家礼仪；二是重建贵贱有度、尊卑有等的礼仪秩序。从实践的结果来看，第一个目的没有完全实现，契丹、党项、女真和蒙古人的某些习俗已经融入汉族民俗之中，很难再剥离出来。第二个目的借助严刑峻法，在一定程度上达到了。从朱元璋到明武宗朱厚照，150 余年间，民俗上给人一种"返璞归真"的感觉，士大夫对此赞美有加。然而，这只是严刑峻法作用的结果，也就是说，那是一种人为的扭曲，民俗被迫偏离了自己发展的轨道。从武宗正德年间起，一场民俗大变革悄然拉开序幕。肇始于正德年间的这场变革决非一地之现象，具有普遍性，正德作为明代民俗的一个分水岭，在文献中有大量的记载，此后，变革进一步加剧，愈演愈烈，终于不可收拾。

---

① 《辽史·百官志》。

② 《通制条格》卷三《户令·婚姻礼制》。

引发这一巨变的原因在于商品经济的发展。明初，采取了一系列措施，驱民归农。生产的发展，再加上社会相对安定，人口繁衍增多，到万历二十八年（1600 年），人口达到 2 亿。像于慎行《谷山笔麈·形势》中所说的“地狭人众，至不能容”已不是个别现象。于是，一方面，农业向精耕细作方向发展；另一方面，越来越多的人口分流到手工业、特别是商业中去。于是，商业在以前积累的基础上快速发展起来（见图 8-10）。在商品经济的催化下，资本主义生产关系破土萌芽。这是正德以后民俗巨变的根本所在。正德以后民俗变革所呈现出来的特征，有些是两宋时期已有特征的进一步发展，也有一些是新呈现出来的，主要表现为三点：

图 8-10 明·《皇都积胜图》（局部）

一是拜金主义盛行，金钱浸透到民俗生活的各个方面。如婚俗上，“婚姻之家，惟论财势耳”①。二是僭礼越制，等级名分荡然：“衣服饮食，车舆文饰庐舍，皆过王制，僭上甚矣。”②三是传统伦理道德受到冲击：“强凌弱，众暴寡；小人欺君子，后辈侮先达。”③明代民俗的这一变化，实际上是在续写两宋民俗那一章。两宋民俗的发展因辽夏的崛起、金入主中原、元一统中国和明初的专制而中断，到了正德以后，才又续写。

图 8-11 明代妇女服饰

① （明）谢肇淛：《五杂俎》卷十四。
② （明）顾起远：《客座赘语》卷四。
③ （明）伍袁萃：《漫录评正》卷三。

（八）满汉共处时代：从1644年到1840年

甲申年（1644年）四月二十二日，绾兵驻防山海关的大明宁远总兵吴三桂开关揖入宿敌，清兵占北京，下江南，爱新觉罗·福临成了天下共主。中国民俗史从此又翻开了新的一页。

清兵入关的第二年，即顺治二年（1645年）六月十五日，顺治帝颁布了“剃发令”：京城内外限十日；各省自诏令到达之日算起，亦限十日，官军民一律剃发，迟疑者按逆贼论。这道“剃发令”比清兵的铁骑征服更令汉人愤怒。何以如此？明朝遗民吕留良说过这么一句话：“华夷之分，大于君臣之义。”[①] 此话入木三分。正是由于把民族文化传统看得高于一切，故此“剃发令”引起了汉族人强烈的反抗，他们要发不要头，宁为颅上发而死。然而，脖子究竟硬不过钢刀，汉族人不得不剃发易冠。随着时间的推移，满、汉民族矛盾逐渐减弱，日久天长，汉族人也奉“满清”为正统了。自康乾以后，汉族人对剃发易冠已安之若素。不仅如此，满洲人也渐染汉俗，如到康熙末，盛京（今辽宁沈阳）出现了满洲人不能说满话而讲汉语的情形。一些满洲妇女也仿效汉人，裹起了三寸金莲。就像“满汉全席”一样，满、汉民族由对立转向共处。

图8-12 近代·吴友如《穿旗装的妇女》

如前所述，两宋民俗发展的趋势被夏、辽、金、元所打断，偏离了其既定的发展方向，到明代正德以后才又续写。然而，这个续篇又因清兵入关而再次中断。清兵的铁骑踏烂了明朝中叶的资本主义萌芽，入清以后，封建君主专制主义中央集权统治再度强化。因资本主义生产关系萌芽而引发的民俗剧变，也中断了其发展的进程。不过，一定时期的民俗发展方向可能因为某些意外因素而中断，偏离其发展轨道。但是，这只能是暂时的，民俗的发展最终要回到其既定的发展方向上来。到康雍乾之时，中国民俗的发展又纳入正轨，两宋以来的民俗发展史重又续写。翻开典籍，我们又仿佛看到了正德以后那一幕——拜金主义、僭礼越制、道德沦落等特征，又一个个出现于民俗事象之中。

（九）“西俗东渐”时代：从1840年到1911年

在古代中国，西方民俗的传入就一直不绝如缕。但是，西方民俗大规模传入，是从1840年鸦片战争失败以后。与以前相比，这次“西俗东渐”

① （清）雍正帝：《大义觉迷录》卷三。

表现为以下两个特征：一是多渠道。一处处通商口岸成为西方民俗的入口，西方民俗、特别是物质民俗由此大规模涌入中土；列强在中国强行设立的租界，是展示西方民俗的橱窗；大批中国人以各种身份走出国门，也不同程度地受到西方民俗的感染乃至洗礼。二是全方位。西方各种民俗事象都或多或少地传入中国，其对中国民俗的冲击也是全方位的。在中国民俗的各个方面，都或多或少地契入了西方人的东西：西装革履穿在了士大夫身上；汽水、冰激凌、咖啡、啤酒、白兰地、面包、饼干、蛋糕，风靡城乡；汽车、电车、东洋车（人力车）、自行车、西式马车，奔驰在大街小巷；跳舞、跑马、射击、电影，成为中国人热衷的娱乐方式；“密司脱”“马达”“也司”“三明治”“麦克风”，也时常挂在中国人嘴边；被称为“文明结婚”“文明婚礼”的西方婚礼，成为青年男女缔结秦晋之好的时尚。

以上是中国民俗发展的九个自然段。不同时期的民俗体现了不同时期的民众文化。

在中国民俗史分期问题上，有两个问题应该特别注意：一是民俗的传承性。民俗的发展往往不与社会的变革、王朝的更替同步，有时滞后，如巫术垄断时代一直延续到商代，列国民俗圈时代也一直延续到汉武帝时期。二是民俗发展的中断性。民俗的发展方向有时会因为一些意外因素而中断，致使民俗偏离其发展的方向，如两宋时期民俗呈现出的发展方向因为夏、辽、金、元和满族入主中原而两次中断。不充分考虑这两个问题，就很难正确地划分中国民俗史。

三、民俗对民间社会的规范

民俗的主体是民众，它是民众创造的，又反作用于民众，规范着民众的发展。

（一）民俗对民众的规范

民俗对民众的第一个影响是民众的社会化。

一种民俗一旦形成，就成为一个群体共同遵循的行为规范，任何形式的背离都为群体所不容，都要受到相应的惩罚。民俗规范的不是一代人，而是几代人甚或几十代。它就像遗传基因一样，代代相传，新生代既无法逃避，亦很难选择。一个人来到人世间，正是通过对本群体民俗的皈依而

从自然的人变成群体的人、社会的人。对此，美国著名的文化人类学家露丝·本尼迪克有一段精辟的阐述：

> 个体生活历史首先是适应由他的社区代代相传下来的生活模式和标准。从他出生之时起，他生于其中的风俗就在塑造着他的经验与行为。到他能说话时，他就成了自己文化的小小创造物，而当他长大成人并能参与这种文化的活动时，其文化的习惯就是他的习惯，其文化的信仰就是他的信仰，其文化的不可能性亦就是他的不可能性。①

任何一个人的成长过程都包括两个方面：一是自然的发育过程，另一个是社会化的过程。一个不与周围的人接触的人，他只是一个自然的个体。一个叫刘婴的人颇具典型意义，他是汉宣帝的玄孙，王莽鸩杀汉平帝后，选他作为继承人。第五年上，王莽代汉自立，册封刘婴为安定公，把他软禁起来，《汉书·王莽传》记载："敕阿乳母不得与语，常在四壁中，至于长大，不能名六畜。"唐代人颜师古注"常在四壁中"一句云："令安定公居四壁中，不得有所见。"刘婴被软禁，不与他人接触，长大以后连六畜都不认得。这样的人只是一个自然的个体。如果一个人与周边的人接触，就会不自觉地融入他们当中去，变成群体的一分子。这个过程也就是民俗对他的同化过程和他对民俗的皈依过程。孔子便颇具典型意义。《史记·孔子世家》云："孔子为儿嬉戏，常陈俎豆，设礼容。"俎、豆都是礼器，少儿时的孔子把它们一件件陈列起来，磕头作揖。也就是说，小时候的孔子爱玩礼的游戏。司马迁写此事，可能旨在说明孔子以礼为框架的思想体系源于孔子的天性。实际不然，孔子爱玩礼的游戏，是受鲁国社会风气的影响。鲁国乃周公长子伯禽的封国，周公是周礼的制定者，他为伯禽厘定了以礼治国的方针。伯禽至封国后，变革当地习俗，全力推行周礼。在列国诸侯中，鲁推行周礼最力，成为礼治秩序最好的地区，形成浓厚的礼治传统。在"礼崩乐坏"的春秋时期，独"鲁不弃周礼"②，坚持礼治。士大夫们感叹："周礼尽在鲁矣！"③鲁国的礼治传统塑造了鲁地独特的民俗面貌，《史记·货殖列传》记曰："邹鲁滨洙泗，犹有周公道风，俗

---

① ［美］露丝·本尼迪克著，何锡章、黄欢译：《文化模式》，华夏出版社1987年版，第2页。

② 《左传·闵公元年》。

③ 《左传·昭公二年》。

好儒，备于礼。”儿时的孔子爱玩礼的游戏，决非天性使然。儿童的游戏大多是对成人行为的模拟，如“亚圣”孟子家近墓地，“孟子之少也，戏嬉，为墓间之事，踊跃筑理”[①]。孔子爱玩礼的游戏，是受他周围那些人行为模式的耳濡目染，是传统对他的影响。关于民俗的规范功能，钟敬文先生主编的《民俗学概论》中有精辟的论述：

> 民俗是一种约束面最广的行为规范。在社会生活中，成文法所规定的行为准则只不过是必须强制执行的一小部分，而民俗却像一只看不见的手，无形中支配着人们的所有行为。[②]

（二）人生礼仪与人的社会化

民俗对一个人的同化过程、一个人对民俗的皈依过程不是一蹴而就的，是一个循序渐进的过程。其中，人生礼仪起了重要作用。中国传统的人生礼仪有诞生礼、成年礼、婚礼、丧葬礼等。它们在不同的阶段对个人进行社会化。

诞生礼是一个人社会化的开始。《诗经·小雅·斯干》描述男女诞生时的礼仪云：

> 乃生男子，载寝之床，载衣之裳，载弄之璋。其泣喤喤，朱芾斯皇，室家君王。
>
> 乃生女子，载寝之地，载衣之裼，载弄之瓦。无非无仪，唯酒食是议，无父母诒罹。

此诗意为：生了男孩，要放置在床上，包上新衣，戴上玉器，其哭声很响亮，将来可做君王。生了女孩，要放在地上，用破旧的衣衫将她裹上，给她玩纺线用的纺锤，是好是坏与她无关，唯求将来能操持家务，会做酒食，以免父母家遭人辱骂。这是一种象征性的表示祝愿的仪式，这种祝愿标志着对婴儿社会化教育的开始。这是一种较为普遍的现象，在塔吉克族中有着类似的习俗。塔吉克族人生下男孩，父亲要朝天窗鸣枪三声，并将枪放在孩子的头下，预祝孩子长大有出息，成为勇敢的人。生了女孩，则不鸣枪，只是转告亲朋邻里，并在孩子的头下放一把扫帚，意思是祝她长大后善理家务。

婴儿初生，父母已赋予其社会责任。同样的礼仪在周岁时的礼仪上又

---

① （西汉）刘向：《列女传·妇德下》。

② 钟敬文主编：《民俗学概论》，高等教育出版社2010年版，第24页。

一次出现：

> 江南风俗，儿生一期，为制新衣，盥浴装饰。男则用弓矢纸笔，女则刀尺针缕，饮食之物，及珍宝服玩，置之儿前，观其发意所取，以验贪廉愚智，名之为试儿。①

这种礼仪，如其说是“试儿”，不如说是父母对子女未来发展的希望。

成年礼，古时男名“冠礼”，女曰“笄礼”。男子二十而冠，女子十五而笄。《仪礼》的第一篇就是《士冠礼》，记载了士阶层成年礼的仪式。冠礼在宗庙中举行，由受冠者的父亲或兄长主持。届时要请族人到场。仪式有筮日、筮宾、挽髻、加冠、礼见、取字等。②一个人举行成年礼以后，就将担负对家庭、宗族、国家、社会的责任。《礼记·冠义》说：

图 8-13 唐代“嫁娶图”
（敦煌莫高窟 12 窟壁画）

> 成人之者，将责成人礼焉。责成人礼焉者，将责为人子、为人弟、为人臣、为人少者之礼行焉。

因此，成年礼是一个人社会化的标志。只有举行成年礼以后，他才正式成为社会的一员。

男女举行成年礼以后，方可论婚嫁。遭秦焚书，婚礼流传下来的只有《仪礼》中的《士昏礼》，后世婚礼大都据此修订而成。士婚礼为“六礼”：一曰纳采，男方派媒人向女方提亲。采，采择之义。然后，男方派人正式向女方求亲。二曰问名，问女方之姓名、生辰，回去占卜。三曰纳吉，男方卜得吉兆，告知女方。四曰纳征，男方给女方送聘礼。起初，聘礼为俪皮（两张鹿皮）、束帛（黑色、浅绛色的丝绸各五匹），从两汉以后，才盛行金钱。五曰请期，男方选定结婚的日期，告知女方。六曰亲迎，新郎亲自去迎娶新娘。以上便是所谓的“六礼”。（见图 8-13、图 8-14）亲迎以后，还有共牢合卺、妇见舅姑、庙见等礼仪。中国传统的婚礼不是或主要不是为当事人双方举行的结婚仪式，

图 8-14 “送嫁妆”图
（《清俗纪闻》卷八）

① （北齐）颜之推：《颜氏家训·风操》。

② 参见钱玄《三礼通论》，南京师范大学出版社 1996 年版，第 557 ～ 572 页。

而注重其社会功能：

> 昏礼者，将合二姓之好，上以事宗庙，而下以继后世也。……男女有别，而后夫妇有义；夫妇有义，而后父子有亲；父子有亲，而后君臣有正。[①]

在这里，关于家族的血缘延续以及夫妇、父子、君臣伦理的教育是第一位的。

图 8-15 上坟图

丧葬礼标志着一个人社会化过程的结束。记载丧礼最详细、最系统的是《仪礼》，有《士丧礼》《丧服》《既夕礼》《士虞礼》，《礼记》中也有一些篇章谈到丧礼。丧礼极为烦琐，去世第一天即初终，有属纩、啼哭、复、赴告、吊丧、襚、建铭、沐浴、饭含、袭、设重等礼仪；去世第二天小殓，礼仪有陈设、设馔及盥巾、陈绖、小殓、小殓奠等；去世第三天大殓，有陈衣、设馔、大殓、殡（停丧时间，长短不一，先秦，天子七月而葬，诸侯五月，大夫和士三月或逾月）、成服、朝夕奠等；葬前准备有筮宅、治椁、卜日、请启期、启殡、迁柩、朝祖、荐车、还柩车等；下葬礼仪为陈大遣奠、重出、读帽、读遣、柩车发行、柩入葬、反哭；葬后礼仪有虞祭、卒哭、祔、小祥、大祥、禫等。[②]（见图 8-15、图 8-16）在“事死如生”的中国古代社会，丧葬之礼不仅是对死者哀悼、埋葬的仪式，更重要的是对活着的人的一次社会教育。

图 8-16 吊丧图

人生仪礼在人的社会化方面发挥了重要作用。其他民俗事象也分别发挥了它们在人的社会化方面的作用。

四、民俗与中国传统文化

在古汉语中，“文化”一词是与“武功”相对而言的，与“文治”同义，指以“文”来教化、治理天下。西汉刘向《说苑·指武》云：“凡武之兴，为不服也；文化不改，然后加诛。”“文”者，何也？唐代经学家孔颖达《周易正义·象传》说：“《诗》《书》礼乐之谓。”汉语“文化”一词的本

---

① 《礼记·昏义》。

② 参见杨志刚《中国礼仪制度研究》，华东师范大学出版社 2001 年版，第 467～475 页。

义是指用《诗》《书》“礼”“乐”来教化天下。《诗》《书》“礼”“乐”的核心是“礼”。因此，“文化”“文治”与“礼教”“礼治”同义。

（一）民俗对“礼”的影响

关于“礼”的起源，说法不一。《礼记·礼运》云：

> 夫礼之初，始诸饮食，其燔黍捭豚，尊而抔饮，蒉桴而土鼓，犹若可以致其敬于鬼神。

该篇载明此说出自孔子之口。对于这个说法，后人一般理解为原始社会后期的饮食习俗是“礼”的源点。“礼”始于饮食的说法不十分确切。正确的说法是：“礼”始于原始习俗。对此，杨宽先生明确指出：

> “礼”的起源很早，远在原始氏族公社中，人们已经惯于把重要行动加上特殊的礼仪。原始人常以具有象征意义的物品，连同一系列的象征性动作，构成种种仪式，用来表达自己的感情和愿望。这些礼仪，不仅长期成为社会生活的传统习惯，而且常被用作维护社会秩序、巩固社会组织和加强部落之间联系的手段。进入阶级社会后，许多礼仪还被大家沿用着，其中部分礼仪往往被统治阶级所利用和改变，作为巩固统治阶级内部组织和统治人民的一种手段。我国西周以后贵族所推行的“周礼”，就是属于这样的性质。[①]

在原始社会，先民们按照传统的习俗来处理各种事务，调整人与人之间的关系，维系社会秩序，“历来的习俗就把一切调整好了”[②]。世界各地、各民族皆如是。一种习俗一旦形成，就成为一个群体共同遵守的行为规范。进入阶级社会以后，统治者对原始习俗加以改造，就成为规范人们行为、维系统治秩序的礼仪。

就单项礼仪来看，也无不源自于原始习俗，诸如冠礼、婚礼、丧礼、祭礼、乡饮酒礼、宾主礼、朝礼、聘礼、军礼等等，都可以从原始习俗中觅得其踪迹。

从原始习俗到礼仪，是一个统一规范的过程。夏、商、周三代都是以本部族的习俗为主，兼采其他部族的习俗，融会贯通，作为本朝的礼仪。这种修订，既有内涵的更新，也有表现形式的改变。入春秋后，礼崩乐坏。“礼”的崩溃，一个重要的、然而常常为人们所忽略了的内容，是上层建

① 杨宽：《古史新探》，中华书局1965年版，第234页。

② 《马克思恩格斯选集》第4卷，人民出版社1995年版，第95页。

筑的变革。欧阳修是为数不多的洞察到这一重大变革的先贤之一。他说：

> 由三代而下，治出于二，而礼乐为虚名。……其朝夕从事，则以簿书、狱讼、兵食为急，曰："此为政也，所以治民。"至于三代礼乐，具其名物而藏于有司，时出而用之郊庙、朝廷，曰："此为礼也，所以教民。"此所谓治出于二。①

从"治出于一"到"治出于二"，是中国古代上层建筑的一场重大变革，政治、法律、军事制度脱出"礼"的窠臼，成为独立的形态。抽去了这些内容，"礼"剩下的就只是揖让周旋的仪式和那些用来行礼的器物了。一个叫女叔齐的晋国大夫敏锐地意识到了这一点，晋平公盛誉鲁昭公精通礼乐，他不以为然，直言："是仪也，不可谓礼。"②

"礼"以礼仪化的民俗为框架，寓政其中。入春秋，政治、法律、军事制度从周礼中分化出来以后，"礼"仅剩下了一副框架，失去了"经国家，定社稷"的政治功能，又逐步还原为民俗。可以说，从此进入了"礼"的民俗化时代。特别是与日常生活关系密切的那些礼仪，如婚礼、丧礼等，逐渐民俗化。在以后的历史进程中，那些民俗化的"礼"又不断吸收民俗的某些内容，如从北朝以后，婚礼中出现的跨马鞍就是吸收了北方游牧民族的民俗。

所以，"礼"与民俗，统治文化与民众文化，你中有我，我中有你。相比之下，"礼"对民俗的渗透比民俗对"礼"的影响更大一些。

（二）"礼"对民俗的整合

在阶级社会里，文化分为统治文化与被统治文化。"礼"是统治文化，与"礼"相对应的是民俗文化。"礼"与"俗"两种文化也就是学术界谈论的中国文化的"大传统"与"小传统"。踞乎上的"礼"一统天下，主宰着天下文化之大局；处乎下的"俗"割据一方，制约、规范着民俗圈内民众的思维与行为。在"大传统"文化中，存在着一个个与之情趣相异甚或相反的"小传统"文化。例如，亲迎是"六礼"中必备的一礼，古时有不亲迎便不成夫妇之说。但是，齐俗不亲迎，派亲友代迎。《诗经·齐风·著》便是描写新娘在去夫家成亲的路上想象新郎伫立何处、做何打扮迎接她：

> 俟我于著乎而，充耳以素乎而，尚之以琼华乎而。

---

① 《新唐书·礼乐志一》。

② 《左传·昭公五年》。

俟我于庭乎而，充耳以青乎而，尚之以琼莹乎而。

俟我于堂乎而，充耳以黄乎而，尚之以琼英乎而。

图 8-17 织机旁的幽会
（安徽灵璧九顶出土汉画像石刻）

"男女之有别，人道之大者也。"[①]跻身"十三经"的《礼记》开列了一条条男女有别的规定。如"男女授受不亲"，即男人给女子东西，女子要用筐去接，切忌用纤纤素手；若手头没有筐子，也没有别的中间物，那就请男子把东西放在地上，让她来取。但是，在汉画像石刻中，我们可以看到男女在织机旁的幽会（见图 8-17）。

正因为如此，统治者才要移风易俗，用"礼"来整齐民俗。于是，"礼"逐渐深入民间，特别是婚、丧两种礼仪，几乎照搬到民间中去，并被民间不断地传承着，形成了强劲的传统。在陕西省武功县游凤乡一条小河岸边，有个普普通通的小村，名叫"岸底"，那里的丧礼，不论是精神原则，还是仪式程序，抑或是用语名称，迄今仍基本上遵循《仪礼》《礼记》的规定。[②] 这样，在某些方面，"礼"实际上等同于民俗，或者说"礼"被民俗化。

但是，民俗的整合是极为艰难的。如从汉平帝以后，在南方推行中原地区的婚丧礼仪成为移风易俗的一个主要内容，《后汉书·循吏传》对此多有记载。东汉初年，卫飒出为桂阳（郡治彬县，今湖南郴州）太守，移风易俗："郡与交州接境，颇染其俗，不知礼则。飒下车，修庠序之教，设婚姻之礼。"和帝朝，许荆出任桂阳太守，也进行过一次婚丧改革："郡滨南州，风俗脆薄，不识学义。荆为设丧纪婚姻制度，使知礼禁。"从《后汉书·循吏传》中看，这些移风易俗活动的成效很大。据说卫飒移风易俗之后，"期年间，邦俗从化"。但是，从胡朴安《中华全国风俗志》辑录的从东汉到明代的郡县守令在桂阳一带移风易俗的材料来看，这个地带的民俗（包括郡县守令大力整顿的婚俗）仍没有被整齐。[③] 不过，移风易俗的结果，使"礼"部分地渗透到各地民俗中去。所以，民俗不是一种独立

① 《礼记·丧服小记》。

② 参见赵宇共《岸底丧俗与〈周礼〉记述的比较研究》，载《民俗研究》1998 年第 3 期。

③ 参见胡朴安《中华全国风俗志》上册，河北人民出版社 1986 年版，第 186 ～ 187 页。

的文化形态，渗透着统治文化的若干内容。

“礼”的贯彻，使因地而异的民间社会有了一种同一性。如斯大林所言，“表现于共同文化上的共同心理素质”①是民族的构成要素之一。所以说，“礼”在民间社会的贯彻，对于造就汉民族“共同文化上的共同心理素质”起了重大作用。汉族的另一名称“华夏”即根源于礼：“中国有礼义之大，故称夏；有服章之美，谓之华。华、夏一也。”②服章是“礼”的组成部分，故云“华、夏一也”。“礼”还渗透到少数民族的生活中，在铸造中华民族的“共同心理素质”上，也起了重要作用。

（三）中国传统文化中的民俗烙印

民俗传承对中国传统文化的影响不仅仅表现为对“礼”的影响，在中国传统文化的各个方面，都可以发现民俗的烙印。例如，民谚云：“入乡问俗。”要了解人民大众的喜怒哀乐，必须从民俗入手。以民俗为切入点，来了解民间社会，被古代当权者目为终南捷径。至迟从西周起，便有“采诗”之举：“古有采诗之官，王者所以观风俗，知得失，自考正也。”③采诗的官叫作“行人”，他们乘坐着一种轻便的车子周游天下，故又称“輶轩之使”。即从民歌入手，来了解民俗，观察民情，以便知道政治得失，匡失纠谬。《诗经》中的十五“国风”，就是这么来的。在后世的文学发展中，无论是作者还是作品，也都深受民俗的影响。有些作品本身就属于民俗范畴，如神话、民间故事、谚语等等；而那些“纯文学”的作品，也大都与民俗有着千丝万缕的联系。且以唐诗为例。唐诗深受民俗的影响，这种影响表现在两个方面：一是民俗事象大量地进入诗人的视野，成为诗人吟咏的对象。如大历二年（767 年），杜甫吃了“槐叶冷淘”以后，禁不住赋诗一首，并题曰《槐叶冷淘》，描写了“槐叶冷淘”的制作过程及其色香味：

青青高槐叶，采掇付中厨。
新面来近市，汁滓宛相俱。
入鼎资过熟，加餐愁欲无。
碧鲜俱照筯，香饭兼苞芦。
经齿冷于雪，劝人投比珠。

① 《斯大林全集》第 2 卷，人民出版社 1953 年版，第 294 页。

② 《左传・定公十年》疏。

③ 《汉书・艺文志》。

二是诗人在写作形式、技法上受民俗的影响，加以借鉴、吸收。如刘禹锡、白居易等把民间的曲子词引入自己的创作之中，后来温庭筠利用这种形式创造了影响数百年的一代新诗。这是民俗对唐诗之影响的两个主要方面。①不独唐代，中国历代诗歌都深受民俗的影响。再如绘画，也深受民俗的影响。像文学一样，某些绘画本身就属于民俗范畴，如年画。而那些纯“文人画”也受民俗的影响，其表现也可以分为两个方面：一是民俗事象成为绘画的题材，出现了大量的“风俗画”，张择端的《清明上河图》堪为代表；二是属于民俗范畴的绘画对画家及其创作也有很大的影响，最典型的当属年画，人们把年画目为中国画的“母体”。实际上，民俗是中国传统文化全部事象的底蕴，是中国传统文化生长的土壤。在中国传统文化中，民俗占有极其重要的地位。

【思考与讨论】

1.“百里不同风，千里不同俗”是民俗的重要特征，试举例说明之。

2. 举例说明民俗对民间社会的规范。

3. 为什么中国历史上要将移风易俗作为国策之一？在当代社会，还需要移风易俗吗？

【参考文献导读】

1. 钟敬文主编：《民俗学概论》，高等教育出版社 2010 年版。该书为全国高等院校民俗学教学参考书，共分“概述”“物质生产民俗”“物质生活民俗”“社会组织民俗”“岁时节日民俗”“人生礼仪”“民俗信仰”“民间科学技术”“民间口头文学（上、下）”“民间语言”“民间艺术”“民间游戏娱乐”“中国民俗学史略”“外国民俗学概论”“民俗学研究方法”16 章。本书对民俗学的基本原理作了较为系统的论述，是近年来民俗学研究的代表作。

2. 齐涛主编：《中国民俗通志》，山东教育出版社 2005 年版。全书分为节日、

---

① 参见程蔷、董乃斌《唐帝国的精神文明——民俗与文学》，中国社会科学出版社 1996 年版。

生养、婚嫁、丧葬、生产、商贸、服饰、饮食、居住、交通、宗教、江湖、庙会、交际、信仰、禁忌、演艺、游艺、民间文学、民间工艺、民间语言、医药22卷，主要记述“正在发生的、行将消亡的、消亡未久”的民俗事象，内容丰富，为全国性民俗志的力作。

3. 陈高华、徐吉军主编：《中国风俗通史》，上海文艺出版社2001年版。该书分为原始社会、夏商、两周、秦汉、魏晋南北朝、隋唐五代、宋代、辽金西夏、元代、明代、清代、民国12卷。介绍了各个历史时期的衣食住行、婚丧嫁娶、社交礼仪、宗教信仰、巫术禁忌、节日娱乐、生产贸易等风俗事象，材料丰富，内容翔实。

4. 中国社会科学院历史研究所编：《中国古代社会生活史》，中国社会科学出版社1998年版。该书为国家社会科学基金资助项目，共分夏商、西周、春秋战国、秦汉、魏晋南北朝、隋唐五代、辽宋西夏金、元代、明代、清代10卷。这套巨著是近年来中国古代社会生活研究的力作，对各个历史时期的社会生活都有比较全面而系统的论述。

5. 严昌洪：《中国近代社会风俗史》，浙江人民出版社1992年版。该书运用民俗学、历史学的方法，以民俗的嬗变与中国社会近代化的关系为主线，系统地论述了自1840年鸦片战争以来，在“西俗东渐”和经济与政治变革大潮之下中国社会风俗发展、演变的轨迹。

6. 中国民俗学网（www.chinesefolklore.org）：中国民俗学会主办，内容包括民俗与民俗学、民俗与教育、民俗与文化、民俗学者等。

结语
中国传统文化的历史责任

中国传统文化的主要内涵及其精神价值，我们已述如上，在本书结束之际，一个无法回避的问题摆在我们面前，这就是中国传统文化的历史责任问题。

从人类文明与文化的发展来看，任何一种文化都不是一成不变、万古长青的，都处在此起彼伏、此消彼长的动态发展过程中。就四大文明古国所代表的文化而言，公元前2000年左右，埃及文化便宣告衰弱；公元之初，希腊文化消逝而去；此后不久，富有特色的古印度文化也退出了历史舞台。这些逝去的文化或沉淀的文化遗产，或者成为后世人们追缅的精神对象；或者融入新的文化潮流之中，成为新的文化与文明的重要源头及重要组成部分。中国文化历经沧桑，走过了漫漫长路，步入了现代文明与文化之林，面临着比以往任何一个时期都要残酷的竞争与冲突。沉舟侧畔与枯树身边的故事依然如故。在这样一个历史时代，几经沧桑的中国传统文化究竟何去何从？是像古埃及、古希腊文化那样沦为文化遗产，还是继续保持几千年来生生不息的活力？是继续独立地发展与存续，还是另有一种命运及选择？

回答这个问题，关键是看整个人类文化发展的大趋势。近年来，关于人类文化发展趋势的探讨十分活跃，比较引人注目的有“文化冲突论”“文化共处论”。“文化冲突论”认为，不同的文化体是在历史中形成的，具有不可逆转性与不相容性。在未来社会的发展中，不同文化间的冲突会不

断发展。由文化的冲突又会引发经济、政治乃至军事的冲突，最终是一种或若干种文化对另一种或若干种文化的摧毁与取代。“文化共处论”认为，文化自始至终都是多元的，不同类型的文化可以和平共处、共同发展，未来的世界文化是多元共存的文化形态。不过以人类文化的发展历程来看，未来社会的发展有冲突的内容，也有多元共存的内容，但文化冲突也好，共处也好，其中文化的交流是必然趋势，而交流的必然结果则是文化的融合。不同的文化形态将走出过去几千年中此消彼长的“六道轮回”，一起走向多元的共同文化的家园。

最初的人类文明是相对封闭的文明单元。无论是古埃及文明、两河文明、克里特文明，还是古印度文明、中国文明，都是在相对隔离的状态中独立形成的文明单元，这可以看作人类发展的第一阶段，或者可以说是文明的独立发展阶段。人类文明发展的第二阶段表现为文明的碰撞与交流，其结果是在一个较大地域内形成了文明群元，最突出的是希腊文明群元与中国的春秋战国文明群元。人类文明发展的第三阶段是文明体的定型与扩张阶段，西欧文明、斯拉夫文明、阿拉伯文明、印度文明、玛雅文明都形成于这一时期。文明的定型又与其扩张密不可分。无论是定型中的文明还是定型后的文明都伴随着激烈的竞争与扩张。人类文明发展的第四个阶段是文明的冲突阶段。这一阶段是与资本主义时代同时到来的。随着资本主义的到来，各文明的发展日益不均衡，而资本主义的扩张性与掠夺性，直接造就了愈演愈烈的文明冲突。

这一进程的表象显示，文明由封闭到碰撞，由扩张到冲突，似乎日益不相容，未来文明的前景似乎也应当是不断的冲突与抗争。但我们再看一下文明从封闭到冲突的演进过程，又会发现与之相悖的一系列现象：其一是文化体之间的交流一直存在，而且随着冲突的到来，其交流也在不断强化。可以说，到今天为止，文化的交流已覆盖了几乎所有的地区与文明，无论是语言、文学、宗教信仰，还是艺术、审美、价值取向，无时无刻不在进行着交流与融合。其二是各文明与各民族、各地区之间的文化差异不断缩小，各自的特征也在不断减弱，以至于保护土著文化与土著文明的呼声不断涌出。当然这一过程或许也是文化兼并与文化殖民的过程。其三是现有文明体或民族文化中的开放性、兼容性越来越强，对于自身以外的文化的吸收、容纳已成为绝大部分文明体和民族文化的共性。尽管文明的冲

突仍在继续，有时甚至会酿成激烈的对抗，但像文明定型与扩张时期那种排他性特征却在不断减弱。十字军东征与一次又一次迫害犹太人的故事已经或正在退出历史舞台。

造成上述现象的主要原因是经济的发展。经济的发展使得不同的文明体中的人们在经济上互相依赖、互相需求，使得人们的生活方式与生活习惯不断趋同。在本世纪或者更长一段时间内，全球经济一体化与信息一体化必将实现，地域与民族的分野会不断减弱，甚至消退。与此同时，人们的语言文学、宗教信仰、艺术审美、价值取向都将具有越来越多的共性，整个人类文化必将融为一体，成为统一的文化整体。

当然，统一的文化整体中的文化精神与主流文化应当是一致的。在这一大背景下，不同的个人、不同的人群仍然拥有自己的文化特色，文化的差异仍然存在。不过此时的特色与差异，来自自身继承的内容越来越少，更多的是自身后天的选择与认同。

在文化融合与统一的过程中，有些文化注定要退出文明的前台，成为永远的文化遗产；有的文化会汇入人类的主流文化；也有的文化会成为人类文化精神的重要组成部分。从文化的内涵而言，人类文化存在着三大体系：一是神祇文化，二是自然文化，三是人文文化。在历史上，三大文化体系互相交叉，互相依存，发挥了不同的历史作用。在早期的东西方世界，神祇文化都占据主体地位。在以后的发展中，西方世界的神祇文化凝固为仍占主导地位的宗教文化，又由文艺复兴转化为自然文化并占主导地位。时至今日，自然文化依然是西方文化的主流。在中国，神祇文化则早早地融入了人文文化，人文追求成为中国文化的主流。近代以来，自然文化不断地涌入东方，冲击并改变着固有的人文文化。

在未来人类文化的构件中，神祇文化或许仍有存续，但注定不会成为主流；自然文化目前方兴未艾，它会不会成为人类文化的主流文化呢？

自然文化重在认识自然、改造自然，通过不断发展的科技满足人类的物质需求。其手段是人自身智力与体力的外化及延伸。随着科学技术的迅猛发展，工具手段与人类自身以外的设施将人类束缚在技术与经济发展的战车上，不断地失去自我，不断地被异化。须知人与动物的根本区别就是拥有自己的精神世界与精神生活，这也是人类的最终追求。马克思所憧憬的劳动是谋生的目的而非谋生的手段，他所描述的共产主义时代的精神生

活，已经向我们昭示了这种生活的旨归。在我们人类正在以加速度的方式不断现代化的同时，其实也正在远离自己的精神家园。在这种历史背景下，中国传统文化的价值不言而喻，以人文文化为核心的中国传统文化是人类回归精神家园的必然选择。英国著名历史学家汤因比曾希望自己能成为公元 1 世纪的中国人。他所向往的就是可以匡正自然文化偏差的中国传统文化。当然，以往的历史是不能选择的，但今天的我们却可以选择文化。这种文化的选择已经成为越来越多的人的共识，人们开始认识到人文文化的意义，开始寻求人类自己的精神家园。

1987 年，世界诺贝尔奖获得者在巴黎集会。这些科学大师们宣布：人类要在 21 世纪生存下去，必须要从两千五百年前孔夫子那里去寻找智慧。汤因比甚至断定："将来统一世界的不是西欧国家，也不是西欧化的国家，而是中国。"① 当然，他说的"统一世界"并非政治或经济的统一，而是谁将充当文化主流的角色。

至此，中国传统文化的历史责任昭然若揭——它应当承担起未来人类主流文化的再造使命。当然，世界其他文明与文化中的人文精神也会融入其中，由此共同生发出属于未来社会的新的人文文化，构筑起我们人类共同的精神家园。

① 转引自马云华等主编《传统的辩论法》，哈尔滨出版社 1998 年版，第 1～2 页。

后记

这部《中国传统文化读本》是受中共山东省委高校工委和山东省教育厅的委托，按照教育部《完善中华优秀传统文化教育指导纲要》的要求编写的，旨在为全省大学生提供一部简明、生动，知识性与思想性并重的中国传统文化读本。在编写过程中，自始至终得到了高校工委和教育厅、各高校领导及师生们的大力支持与帮助，从组织大纲的讨论与论证，到内容的审订，他们都付出了辛勤的劳动。

近数十年来，尤其是本世纪以来，人们对于中国传统文化多了许多冷静的思考，也多了许多理性的认知，中国传统文化在当今社会与未来社会中的价值已被越来越多的人认可；有关中国传统文化的研究也是琳琅满目。但是真正立足于传统文化研究前沿、适用于大学通识课教学的教材与大学生们阅读的读物，尚不多见。基于此，我们在十年前曾经合作编写中国传统文化教材的基础上，又重新联手，再次合作完成了这部《中国传统文化读本》。

本书是集体合作的结晶。其中，山东大学中国传统文化研究所所长、博士生导师马新教授拟定了全书的编写大纲，撰写了前言、绪论、第一章、结语；孔子研究院院长、博士

生导师杨朝明教授撰写了第二章、第三章；齐鲁师范学院副院长刘德增教授撰写了第四章、第七章、第八章；山东师范大学文学院博士生导师杨守森教授撰写了第五章、第六章。另外，马新教授还负责全书的修稿、统稿和定稿，以及全书插图的采选和编排工作。

本书在编写中，曾得到王玉喜、巩宝平、刘厚琴、李学娟、谭景玉、姜华、郭浩、李一鸣、校潇等师生们的帮助，他们在校对原稿、搜集图片等方面做了许多工作，在此谨致以诚挚的谢意。

限于篇幅与资料的局限，也限于我们的学识水平，该书还有许多不尽如人意的地方，敬请广大师生在使用中多提宝贵意见。

编　者

2014 年 6 月